TRABALHO EM AMBIENTE VIRTUAL

Causas, Efeitos e Conformação

CÉLIO PEREIRA OLIVEIRA NETO

TRABALHO EM AMBIENTE VIRTUAL

Causas, Efeitos e Conformação

EDITORA LTDA.

© Todos os direitos reservados

Rua Jaguaribe, 571
CEP 01224-003
São Paulo, SP — Brasil
Fone (11) 2167-1101
Outubro, 2018

Produção Gráfica e Editoração Eletrônica: RLUX
Projeto de capa: FABIO GIGLIO
Impressão: BOK2

Versão impressa — LTr 6121.8 — ISBN 978-85-361-9811-8
Versão digital — LTr 9452.0 — ISBN 978-85-361-9830-9

Dados Internacionais de Catalogação na Publicação (CIP)
(Câmara Brasileira do Livro, SP, Brasil)

Oliveira Neto, Célio Pereira
  Trabalho em ambiente virtual : causas, efeitos e conformação / Célio Pereira Oliveira Neto. — São Paulo : LTr, 2018.

  Bibliografia.

  1. Ambientes virtuais compartilhados 2. Direito do trabalho 3. Direito do trabalho — Brasil 4. Inovações tecnológicas — Aspectos econômicos 5. Inovações tecnológicas — Aspectos sociais 6. Tecnologia da informação I. Título.

18-19734   CDU-34:331.82(81)

Índice para catálogo sistemático:

1. Brasil : Trabalho em ambiente virtual : Direito do
   trabalho   34:331.82(81)

Agradeço ao Professor Doutor Paulo Sergio João, por me conceder a oportunidade ímpar do trabalho conjunto no Programa de Doutorado da PUC/SP. Obrigado pelos seus ensinamentos e amizade.

Aos Professores Doutores Renato Rua de Almeida e Tércio Sampaio Ferraz Júnior, que me ajudaram a desenvolver o raciocínio para as investigações do presente trabalho.

Aos colegas das diferentes turmas com os quais convivi e muito aprendi nos debates profícuos, dedicando-os especial carinho e amizade.

Ao apoio na fase final, por parte do então presidente da Sociedade Brasileira de Teletrabalho e Teleatividades, advogado Wolnei Tadeu Ferreira, que municiou a investigação com dados atuais do teletrabalho.

À minha sócia, Professora Doutora Nadia Regina de Carvalho Mikos pelo incentivo, apoio incondicional e troca de ideias, assim como aos demais colegas de escritório por estarem ao meu lado.

Ao meu grande mestre na vida profissional, Luiz Felipe Haj Mussi (in memoriam), por quem nutro sentimento de admiração profunda e perene.

Ao meu pai Lucas, pela educação rígida, e por ter me ensinado o caminho da dedicação e da perseverança. Agradeço à minha mãe Judy, por sempre demonstrar confiança e orgulho nas atividades que exerço.

À minha esposa Anna e aos meus filhos Arthur e Laura, por mais uma vez serem compreensivos quanto aos períodos em que estive ausente, ou mesmo quando presente — dedicado aos estudos, e ao final impaciente com aqueles que são o grande amor da minha vida. Espero, todavia, ter passado mensagem positiva de dedicação e perseverança na busca da concretização de sonhos.

Sumário

APRESENTAÇÃO 9
PREFÁCIO 11
INTRODUÇÃO 13
1. AS REVOLUÇÕES INDUSTRIAIS 15
1.1. A Primeira Revolução Industrial 15
1.2. A Segunda Revolução Industrial 16
1.3. A Terceira Revolução Industrial 21
1.4. A Quarta Revolução Industrial 26
    1.4.1. Avanços Tecnológicos e a Economia 28
    1.4.2. Avanços Tecnológicos e a Empresa 32
    1.4.3. Avanços Tecnológicos e o Trabalhador 36
2. A SOCIEDADE DA INFORMAÇÃO 43
2.1. Construção da Sociedade da Informação 43
    2.1.1. Informação Massificada 45
    2.1.2. Informação Personalizada — Adrenalina social 46
    2.1.3. Reflexão sobre Imaterial, Virtual e Líquido 49
2.2. Características das Novas Gerações da Sociedade da Informação 53
    2.2.1. Liberdade: Quebra de Paradigmas 56
    2.2.2. Inovação e Flexibilidade 60
3. DIREITOS DA PERSONALIDADE NA SOCIEDADE DA INFORMAÇÃO 63
3.1. Direitos da Personalidade: Origem, Conceito e Fundamentos 63
3.2. Liberdade de Expressão em Ambiente Virtual 70
3.3. Impacto do Ambiente Virtual 75
3.4. Direito de Desconexão 78
3.5. Dano Existencial 83

4. TELETRABALHO 88

4.1. Aspectos Conceituais 89

4.2. Origem e Desenvolvimento 92

4.3. Enquadramento Legal 94

4.4. Vantagens e Desvantagens 99

5. FORMALIDADES E PRÁTICA DO TELETRABALHO 109

5.1. Aspectos Formais 109

5.2. Mudança de Regime e Reversibilidade 110

5.3. Ônus da Atividade 112

5.4. Controle de Jornada/Ausência 116

5.5. Teletrabalho e o Direito de Desconexão 122

5.6. Teletrabalho e a Representação de Trabalhadores 126

6. PREVENÇÃO EMPRESARIAL EM AMBIENTE VIRTUAL 134

6.1. Política de Integração e Adaptação do Teletrabalhador 134

6.2. Política de Prevenção de Doenças e Acidentes para o Teletrabalhador 140

6.3. Política de Uso das Redes Sociais 145

6.4. Política de Uso de Recursos Eletrônicos 148

6.5. Política de Proteção de Dados do Trabalhador 151

7. PROPOSTA DE PROJETO DE LEI 155

7.1. Estudo dos Projetos de Lei no Cenário Nacional 155

    7.1.1. Projeto de Lei do Senado n. 274, de 2013 155

    7.1.2. Projeto de Lei n. 4.505, de 2008 160

    7.1.3. Projeto de Lei n. 4.793, de 2012 165

7.2. Proposta de Projeto de Lei 166

CONCLUSÃO 183

REFERÊNCIAS BIBLIOGRÁFICAS 187

ANEXOS 199

APRESENTAÇÃO

A Reforma Trabalhista, introduzida pela Lei n. 13.467/17, gerou enormes impactos na regulação do mercado de trabalho. Uma de suas dimensões mais positivas foi a regulamentação do teletrabalho, também denominado trabalho à distância. Mas o objeto do livro ora lançado por Célio Pereira Oliveira Neto vai além, para se debruçar sobre o trabalho virtual, nas relações em *ciberespaço*, nas mais complexas e sofisticadas redes que interligam os indivíduos no planeta.

O autor participou ativamente dos debates desse tema, desde que foi incluído no projeto de reforma. Não satisfeito com isso, e percebendo que um dos reflexos mais visíveis das novas tecnologias da comunicação e informação no mundo do trabalho foi permitir que as pessoas não precisassem mais se deslocar para os locais de trabalho, nos grandes centros urbanos, elegeu como tema de sua tese de doutorado, na PUC de São Paulo, o trabalho em ambiente virtual. Por óbvio que os impactos, embora imediatos na economia, são mais lentos no mundo do direito, até que se construam regras claras e objetivas para se incorporarem no ordenamento jurídico, graças à contribuição jurisprudencial e doutrinária. Nessa lógica do tempo do direito — *kairós*, como momento oportuno, entre tantos sentidos —, livros como o que agora tenho a honra de apresentar se mostram como referência obrigatória pela atualidade do tema. Daí a necessidade de se destacar não apenas a obra, como seu autor.

Célio Pereira Oliveira Neto é um advogado ilustre, sócio fundador da Célio Neto Advogados, uma das mais prestigiadas bancas do Paraná. Sua notoriedade como advogado se deve a sua diferenciada formação. Antes do curso de Direito, graduou-se em Administração de Empresas. Já durante seu curso de Direito, teve o privilégio de trabalhar com o renomado e saudoso professor João Regis Fassbender Teixeira, seu grande incentivador, sem falar do apoio e incentivo que recebeu de Luiz Felipe Haj Mussi.

Essa sua "fome de conhecimento" não iria parar mais. Após concluir a pós-graduação *lato sensu* (COGEAE — PUC/SP), entre outras já cursadas, foi incentivado pelo prof. Paulo Sérgio João a ingressar no mestrado e depois no doutorado, obtendo os invejáveis títulos de mestre e doutor, ambos pela PUC de São Paulo. Por uma década fez a ponte Curitiba-São Paulo sem se descuidar de seus compromissos profissionais e familiares. Não bastasse, durante o doutorado, participou de curso de extensão, na Università degli Studi di Roma Tor Vergata.

Além de professor convidado nos cursos de pós-graduação da EMATRA IX e de outras entidades como PUC do Paraná, é membro de diversas entidades, entre as quais se destacam a Associação Comercial do Paraná, da qual é membro do Conselho Deliberativo; Associação dos Advogados Trabalhistas do Paraná, onde atua como membro do Conselho, tendo inclusive fundado o Instituto Mundo do Trabalho, sendo seu atual presidente.

Célio Pereira Oliveira Neto se destaca ainda como autor de artigos e de diversas obras coletivas, sendo autor do livro "Cláusula de não concorrência no contrato de emprego: efeitos do princípio da proporcionalidade", publicado pela LTr, e agora do livro que tenho a honra de apresentar.

Seu livro "Trabalho em Ambiente Virtual – causas, efeitos e conformação" corresponde à tese de doutorado, sob a orientação do professor Paulo Sérgio João, defendida perante banca, na PUC de São Paulo, que tive honra de integrar. O trabalho tem metodologia impecável, observando os padrões científicos. Após examinar aspectos históricos e percorrer os quatro estágios da chamada Revolução Industrial, debruça-se sobre a complexa sociedade da informação. Antes de examinar o telebrabalho propriamente dito, lança importantes luzes sobre tema central e caro para o Direito do Trabalho: direitos da personalidade na sociedade da informação. Com essa base histórica e teórica, preparou o caminho para lançar sua contribuição doutrinária, passando a examinar, de um lado, as formalidades e práticas do teletrabalho e, de outro, o "calcanhar de Aquiles" do teletrabalho: aspectos envolvendo prevenção empresarial em ambiente virtual. Por fim, lança seu desafio, ao apresentar proposta para aperfeiçoar o novo estatuto do teletrabalho, introduzido pela Reforma Trabalhista.

O livro corresponde a uma referência necessária para todos quanto operam e pensam o Direito, em especial o Direito do Trabalho, como advogados, magistrados, procuradores ou auditores fiscais do trabalho e mesmo estudantes. Destina-se, ainda, aos trabalhadores, que numa velocidade fantástica, vão ocupando seus lugares no mundo virtual, e aos empresários, que aceitaram o desafio do empreendedorismo.

Não temos ideia clara da sociedade que estamos construindo e que valores estamos preservando. Mas o homem continua sendo a razão de ser do Direito e das políticas do Estado. Preservar sua intimidade e seus valores fundamentais como ser humano em seu ambiente virtual de trabalho corresponde a um dos grandes desafios na construção do novo mundo do trabalho, em plena Quarta Revolução Industrial. Parabéns ao Célio Pereira Oliveira Neto pela oportuna contribuição para esse importante desafio.

Nelson Mannrich
Professor Titular da USP e presidente honorário da Academia Brasileira de Direito do Trabalho. Advogado.

PREFÁCIO

Com muita honra recebi o convite para apresentar o Prefácio dessa obra, de autoria do Dr. Célio Pereira Oliveira Neto cuja paixão pelo Direito do Trabalho foi observada desde o Curso de Especialização em Direito do Trabalho, com aulas e seminários aos sábados. Depois, com muito empenho e competência, veio o Mestrado na Pontifícia Universidade Católica de São Paulo e, agora, esta obra que é fruto da tese de doutorado, "Trabalho em Ambiente Virtual – causas, efeitos e conformações", título original mantido pela sua adequação exata ao conteúdo que examina.

A transformação no modo de produção e de entrega dos serviços contratados trouxe para o Direito do Trabalho dimensões nunca imaginadas. A evolução da tecnologia e dos meios de comunicação ampliou o local de trabalho, transferindo-o, sempre que possível, para além do espaço físico da empresa.

O desafio a que se submeteu o autor é para poucos, pois o mundo do trabalho, em constante mudança, exige do pesquisador percepção dos momentos mais relevantes pelos quais o Direito do Trabalho foi impulsionado a se atualizar para albergar os fatos, fonte do Direito e, do Direito do Trabalho essencialmente.

Desta forma, a obra traz os momentos históricos das Revoluções Industriais, com acentuada informação sobre a Quarta Revolução Industrial, de que trata Klaus Schwab na obra "Aplicando a Quarta Revolução Industrial" (Editora Edipro, São Paulo, 2018).

Os modelos de informação de dados construíram um novo tipo de sociedade e, como diz com propriedade o autor, a quebra de paradigmas foi inevitável nas novas gerações que, segundo diz, "não pretendem permanecer horas em congestionamentos ou desperdiçar grande parte da sua vida no caminho casa/trabalho/casa". Por esta razão, ter previsão legal para as novas situações de trabalho pareceu oportuno.

Todavia, os avanços tecnológicos são adequados ao respeito dos direitos fundamentais do trabalhador, preservando a liberdade de expressão em ambiente virtual, o direito de desconexão e o dano existencial, temas abordados com maestria pelo Dr. Célio Neto. Portanto, a evolução da tecnologia da informação deve servir ao homem e não torná-lo escravo e sem limite do tempo para o trabalho.

Neste sentido, o nosso autor trouxe para avaliação as novas disposições legais (Lei n. 13.467/17) que cuidam do teletrabalho, fazendo uma avaliação formal e prática com muita acuidade e equilíbrio, com reflexões relevantes quanto às consequências decorrentes dessa regulamentação.

Parabenizo Dr. Célio pela excelente obra e tenho certeza de que os leitores farão bom uso desta obra que não poderá faltar na biblioteca de todos os estudiosos e operadores do Direito do Trabalho.

Paulo Sérgio João
Professor Doutor, Coordenador do Núcleo de Pesquisa
em Direito do Trabalho da PUC/SP.

INTRODUÇÃO

O presente estudo tem por objeto tratar do trabalho em ambiente virtual, compreendendo principalmente o teletrabalho (trabalho à distância realizado por meio das tecnologias das comunicações e informática), mas não só este.

A opção por envolver o trabalho virtual de forma mais ampla deriva da intenção de enfrentar temas recentes, contemplando também o trabalhador presencial, quando se trata de relações em ciberespaço.

Afinal, o espaço virtual passa a fazer parte da vida das pessoas, em ambiente de interação instantânea, sem limites de fronteiras. O homem, assim, alcança lugares geograficamente distantes sem sair do lugar, sendo "atingido" pela informação a todo tempo, sem trégua.

Nesse sentido, a escolha do tema se deu dadas as profundas mudanças que a tecnologia gerou e está provocando nas relações do trabalho, e tem por escopo apresentar singela contribuição, acompanhada de propostas de conformação, a fim de que seja dada concreção aos direitos fundamentais dos trabalhadores, mediante o adequado sopesamento quando da existência de conflitos com outros direitos de ordem constitucional.

Se, no passado os empregos tinham a intenção de eternidade, na sociedade atual tudo é efêmero, líquido, dissolve-se no tempo e no espaço. A aceleração da sociedade da informação muda o modo de viver, trabalhar e se relacionar, e a fusão das tecnologias digital, física e biológica gera transformações até então inimagináveis, não se podendo estimar para onde a humanidade será levada.

A sociedade funciona em rede, conectada *full time*. Logo, não poderia ficar de fora da abordagem o direito a não fazer uso da tecnologia, quando esta carrega consigo o trabalho nos momentos de gozo do lazer e descanso, ou seja, o respeito ao direito de desconexão.

O fato é que a tecnologia foi criada pelo homem, e, portanto, tem de ser utilizada como aliada, deixando às máquinas a realização do trabalho impensado, enfadonho, repetitivo e de más condições, próprio das primeiras revoluções industriais.

As relações do trabalho foram e estão sendo em grande parte modificadas, passando a ser exercidas em ambiente virtual, de sorte que se faz necessário avaliar como o teletrabalho, a internet, as redes sociais e as comunicações eletrônicas têm gerado consequências no ambiente laboral, se há necessidade de conformar situações, e até que ponto.

A combinação da evolução tecnológica vivida com o que está por vir reserva mutações profundas, provocando necessária reflexão acerca do que esperar para as relações do trabalho.

Mas, a inquietação não permite a inércia, movendo para a pesquisa a respeito do que ocorreu ao longo das anteriores revoluções industriais (capítulo 1), refletindo sobre as transformações que geraram a sociedade da informação (capítulo 2) e alteraram inclusive a forma de exercício dos direitos da personalidade, seja no uso das redes sociais, seja provocando abalo ao gozo da desconexão do trabalho (capítulo 3).

O avanço das tecnologias da comunicação e da informática, combinados com o perfil dos trabalhadores das gerações Y e Z inserem uma nova dinâmica no mundo do trabalho, empoderando o regime de trabalho à distância por meio da telemática.

O teletrabalho representa modalidade especial de contrato de trabalho, sendo estudado quanto aos seus aspectos conceituais, origem e desenvolvimento, além de suas vantagens e desvantagens (capítulo 4).

Os aspectos formais do teletrabalho, a mudança de regime de trabalho e a reversibilidade são temas abordados, conjuntamente com o ônus da atividade no exercício do labor e as temáticas de jornada e descanso. Igualmente, há menção à atuação das representações de trabalhadores em favor de teletrabalhadores (capítulo 5).

Seja em ambiente presencial, seja em regime de teletrabalho, tratou-se de políticas empresariais preventivas, de sorte a conformar as relações do trabalho a uma nova dinâmica de produção e da própria sociedade (capítulo 6).

E, por fim, coube análise dos projetos de lei que tramitam nas casas legislativas, apresentando proposta com o escopo de que a Academia contribua para conformação do trabalho (neste compreendido as suas relações) em ambiente virtual (capítulo 7).

1. AS REVOLUÇÕES INDUSTRIAIS

Inicia-se em célere sobrevoo histórico, com o objetivo de observar que antes da Primeira Revolução Industrial, durante milhares de anos, o ser humano viveu em pequenos grupos, subsistindo do plantio, pesca, caça e pastoreio, valendo-se de fontes de energia renováveis, tais como florestas, rios e vento, ou outras fontes naturais de que são exemplos o barro e a madeira.

Não havia possibilidade de ascensão social. A terra era a base da economia, vivia-se em aldeias, e o nascimento determinava a trajetória imutável de status social a ser ocupado.

As pessoas viviam aglutinadas, em grandes famílias, compostas por parentes de diferentes graus, em um sentido muito mais amplo do que o atual, produzindo tudo o que consumiam em unidade econômica de subsistência. Vieram, contudo, as diferentes revoluções industriais que modificaram esse aparentemente pacato cenário.

1.1. A Primeira Revolução Industrial

Iniciada na Inglaterra, aproximadamente na metade do século XVIII, a Primeira Revolução Industrial conheceu a máquina a vapor, dando início à produção mecânica.[1] O período de duração pode ser datado, de modo aproximado, entre 1760 e 1860.

A partir da máquina a vapor, o desenvolvimento tecnológico começa a provocar efeitos significativos nas relações do trabalho, extinguindo a economia de tipo feudal, e gerando grandes empreendimentos fabris, do que é exemplo a fábrica de Owen, na Escócia, que em 1804 possuía 3000 empregados.

A Primeira Revolução Industrial caracterizou-se pelo uso da ferramenta, que representava a extensão da mão do homem. Esse mundo ferramental dependia da ação do homem, que se enxergava como o que produzia, ou seja, o carpinteiro não só fazia mesas, se fazia carpinteiro.[2]

---

(1) SCHWAB, Klaus. *A Quarta Revolução Industrial*. Tradução Daniel Moreira Miranda. São Paulo: Edipro, 2016. p. 15.
(2) FERRAZ JUNIOR, Tércio Sampaio. *O direito, entre o futuro e o passado*. São Paulo: Noeses, 2014. p. 62.

A Guerra Civil Americana, que teve início em 1861, no fundo não decorreu de aspectos morais relativos à escravidão, mas representou uma disputa pelo modelo de país que os norte-americanos desejavam construir, na forma agrícola do sul, ou uma nação industrializada defendida pelos vencedores do norte. Tal se repetiu em diversos outros países, como a Restauração Meiji, que teve início em 1868, no Japão.[3]

O período marca o início da separação da família, pois em regra os homens vão para as fábricas, e as mulheres ficam no lar, já não mais na condição de camponesas extraindo sua subsistência de fontes primárias, mas cuidando da casa e dos filhos, dando origem à histórica diferença entre homens e mulheres no mercado de trabalho, que persiste no plano fático até os dias atuais.

Nesse momento, pois, fixa-se a fábrica na vida das pessoas, ocasionando a separação do ambiente e rotinas de trabalho e da casa. Ao mesmo tempo, nesse novo local, o chefe não coincide com o familiar, mas insere-se o empresário como detentor do poder de comando, dando-se origem à histórica digladiação entre capital e trabalho.

1.2. A Segunda Revolução Industrial

Em seu início, a Segunda Revolução Industrial extraía energia de carvão de pedra, gás e petróleo, portanto, combustíveis fósseis não renováveis, marcando uma mudança de paradigma. Pela primeira vez, a sociedade estava consumindo a natureza ao invés de valer-se dos rendimentos que esta proporcionava.[4]

A invenção da máquina, que deu origem às fábricas, passa a representar no final do século XIX uma extensão do homem, que se torna dependente da máquina, e deixa de ser o que faz, tornando-se o homem-máquina, substituível.

As máquinas passaram a dar origem a novas máquinas, multiplicando-se as máquinas-ferramentas. No curso da Segunda Revolução Industrial, entre meados dos séculos XIX e XX, a produção em massa era a tônica, baseada em linhas de montagem e beneficiando-se da invenção da eletricidade.

A Segunda Revolução Industrial é caracterizada pela padronização taylorista na produção de milhões de produtos idênticos visando o aumento da produtividade por trabalhador. Frederick Winslow Taylor[5] sustentava que o trabalho poderia ser padronizado, buscando uma maneira e uma ferramenta ideal para a realização

---

(3) TOFFLER, Alvin. *A terceira onda*. 5. ed. Trad. de João Távora. Rio de Janeiro: Record, 1980. p. 37.
(4) TOFFLER, Alvin. *A terceira onda*. 5. ed. Trad. de João Távora. Rio de Janeiro: Record, 1980. p. 39.
(5) Taylor já nasceu rico, tinha o estudo da organização do trabalho como hobby e paixão. Conforme DE MASI, Domenico. *Ócio Criativo*. Entrevista a Maria Serena Palieri; tradução de Léa Manzi. Rio de Janeiro: Sextante, 2000. p. 52.

de cada tarefa, assim como um tempo próprio para cada tarefa,[6] pregando a separação entre gerência, concepção, controle e execução.

As lições de Taylor ganharam destaque mundial ao ponto de serem aplicadas na então União das Repúblicas Socialistas Soviéticas, por Lênin, que procurou reverter o declínio da produção industrial.[7]

Na produção, o destaque ficou para o modelo da Ford, denominado Fordismo, que se baseava no Taylorismo, acrescendo a administração conjunta dos tempos e movimentos, abastecendo o trabalhador com peças e componentes por meio de esteiras.[8] No modelo fordista, havia forte controle do trabalhador dentro da fábrica, a linha de produção era em série, homogênea, as tarefas repetitivas e os tempos exatos, acreditando-se que quanto mais vezes um movimento fosse reproduzido, mais exata e ágil seria a sua execução.[9]

Para oferecer uma noção de quanto o trabalho era enfadonho e repetitivo, quando da inauguração da fábrica da Alfasud, na Itália, pesquisa demonstrou que cada trabalhador realizava uma operação, e esta demandava 75 segundos,[10] ou seja, tal era repetida em média 384 vezes ao longo de uma jornada de 8 horas diárias de trabalho.

A especialização era a tônica, dividindo-se o trabalho para cada especialista cuidar da sua parte, gerando aumento da profissionalização. Tal, no entanto, não deve ser vista como especialização no sentido de formação de especialistas, profundos conhecedores de sua área de atuação, mas de trabalhadores mecanizados em movimentos repetitivos e impensados.

Nessa rotina, o trabalhador não tinha qualquer controle sobre o projeto, ritmo ou organização do processo de produção, ao ponto de, por vezes, sequer ter a ciência da atividade que era desempenhada pelo colega que laborava ao seu lado.[11]

O conceito era de "uma máquina — um homem", inserido no modelo de que a grande fábrica tudo deveria produzir. Para se ter uma ideia, nesse período, no ano de 1908, a Ford lançava o modelo T, que demandava nada menos do

---

(6) TOFFLER, p. 60.
(7) SILVA TOSE, Marilia de Gonzaga Lima e. *Teletrabalho*: a prática do trabalho e a organização subjetiva dos seus agentes. Tese de Doutorado em Ciências Sociais, Pontifícia Universidade Católica de São Paulo, 2005. p. 13.
(8) SILVA TOSE, p. 13.
(9) CASTRO, Maria do Perpétuo Socorro Wanderley de. *Terceirização*: uma expressão do direito flexível do trabalho na sociedade contemporânea. 2. ed. São Paulo: LTr, 2016. p. 29.
(10) DE MASI, p. 20.
(11) FOGLIA, Sandra Regina Pavani. *Lazer e trabalho*: um enfoque sob a ótica dos direitos fundamentais. 1. ed. São Paulo: LTr, 2013. p. 87.

que 7.882 operações até que fosse concluído,⁽¹²⁾ e foi produzido 16.000.000 de vezes com mínimas variações, observado o slogan "Os americanos podem escolher carros de qualquer cor. Desde que seja preta."⁽¹³⁾

Essas diferentes operações repetidas milhares de vezes pelo mesmo trabalhador, eram sincronizadas no tempo, a fim de que as máquinas não ficassem paradas à espera de uso, o que acaba por expandir o uso dos relógios pela civilização, delimitando tempos de trabalho, intervalos para alimentação, finais de semana e feriados.

O homem trabalha em turnos na fábrica, e faz dela a extensão da sua morada em uma relação casa/trabalho/casa, dominado pela fábrica. As famílias sentem a pressão da mudança, precisando deixar o campo e migrar para as cidades, tornar-se mais leves e móveis, sendo a educação da criança entregue à escola, que deveria preparar cidadãos para a nova economia, ou seja, com noção de pontualidade em seus compromissos, obedientes às determinações superiores e prontos a executar trabalho repetitivo.⁽¹⁴⁾

A sociedade se organiza para atender ao desenvolvimento das cidades, surgindo hospitais, prisões, clubes desportivos, câmaras de comércio, bibliotecas, sindicatos operários, e tantos outros — seguindo a mesma ordem de organização, divisão de trabalho e hierarquia que caracterizava a grande fábrica, conduzida pela nova figura do executivo.⁽¹⁵⁾

Assim, as escolas seguiam um calendário padrão, os hospitais acordavam seus pacientes no mesmo horário, a família levantava, trabalhava e dormia em horários padrões e, assim por diante a sociedade estava sincronizada, obedecendo ordens de tempo de acordo com o relógio.

Na ordem da concentração,⁽¹⁶⁾ a nova era dava origem a grandes cidades. Para se ter uma ideia, em 1800 Londres possuía 800 mil habitantes, ao passo que em 1910 já tinha 7 milhões de habitantes. No mesmo período, Nova Iorque passou de uma população de 60 mil para 4 milhões.⁽¹⁷⁾

As diversas novas cidades, movidas pelas suas aptidões, produziam milhares de produtos idênticos, em série. No cenário mundial, Detroit transformou-se na capital do automóvel, Lille e Manchester destacaram-se na produção têxtil.

---

(12) TOFFLER, p. 62.
(13) DE MASI, p. 63.
(14) TOFFLER, p. 37 e 42.
(15) TOFFLER, p. 44 e 74.
(16) O modelo industrial gerava a concentração das pessoas, caracterizado pelas grandes fábricas, exigindo enorme volume de capital, gerando receio de investimento pelas perdas que daí poderiam decorrer. Nesse cenário, nasce o conceito de responsabilidade limitada, a fim de que o investidor só perdesse o capital investido, e não todo o seu patrimônio. In: TOFFLER, p. 43-44.
(17) DE MASI, p. 167.

A marca da Segunda Revolução Industrial era a grandeza. Nesse cenário, no início do século XX surgiu a primeira companhia de bilhões de dólares, United States Steel. Com ela, após pouco menos de duas décadas, já havia meia dúzia dessas grandes fábricas. Ao final da Segunda Revolução Industrial, a General Motors sozinha mantinha como empregados um verdadeiro exército de 595.000 trabalhadores, e a AT&T possuía 736.000 empregados.[18]

Com as novas tecnologias da época, mormente a combinação do vapor e o carvão de pedra com a energia elétrica,[19] a produção multiplicou-se a tal ponto que o mercado local já não poderia absorver tudo o que se produzia, de modo que as indústrias passam a atender mercados em outros países.

Pela primeira vez na história humana, se vê a possibilidade de ascensão social, rompendo com os privilégios dos ricos de berço, e democratizando a chance de vencer a pobreza, fome e tirania. Rompe-se, no entanto, com a coletividade no sentido que marcou o período agrícola, inserindo-se a individualidade e, com esta, o direito aos próprios interesses.[20]

Para que o modelo industrial funcionasse mediante produção em massa, havia rígida hierarquia piramidal, onde a cobrança de disciplina e subordinação ia muito além dos níveis atuais, desconhecendo os direitos da personalidade, em uma terra habitada pelo gênero masculino.

O capital necessitava do trabalho, que era massificado, sem nenhuma especialização, e mecanizado, mas exercia papel principal, colocando o homem como protagonista:

> [...] "na moderna ambição de submeter, encilhar e colonizar o futuro, a fim de substituir o caos pela ordem e a contingência pela previsível (e portanto controlável) sequência dos eventos. Ao trabalho foram atribuídas muitas virtudes e efeitos benéficos, como, por exemplo, o aumento da riqueza e a eliminação da miséria; mas subjacente a todos os méritos atribuídos estava sua suposta contribuição para o estabelecimento da ordem, para o ato histórico de colocar a espécie humana no comando de seu destino."[21]

---

(18) TOFFLER, p. 44 e 68.
(19) No período, também merecem destaques diversas outras invenções, dentre as quais a fissão do átomo de urânio em 1934 por Enrico Fermi, inaugurando a era nuclear; a primeira transmissão televisiva em 1935 em Berlim; a descoberta da estrutura do DNA em 1953, por Watson e Crick, inaugurando a biologia molecular; e a fotografia do Planeta Terra, feita pelo satélite russo Sputnik em 1957 que permitiu enxergá-la como um todo a um só tempo.
(20) TOFFLER, p. 49 e 119.
(21) BAUMAN, Zygmunt. *Modernidade líquida*. Tradução Plinio Dentzien. Rio de Janeiro: Zahar, 2001. p. 172.

Trabalho e capital andavam juntos, inseparáveis — mesmo que em conflito — seguiam a ordem do casamento eterno, não cogitando de separação, "o ideal era o de atar capital e trabalho numa união que — como um casamento divino — nenhum poder humano poderia, ou tentaria desatar".[22]

Acreditava-se que "tudo deveria ser para sempre", desde a construção mais sólida até a relação de emprego indeterminada. "Meu pai trabalhou nesta fábrica, eu trabalho, e se Deus permitir, meu filho assim o fará".[23] O grande prêmio era o relógio entregue pela empresa depois de muitos anos de trabalho em reconhecimento à dedicação do obreiro.

"Os trabalhadores dependiam do emprego para sua sobrevivência; o capital dependia de empregá-los para sua reprodução e crescimento",[24] e assim todos viviam e pensavam que isso seria eterno.

A Segunda Revolução Industrial criou a separação entre produção e consumo, que tanto afeta a sociedade dos dias atuais. Com efeito, nesse período, com as produções em massa, havia necessidade de consumidores também em massa, impulsionando a aquisição e uso dos bens produzidos nas grandes fábricas, criando um mercado de consumo, e por consequência a sociedade consumista.

Tanto assim o é que Alvin Toffler aponta que a sociedade consumista não é característica do capitalismo, mas do industrialismo, que criou excessiva preocupação com o dinheiro e mercadorias, rompendo valores e elos caros para as sociedades anteriores, tudo em prol de interesses baseados em elos contratuais:

> [...] a preocupação obsessiva com o dinheiro, as mercadorias e coisas é um reflexo não do capitalismo ou do socialismo, mas do industrialismo. É um reflexo do papel central do mercado em todas as sociedades em que a produção está divorciada do consumo, em que todo o mundo é dependente do mercado mais do que de suas próprias aptidões produtivas para as necessidades da vida."[25]

Cumpre observar que a produção em massa também fez nascer a necessidade de uniformização de moeda e valor, dando origem a estruturas ditas integrativas, tais como, em 1944, o Fundo Monetário Internacional (FMI) e o Banco Mundial. O primeiro compeliu as 44 nações membro do FMI a adotarem o dólar e o ouro como paradigma de valor.[26]

Já ao Banco Mundial coube financiar a reconstrução dos países europeus afetados pela Segunda Grande Guerra, o que se estendeu num segundo momento

---

(22) BAUMAN, p. 182.
(23) Força de expressão do autor, tentando reproduzir o pensamento do período.
(24) BAUMAN, p. 182.
(25) TOFFLER, p. 54.
(26) TOFFLER, p. 102.

aos países não industrializados. Logo, surgiu o Acordo Geral sobre Tarifas Aduaneiras e Comércio (GATT — *General Agreement on Tariffs and Trade*), que tinha por escopo proteger economias menores.[27]

A sintonizada combinação de FMI, Banco Mundial e GATT ditava a ordem econômica mundial, estando o Banco Mundial impedido de financiar os países que não participassem do FMI ou que não obedecessem às regras do GATT.[28]

Insere-se o estado do bem-estar social,[29] idealizado pelo presidente norte-americano Franklin Roosevelt,[30] cabendo ao Estado permitir que o capital pudesse continuar "adquirindo" trabalho, sempre existindo uma reserva representada pelos desempregados, que estariam prontos a assumir o posto assim que chamados, como se jogadores aquecidos, sentados no banco de reservas, de prontidão, ávidos a entrar em campo e buscar a titularidade.

O cenário era de crescimento econômico contínuo, mas o trabalhador pouco ou nada participava da vida empresarial, salvo no cumprimento da sua obrigação mecanizada de produção.

A Segunda Revolução Industrial não teria como continuar, na medida em que chegou a um ponto insustentável de ataque contra a natureza, valendo-se de combustíveis de fonte não renovável.[31] Nesse cenário, nos países desenvolvidos, as grandes indústrias começaram a perder força a partir de 1950, migrando para países em desenvolvimento aonde a mão de obra era mais barata. Por consequência, nesse período, no Brasil, houve incremento do processo de produção industrial, mediante a instalação do parque industrial do ABC Paulista.[32]

1.3. A Terceira Revolução Industrial

A Terceira Revolução Industrial prepara o terreno, ara e começa o plantio para a criação da sociedade da informação, e por consequência, o trabalho em ambiente virtual.

---

(27) TOFFLER, p. 102.
(28) TOFFLER, p. 102.
(29) "Também conhecido por *Welfare State*, o Estado de Bem Estar social corresponde à designação de um Estado assistencial, que propicia garantia de padrões mínimos de educação, saúde, habitação, renda e seguridade social à população. É uma corrente que surgiu após a Segunda Guerra Mundial e se desenvolveu ligada ao processo de industrialização, como tentativa de resposta aos problemas sociais gerados a partir desse processo. "As origens do Estado do Bem-estar estão vinculadas à crescente tensão e conflitos sociais gerados pela economia capitalista de caráter 'liberal'. BRASIL. *Estado do Bem Estar Social*. Disponível em: <https://educacao.uol.com.br/disciplinas/sociologia/estado-do-bem-estar-social-historia-e-crise-do-welfare-state>. Acesso em: 24 jul. 2017.
(30) DE MASI, p. 101.
(31) TOFFLER, p. 130.
(32) BRASIL. *Transformações socioeconômicas*. Disponível em: <http://brasilescola.uol.com.br/sociologia/transformacoes-socioeconomicas-no-brasil-decada-50.htm>. Acesso em: 8 maio 2017.

Pode ter o seu início apontado a partir da década de 1960, conhecida como revolução digital ou do computador, impulsionada pela computação em *mainframe*[33] em sua primeira década, seguida do início da computação pessoal a partir da década de 1970.[34]

Houve a democratização do uso do computador, mediante barateamento dos produtos e elevação da capacidade do software, em nível de progressão mais do que geométrica, de forma inimaginável.

> "Os custos caíram tão vertiginosamente e sua capacidade subiu tão espetacularmente que, de acordo com a revista Computerworld, 'se a indústria de automóveis tivesse feito o que tem feito a indústria dos computadores nos últimos 30 anos, um Rools-Royce custaria 2,50 dólares e faria cerca de 3.000.000 de quilômetros com um galão (3.785 litros) de gasolina.'"[35]

O período é marcado pelo constante lançamento de novos produtos e máquinas, aliados ao crescimento da informática e robotização. Há integração entre ciência e produção, também chamada de revolução tecnocientífica.

O modelo de produção de Henry Ford começa a perder força a partir de 1973, ganhando espaço o Toyotismo. Com efeito, a linha de produção em série, homogênea, com movimentos cronometrados (característica da produção fordista) perde terreno, pois, à produção parcelada, fragmentada em funções, gerada de acordo com o padrão de interesse do consumidor, própria do modelo criado pelo engenheiro Ohno, da Toyota.[36]

Questiona-se o conceito de "uma máquina — um homem" próprio do Fordismo, valoriza-se o operador multifuncional da fábrica da Toyota e outras montadoras japonesas, que deve ser altamente produtivo operando várias máquinas ao mesmo tempo.

Ou seja, troca-se o trabalhador com pouca qualificação, mecanizado, pelo trabalho polivalente e investe-se em treinamento e qualificação, dando-se espaço para que o trabalhador seja mais participativo, permitindo a apresentação de

---

(33) **Mainframe** é um computador de grande porte, dedicado normalmente ao processamento de um volume grande de informações. Os **mainframes** são capazes de oferecer serviços de processamento a milhares de usuários através de milhares de terminais conectados diretamente por meio de uma rede. (O termo **mainframe** se refere ao gabinete principal que alojava a unidade central de processamento nos primeiros computadores). Disponível em: <http://www.dicionarioinformal.com.br/significado/mainframe/4950/>. Acesso em: 24 ago. 2017.
(34) SCHWAB, p. 15 e 16.
(35) TOFFLER, p. 143.
(36) ANTUNES, Ricardo. *Adeus ao trabalho?* ensaio sobre as metamorfoses e a centralidade do mundo do trabalho. 16. ed. São Paulo: Cortez, 2015. p. 35-42.

sugestões na forma de realização do trabalho,[37] visando melhoria da qualidade e produtividade.

Com essas medidas, aumenta-se a produção, observada a nova visão de diversificação de produtos, sem acréscimo do número de trabalhadores, produzindo-se somente o necessário, apenas no momento imprescindível *(just in time)*, mediante o modelo *kanban*.[38]

No Toyotismo, a fábrica funciona como unidade central, mas convive com inúmeros fornecedores satélites, reduzindo, assim, por meio da terceirização, o âmbito de participação da montadora, não mantendo o modelo fordista da grande fábrica, que tudo deveria produzir.

Para se ter uma noção da mudança, no modelo fordista, a fábrica se encarregava da produção de 75% do produto, e o controle era absoluto sobre a matéria-prima a ponto de Henry Ford ter adquirido plantações de seringueiras para a produção de pneus, e navios para transporte de carros;[39] no Toyotismo ocorre o inverso, cabendo 25% à fábrica, sendo os outros 75% contratados junto a terceiros e fornecedores.[40]

Os estoques, a seu turno, passam a representar o mínimo necessário, baseados na necessidade do consumidor, ou seja, atrelados às vendas e não à produção.[41]

A flexibilização do trabalho ganha força, orientada pelas necessidades de mercado, seja pela terceirização de parte da produção, seja pelo estabelecimento de contratos temporários, mantendo-se na fábrica o número mínimo necessário de trabalhadores.

A produção é orientada por luzes, que ditam o ritmo a ser adotado (verde = velocidade normal; laranja = intensidade máxima; e vermelho = a produção deve ser retida).[42]

O sistema precisa funcionar como um todo, razão pela qual são compostos grupos de oito trabalhadores, onde o comprometimento é coletivo. Se um apresenta falha, ou não comparece ao trabalho, todos perdem o aumento, de sorte que a própria figura do gestor fica minimizada, na medida em que cada qual "vigia" o outro do grupo, e, ao mesmo tempo, toma a cautela de não prejudicar ao colega.[43]

---

(37) O que para a época, era uma grande inovação.
(38) Importação de técnica de reposição dos supermercados norte-americanos, que consiste na reposição dos produtos na prateleira, depois da venda.
(39) FOGLIA, p. 87.
(40) ANTUNES, p. 231.
(41) FOGLIA, p. 89.
(42) ANTUNES, p. 46-47.
(43) ANTUNES, p. 48.

Com o modelo do engenheiro Ohno, há diminuição das hierarquias, e maior inserção do trabalhador, em um padrão mais participativo, onde este é parte integrante não só física, mas intelectual, oferecendo sugestões e contribuindo com o seu *know-how*, do que são exemplos os Círculos de Controle de Qualidade.

Tal representa um primeiro avanço nas relações do trabalho, não só mitigando a subordinação, mas tornando o labor mais humano, pensativo, substituindo as ordens quase ditatoriais, pela implementação de regras empresariais.

O Toyotismo ganha reconhecimento em nível internacional, e se espalha pelo globo, oferecendo maior produtividade, e, portanto, ensejando menos homens para o desempenho da atividade, o que começa a representar uma decisiva aquisição do capital sobre o trabalho, que teria o condão de gerar o desemprego estrutural a nível mundial.[44]

Na França, em 1962 os trabalhadores da indústria representavam 39% da população, ao passo que em 1989 esse número baixou para 29,6%; na Itália, em 1980, 40% dos trabalhadores atuavam na indústria, ao passo que 10 anos depois esse percentual caiu para 30%. Nos principais países industrializados, 40% dos trabalhadores atuavam na indústria nos anos 1940, ao passo que nos anos 1990 esse percentual caiu para aproximadamente 30%.[45]

Aponta-se ainda que entre 35 e 50% dos trabalhadores ingleses, franceses, alemães e norte-americanos foram alçados a condições de desemprego e trabalho precário durante a Terceira Revolução Industrial.[46]

É claro que o volume de trabalho na indústria também migrou em parte para o setor de serviços, que teve forte crescimento. De toda sorte, fácil constatar que as significativas mudanças representaram perda quantitativa de postos de trabalho.

A década de 1980 foi palco de grandes transformações diante do salto tecnológico, automação, robótica e microeletrônica que invadiram as fábricas,[47] e incrementaram ainda mais o setor de serviços. Prova disso é que em um período de apenas 6 anos (1980 a 1986), o setor de serviços nos Estados Unidos da América quase dobrou de tamanho, passando a abarcar mais de 60% de todas as ocupações de trabalho naquele país.[48]

O início da década de 1990 marca a chegada — ainda tímida — da internet, e o começo da revolução digital, caracterizando-se pela produção de equipamentos menores e mais poderosos, barateados pelo aumento de demanda na produção.

---

(44) ANTUNES, p. 52.
(45) ANTUNES, p. 62-65.
(46) ANTUNES, p. 62-65.
(47) ANTUNES, p. 33, 39.
(48) ANTUNES, p. 67.

O trabalhador menos qualificado, de fácil substituição, passa a não ser tão interessante, até porque a mão de obra é abundante e oscila, podendo migrar para as empresas satélites de apoio e outras formas de contratação precárias, terceirizadas ou subcontratadas, quando não incrementando o mercado informal.[49]

O período também assinala indelevelmente o primeiro *insight* de que o capital não seria tão dependente do trabalho. Um dos exemplos iniciais pode ser encontrado na fábrica automatizada Fujitsu Fanuc, onde na década de 1990, mais de 400 robôs fabricavam outros robôs *full time*, e os operários (cerca de 400) trabalhavam durante o dia consertando as máquinas, que quebravam à razão de 5% (ou seja, 8 robôs/mês).[50]

A diminuição das fábricas modifica o cenário industrial. Não só as grandes empresas fragmentam a produção com o escopo de buscar maior efetividade, mas também as pequenas e médias empresas se desenvolvem e passam a empregar boa parte do mercado do trabalho. Para se ter uma ideia, em 1971, 22% dos empregos na indústria italiana estavam em empresas com menos de 19 trabalhadores.[51]

Fábricas menores aonde as pessoas se conhecessem e interagissem passam a fazer parte da técnica de gestão adotada por alguns empresários, tal como o fez Roberto Gore,[52] que organizava as suas fábricas com 150, no máximo 200 pessoas. Sofreu críticas por isso, pois se o número de trabalhadores aumentasse, montava outra fábrica, o que em tese duplicava os custos.[53]

Entendia ele que para o funcionamento ótimo da fábrica, não poderia haver mais do que o número estabelecido, que permitia aos trabalhadores se conhecerem e se relacionarem, e a sinergia do grupo unido se mostrava muito mais eficiente para a produção.

Entre 1984 e 1997, no coração do Vale do Silício, na cidade de Santa County, aumentou a contratação de trabalho temporário em 159%. Também nesse período aumentou em 53% o trabalho autônomo, e em 21% os empregos em tempo parcial.[54]

Na Holanda foram ajustadas formas flexíveis de emprego, em especial trabalho em tempo parcial e contratos temporários, em um regime de segurança,

---

(49) ANTUNES, p. 73.
(50) ANTUNES, p. 72.
(51) ANTUNES, p. 179.
(52) Em 1969, descobriu o tecido transpirante que permitia que o suor transpassasse, porém bloqueava a chuva.
(53) MARCHIORI, Massimo. *Meno Internet Più Cabernet*. Itália: Rizzoli Etas, 2015. p. 236.
(54) CASTELLS, Manuel. *A sociedade em rede*. Tradução Roseneide Venancio Majer. Atualização para 6. ed.: Jussara Simões (A era da informação: economia, sociedade e cultura; l. 1). São Paulo: Paz e Terra, 1999. p. 337.

mantendo-se a proteção de planos de saúde, invalidez, desemprego e pensão, o que ocasionou a queda no índice de desemprego de 9% para 3% no período de 1980 a 1999.

Aliás, as economias com menor índice de desemprego, no período, foram aquelas que adotaram o regime de tempo parcial, de que são exemplos Holanda com 36% da população ativa; Inglaterra com 22%; e Estados Unidos da América com 20%.[55]

O regime conhecido como flexi-segurança, em que o tempo parcial é um dos instrumentos legais, ficou notabilizado nos países escandinavos, como paradigma de flexibilização negociada, envolvendo iniciativa privada, apoio governamental e ajustes de condições de trabalho combinados com responsabilidade fiscal e sistemas sólidos de previdência social.[56]

A substituição do modelo de Henry Ford pelo Toyotismo, no Brasil, com mais intensidade a partir de 1990, gerou a reorganização da produção e, com isso, a redução dos postos de trabalho, migração de plantas industriais em busca de maiores incentivos, e a terceirização de serviços e produção de bens, para além do trabalho temporário de que tratava a Lei n. 6.019/74, cuja contratação também se avolumou.

O período baliza uma primeira onda de flexibilização, vivida pelo Brasil e regulamentada por uma série de medidas legislativas, que instituíram, dentre outros, nova possibilidade de contrato por prazo determinado, modalidade de banco de horas, suspensão dos contratos de trabalho para qualificação profissional, e a contratação a tempo parcial (Lei n. 9.601/1998, Medida Provisória n. 1.702-2/98, Medida Provisória n. 2.076/2001).

Para efeitos do presente estudo, o que marca aquele momento é que a partir da Terceira Revolução Industrial houve relativização da subordinação (na prática), ao mesmo tempo em que o novo perfil do trabalhador de fábrica exigia preparação para a multifuncionalidade de atividades e funções, em um processo incessante de geração de novos processos de gestão iniciados com maior ênfase a partir do Toyotismo.

1.4. A Quarta Revolução Industrial

Em 2012, por ocasião da Feira de Hannover, na Alemanha, inicia-se o movimento que forneceria os contornos da Quarta Revolução Industrial — também conhecida como Indústria 4.0.

---

(55) DE MASI, p. 110.
(56) CASTELLS, p. 338.

Em janeiro de 2017, no Fórum Econômico de Davos, foram apresentados alguns dos elementos marcantes da Revolução 4.0, com destaque para as nanotecnologias, neurotecnologias, biotecnologias, robôs, inteligência artificial, drones, sistemas de armazenamento de energia e impressora 3D.

A Quarta Revolução Industrial tem um potencial muito mais violento do que as anteriores de mudar o rumo da sociedade, das coisas, das relações e do próprio sentido da vida, a começar pela diminuição dos postos de trabalho, ao menos no que se refere às atividades que exigem pouca qualificação.

Nas palavras do Presidente Executivo do Fórum Econômico Mundial, Klaus Schwab "estamos no início de uma revolução que afetará profundamente a maneira como vivemos, trabalhamos e nos relacionamos",[57] e "a escala e amplitude da atual revolução tecnológica irão desdobrar-se em mudanças econômicas, sociais e culturais que chega a ser impossível prevê-las."[58]

A combinação e fundição das tecnologias dos mundos físico, digital e biológico é a grande novidade,[59] e produz efeito exponencial que tem a força de mudar o curso da humanidade, de forma tão célere como nunca se viu, reformulando conceitos relativos à produção, consumo, transporte, logística, e mesmo quanto à maneira de exercer os direitos da personalidade.

As transformações são avassaladoras, isso porque as novas tecnologias têm o condão de gerar outras novas tecnologias ainda mais qualificadas, que se combinam entre si, transformando sistemas e países. A partir daí, Klaus Schwab aponta três elementos — velocidade, amplitude, e impacto sistêmico — que distinguem a Quarta Revolução Industrial das demais, a descolando da terceira, como uma nova e irrefreável mudança de paradigmas.

A título comparativo, vale observar que enquanto o tear mecanizado demorou 120 anos para conquistar a Europa, a internet obteve igual proeza em menos de 10 anos.[60] Um tablet dos dias atuais possui capacidade de processamento equivalente a 5 mil computadores *desktop* de 30 anos atrás, ao passo que nos últimos 20 anos, o custo de armazenamento caiu de 10 mil dólares para 3 centavos de dólar por ano.[61]

A geração da Segunda Revolução Industrial viveu em modo analógico, o que soa atualmente como antiquado; os canais de televisão eram poucos e abertos, ao passo que os atuais, no modo digital são quase infindáveis, não se podendo consumi-los.

---

(57) SCHWAB, Klaus. *A Quarta Revolução Industrial*. Tradução Daniel Moreira Miranda. São Paulo: Edipro, 2016. p. 10.
(58) SCHWAB, p.11.
(59) SCHWAB, p.11.
(60) SCHWAB, p.13 e 17.
(61) SCHWAB, p. 20.

O livro que dura de 500 a 1000 anos, e ocupa muito mais espaço, primeiro é substituído pelo DVD que permanece íntegro de 2 a 5 anos, e depois pela memória digital, ficando na nuvem, eternamente talvez.

O mundo era muito mais lento no passado, com a máquina a vapor começou a se tornar acelerado, até que assume velocidades inimagináveis, numa proporção que se torna difícil de conceber até onde o "progresso" vai levar.

A Terceira Revolução Industrial conviveu com as plataformas puramente digitais, ao passo que a Quarta Revolução Industrial cria as plataformas globais, unindo o digital às experiências dos seres humanos, em ambiente físico. A diferença entre saber e inteligência, no mundo virtual, se torna tênue, eis que um clique pode oferecer a resposta necessária.

Até a sociedade atual, em que tudo é líquido e parece dissolver-se (tal como o matrimônio, que muitas vezes já não tem a intenção de eternidade), capital e trabalho andavam juntos, brigando, mas dependentes, casados, na alegria e na tristeza.

Todavia, o capital parece ter se tornado mais independente, quer flertar livremente, vagar pelo mundo sem a mesma necessidade do trabalho que marcou os ciclos anteriores, mormente a Segunda Revolução Industrial. Tal condição, entretanto, cria a possibilidade de o trabalho tornar-se mais livre da subordinação do modelo taylorista, abrindo espaço para a produção de ideias, em ambiente de labor virtual, descentralizado da empresa.

1.4.1. Avanços Tecnológicos e a Economia

O crescimento econômico, no passado parecia inacabável, era contínuo, e as economias totalmente protegidas, inclusive por políticas internas dos diferentes países. Atualmente, afora um surpreendente crescimento da China, que apontou o índice médio de 7,5% nos últimos anos, tornando-se a segunda maior economia do mundo (atrás, apenas, dos Estados Unidos)[62], o cenário é de reduzido crescimento econômico.

Grande parte dos países do continente velho (europeu) já experimentam a ainda mais tempo esse desacelerado processo de crescimento econômico, forjado principalmente pela Crise Financeira Internacional de 2008. Havia, entretanto, expectativas de melhorias nesse quadro, especialmente verificando-se o índice de crescimento da Espanha (3,2%) e Irlanda (4,3%) em comparação à Italia (0,9%) e França (1,2%).[63]

---

(62) BRASIL. *Economia da China*. Disponível em: <http://www.suapesquisa.com/geografia/economia_da_china.html>. Acesso em: 13 jul. 2017.
(63) GUERRA. Wesley S. T. *Crescimento na Europa*: Economia e tensões em alta. Disponível em: <http://www.jornal.ceiri.com.br/crescimento-na-europa-economia-e-tensoes-em-alta/>. Acesso em 20 jul. 2017.

Em se tratando do Brasil, nota-se que o crescimento econômico, levando em conta o PIB per capita e a produtividade no trabalho de 1992 até 2000 foi, em média, equivalente. Contudo, a partir do início da década de 2000, houve crescente deslocamento entre essas duas variáveis,[64] ocorrendo desaceleração da economia.

Klaus Schwab preleciona que o impacto da Quarta Revolução Industrial na economia será inimaginável, afetando todas as variáveis macroeconômicas, tais como PIB, investimento, consumo, emprego e inflação. Dentro das previsões, divide os economistas em tecnopessimistas e tecno-otimistas. No primeiro grupo, insere os que sustentam que as principais contribuições digitais já foram realizadas e que quase não haverá mais impactos sobre a produtividade. No outro grupo, os tecno-otimistas que defendem que haverá aumento da produtividade e maior crescimento econômico.

O Presidente Executivo do Fórum Econômico Mundial reconhece que o capital deverá ser valorizado em detrimento do trabalho, espremendo salários e o consumo, muito embora os produtos devam ser produzidos por valor inferior e o consumo tenda a ser levado a efeito de forma sustentável, até mesmo diante do crescimento da economia colaborativa.[65]

A economia colaborativa ou de compartilhamento insere-se, pois, definitivamente no comportamento global dos consumidores, que passam a gozar de bens sem deter a propriedade.

O modelo deixa de ser "pegar-fazer-eliminar", mas torna-se responsável, mediante fluxo eficaz e integrado de informação, matéria prima, energia e trabalho, permitindo a otimização do uso, coleta, restauração e regeneração do produto.[66] A economia passa a ser de plataforma e produtos disruptivos.

A mudança de paradigma é tão abrupta e voraz, que se acredita firmemente na possibilidade de que, até o ano de 2025, globalmente, se verifique a existência de mais viagens ou o cumprimento de trajetos por meio de compartilhamento do que mediante o uso de carros particulares.[67]

No momento, a Zipcar[68] já permite o compartilhamento de veículos por espaço de tempo bem mais curto do que oferecem as locadoras de automóvel,

---

(64) NEGRI, Fernanda; CAVALCANTE, Luiz Ricardo. *Produtividade no Brasil*: desempenho e determinantes. Disponível em: <http://www.brasil-economia-governo.org.br/2014/12/15/produtividade-no-brasil-desempenho-e-determinantes/>. Acesso em: 21 jul. 2017.
(65) SCHWAB, p. 35-36.
(66) SCHWAB, p. 70 e 71.
(67) Segundo pesquisa do Fórum Econômico Mundial.
(68) BRASIL. *Zipcar*. Matéria sobre o conceito de *car sharing* utilizado pela Zipcar. Disponível em: <http://destinonegocio.com/br/casos-de-sucesso/conceito-de-car-sharing-utilizado-pela-zipcar-ealternativa-a-locacao-de-carros/>. Acesso em: 13 jul. 2017.

assim como a RelayRides possibilita o empréstimo de veículo de outro proprietário, por meio de plataforma digital.[69]

Deverá ocorrer redução da geração de poluentes decorrentes da produção maciça de bens e descarte, somada ao decréscimo da poluição gerada por veículos de transporte, em uma economia sob demanda.

Os próprios veículos autônomos deverão ser uma realidade em curto espaço de tempo,[70] e possivelmente, por suas características, gerarão maior compartilhamento. No mínimo, é de se reconhecer que inexistirá a necessidade do motorista de táxi ou mesmo do Uber, que até poderá oferecer o serviço, porém sem a condução humana.

Esse potencial vai bem além, ao se observar que as estradas deverão ganhar caminhões autônomos, e o espaço aéreo tende a ser povoado por aviões igualmente autônomos.

Novos materiais utilizados na indústria, representados pelos nanomateriais, também causarão grandes mudanças, ampliando-se a resistência, e maximizando o tempo de uso e reuso. Isso se dá principalmente diante de novos modelos operacionais, mediante a utilização de sensores que monitoram o produto, permitindo a manutenção proativa e análise constante.

As diferentes expertises enredadas na junção das tecnologias — envolvendo o fabricante do produto e do fornecedor da tecnologia — tendem a promover a ampliação da inovação colaborativa, que consiste no compartilhamento de recursos pelas empresas visando maior valor agregado ao produto, as forçando a ser cada vez mais criativas no oferecimento de experiências diferenciadas aos clientes, fundindo os mundos físico e virtual.[71]

Salutar observar que os novos materiais proporcionam a redução de risco ambiental e ampliação da economia circular, porém combinados com as novas tecnologias, acabam por reduzir a necessidade de fabricação de novos produtos, o que no mínimo não gera a necessidade de maior demanda de trabalho para produção de bens.

De toda sorte, mesmo a economia tradicional sofre substancial mutação, não só pela alteração na forma de produção, como também no relacionamento com o cliente, que se amplifica no campo virtual, podendo o comprador escolher entre diferentes marcas e serviços, de modo quase ilimitado por meio da internet das coisas.[72]

---

(69) SCHWAB, p. 145 e 146.
(70) A estimativa, segundo pesquisa realizada pelo Fórum Econômico Mundial é de que, na ótica de 79% dos entrevistados, até 2025 10% dos automóveis em uso nos Estados Unidos da América serão autônomos, não necessitando de motorista. Conforme SCHWAB, p. 138.
(71) SCHWAB, p. 61-63.
(72) SCHWAB, p. 59-60.

As compras *on line* crescem diuturnamente, tendo atingido em um único dia, mais de 14 bilhões de dólares de transações, sendo 68% destas por meio de dispositivos móveis. Mero exemplo das comodidades do mundo digital, é que, atualmente, é possível escolher o livro ou a música de desejo, sem deslocamento, por meio das plataformas do Kindle Store e do Spotfy, respectivamente.[73]

Os produtos, a seu turno, parecem não ter sido criados com a intenção de eternização, muito pelo contrário, quanto mais rápida for a substituição antes terá o consumidor a oportunidade de acesso a uma tecnologia de ponta. As linhas da Apple quase se sobrepõem umas às outras, demarcando a sociedade da informação, líquida, própria da Quarta Revolução Industrial.

> "Se a modernidade sólida punha a duração eterna como principal motivo e princípio da ação, a modernidade 'fluida' não tem função para a duração eterna. O 'curto prazo' substituiu o 'longo prazo' e fez da instantaneidade seu ideal último."[74]

Para a sociedade da tecnologia, "manter as coisas por longo tempo, além de seu prazo de 'descarte' e além do momento em que seus 'substitutos novos e aperfeiçoados' estiverem em oferta é, ao contrário, sintoma de privação."[75]

A insatisfação própria da natureza humana, sempre à espera de uma conquista melhor, no caso um produto que embarque mais tecnologia, leva a filas intermináveis para o lançamento do novo produto da Apple, tornando os produtos fluidos, fugazes, líquidos a fim de atender a uma sociedade que assim se comporta.

A produtividade representa fator essencial para o crescimento econômico e melhora da qualidade de vida, e tende a ser crescente na Quarta Revolução Industrial diante dos ganhos de eficiência que devem ser gerados pelas novas tecnologias. De forma conflitante, entretanto, essa mesma produtividade — capaz de melhorar a qualidade de vida — possivelmente permitirá o agravamento do quadro social, em razão da perda de postos de trabalho que serão automatizados.[76]

No panorama de incrível velocidade tecnológica, o *software* assume papel central na economia, seja servindo as empresas que se valem do *know-how* de outras, seja impulsionando ainda mais o crescimento das empresas de tecnologia.

Importante asseverar que o *software* é responsável pela geração de uma economia de escala sem precedentes, eis que uma vez produzido o programa, o custo é o mesmo para um usuário ou um milhão. Ademais, as formas de geração de resultado são as mais diversas, podendo iniciar no modo de fabricação e passar

---

(73) SCHWAB, p. 60-63.
(74) BAUMAN, p. 158.
(75) BAUMAN, p. 159.
(76) SCHWAB, p. 39-41.

para a prestação de serviços presenciais ou à distância, assim como o produto pode ser padronizado, personalizado ou customizado.[77]

Na seara da revolução digital, surge o *blockchain,* espécie de livro contábil compartilhado, criptografado, não controlado por único usuário, porém passível de fiscalização por todos, que representa protocolo seguro por meio da qual uma rede de computadores faz a verificação coletiva de um negócio antes da sua aprovação e registro.

O uso do *blockchain* no cenário atual, em que existem bilhões de dispositivos conectados à internet (tendendo a aumentar, estimando-se 1 trilhão de dispositivos móveis em rede) só aumentará a economia compartilhada, ou sob demanda, facilmente utilizável via smartphone, agregando a vantagem de reduzir os custos de transação em até 20 bilhões de dólares.[78]

Pesquisa do Fórum Econômico Mundial revela que em um universo inferior a 10 anos, é possível que 10% do produto interno bruto (PIB) mundial seja armazenado na forma de *blockchain,* e que nesse mesmo decurso de tempo, é provável que ocorra a primeira arrecadação de impostos via *blockchain.*[79]

Tal cenário demonstra que diminuirá a necessidade de intermediadores financeiros, já que o *blockchain* dá conta da parte financeira das transações, com o possível acréscimo de bens negociáveis — afinal tudo pode ser hospedado e representar troca de valor. Já há contratos programáveis fixados no *blockchain,* do que é exemplo o site www.smartcontract.com.[80]

O fato a ser considerado é que a economia já está sofrendo profundas transformações em vista da evolução tecnológica, mormente no que tange aos ambientes virtuais.

1.4.2. Avanços Tecnológicos e a Empresa

O empregador já não é mais representado — em sua esmagadora maioria — pela toda poderosa multinacional que tinha todas as condições de subjugar o trabalhador, mas, pelo contrário, o perfil do novo empregador é de pequenos e médios empreendedores, que na maior parte, pagam impostos e encargos a duras penas, especialmente no Brasil.

Na Itália 90% dos empregos estão em empresas com até 15 empregados. Nos Estados Unidos 50% dos empregos foram criados pelas pequenas e médias

---

(77) ANTUNES, Ricardo; BRAGA, Rui (Coord.). *Infoproletários*: degradação real do trabalho virtual. São Paulo: Boitempo, 2009. p. 22.
(78) SCHWAB, p. 28, 68 e 129.
(79) SCHWAB, p. 145.
(80) BRASIL. Disponível em: <https://www.smartcontract.com>. Acesso em: 18 nov. 2017.

empresas, e 64% dos novos empregos são gerados por estas, existindo 18.500 grandes empresas e 27,9 milhões de pequenas e médias, ou seja, 99,7% das empresas americanas são pequenas e médias.

No Brasil 84% dos empregos são gerados pelas micro e pequenas empresas[81]. No cenário nacional, há 5,7 milhões de pequenas e médias empresas, que representam 99% do total, e cerca de 9 mil grandes empresas. No último trimestre de 2013, 92% dos novos empregos nacionais foram criados pelas pequenas e médias empresas.[82]

As empresas da Revolução 4.0 possuem características 6D's, ou seja são digitalizadas, disfarçadas (seu objeto social e modo de produção podem alterar rapidamente), disruptivas, desmaterializadas, desmonetizadas e democratizadas.

Não têm a intenção — mercadologicamente falando — de abater o concorrente, mas de subjugá-lo a ponto de incorporá-lo em processos contínuos de aquisição de marcas e *know-how*.

As alterações tecnológicas geradas pela Quarta Revolução Industrial modificarão as formas da liderança, organização e administração da empresa. O talento deverá ser ainda mais valorizado, em nome da própria sobrevivência do negócio, haja vista a constante necessidade de inovação.

As hierarquias ficam relativizadas, a métrica da recompensa sofre mutações com valorização da inovação, e as equipes de trabalho tendem a ser distribuídas entre o regime presencial e o teletrabalho.

As empresas com seu capital imaterial se tornam mais leves e podem mudar de localização em semanas, ao soprar do melhor vento no cenário econômico, tornando-se mitigadas as fronteiras territoriais em uma economia globalizada, digitalizada e conectada.

Também são modificadas as formas das empresas produzirem bens ou entregarem serviços, valendo-se da quantidade e qualidade de informações sobre os clientes que estarão acessíveis. Exemplo disso é a economia compartilhada, que requer alto grau de informação sobre o comportamento, tendências e necessidade dos usuários que devem ser atendidos de imediato.

As empresas — desejosas ou não — estão pressionadas a aderir às inovações tecnológicas, sob pena de perderem competividade. Nesse cenário, tendem a produzir mais com menos empregados, necessitando de capital inferior. As

---

(81) BRASIL. *Transformações econômicas no Brasil*. Disponível em: <http://brasilescola.uol.com.br/sociologia/transformacoes-socioeconomicas-no-brasil-decada-50.html>. Acesso em: 13 jul. 2017.
(82) BRASIL. *Um mundo de pequenas e médias empresas*. Disponível em: <http://revistapegn.globo.com/Colunistas/Jack-London/noticia/2013/07/um-mundo-de-pequenas-e-medias-empresas.html>. Acesso em: 13 jul. 2017.

informações, ideias e inovações passam a ter valor ainda maior do que na Terceira Revolução Industrial.

Insere-se o processo de produção mediante custo bem menor, com reduzidos investimentos de recursos e mão de obra, permitindo a produção de um bem por meio de simples sobreposição de diferentes peças impressas, colocadas umas sobre as outras.

O processo de produção em tecnologia 3D é inverso ao utilizado até o momento. Com efeito, ao invés de tomar-se uma matéria prima e subtrair parte desta até que se dê a forma desejada, o artifício é de inserção de camadas a partir de um modelo digital, até que se obtenha o resultado desejado.

A previsão é de que essas impressoras trabalhem com diferentes materiais, tais como aço, plástico e alumínio fazendo o trabalho que antes passava por toda uma linha de produção na tradicional fábrica. Acredita-se firmemente, segundo pesquisa do Fórum Econômico Mundial, que até 2025, será produzido o primeiro carro impresso em 3D, como também que 5% dos produtos consumidos já serão fruto dessa tecnologia.[83] Inclusive, na ótica de Daimler Benz,[84] de forma ainda bem mais expansionista, até 2027, 10% de tudo o que for consumido será impresso em 3D.

A redução do custo da tecnologia combinada com a potencialização de resultados é tendência, tanto que a impressora 3D mais barata já pode ser adquirida por U$ 400,00, sendo que 10 anos antes esse valor era de U$ 18.000,00. E mais, nesse período a impressora se tornou 100 vezes mais rápida — fatores que, combinados, já levaram as indústrias de calçados a produzirem mediante o uso de impressão 3D.[85] Na China, por meio da impressão em 3D, foi construído um edifício comercial de 6 andares.

Há notícias inclusive de estudos quanto à impressão em 4D, o que permitiria a conformação automática dos materiais utilizados a fatores como calor e umidade, e que viria a incrementar o uso de implantes no corpo humano, ou mesmo roupas auto ajustáveis para maior conforto de acordo com as condições meteorológicas.

---

(83) SCHWAB, p. 148 e 153.
(84) BRASIL. *Entrevista com o CEO da Mercedes Benz*. Disponível em: <https://www.pragaseeventos.com.br/administracao-e-associativismo/como-nossa-vida-ira-mudar-pelo-ceo-da-mercedes-benz/>. Acesso em: 13 jul. 2017.
(85) A startup israelense Invertex disponibiliza, por meio da digitalização 3D, a escolha do tamanho perfeito do sapato. O Instituto de Biomecânica de Valência, também chamado Sunfeet, permite, por meio da digitalização, que o consumidor tire fotos dos pés pelo aplicativo no smartphone, que servirá de base para a impressão 3D de palmilhas personalizadas. Já a startup americana Prevolve "lançou um sapato esportivo chamado BioRunner, com design personalizado com base no formato do pé do usuário e fabricado usando uma impressora 3D". Disponível em: <http://www.stylourbano.com.br/tecnologia-3d-esta-revolucionando-a-industria-de-calcados/>. Acesso em: 18 nov. 2017.

A tecnologia passa a ser elemento imprescindível na vida de qualquer empresa, tanto na prestação de serviços quanto na entrega de bens. Mesmo as tradicionais marcas correrão riscos frente às inovações, do que é exemplo a indústria automobilística, onde as desejadas marcas alemãs passarão a dividir mercado com a Tesla, Google, Apple e Amazon.

Nesse sentido, o CEO da Mercedes, Daimler Benz concedeu recente entrevista,[86] no mês de julho de 2017, pregando que "os *softwares* irão quebrar a maioria das indústrias tradicionais nos próximos 5-10 anos".

Segundo Daimler Benz:

> [...] "em 2018 os primeiros carros de auto condução estarão disponíveis para o público. Por volta de 2020, a indústria completa vai começar a ser interrompida. Você não vai querer ter um carro mais. Você vai chamar um carro com o seu telefone, ele vai aparecer no seu local e levá-lo ao seu destino. Você não vai precisar estacioná-lo, você só pagará pela distância percorrida e pode ser produtivo durante a condução. Nossos filhos nunca irão ter uma carteira de motorista e nunca vão possuir um carro".

O automóvel definitivamente se torna tecnologia embarcada, e certamente os componentes tecnológicos possuem maior valor agregado.

A maioria das companhias de carro provavelmente vão falir. Companhias de carro tradicionais tentam a abordagem evolutiva e apenas construir um carro melhor, enquanto as empresas de tecnologia (Tesla, Apple, Google) fazem a abordagem revolucionária e constroem um computador sobre rodas.

Não precisa ir longe, nesse novo mundo, onde tudo é imediato, escritórios de advocacia terão que oferecer respostas bastante céleres e *due diligences* serão realizadas de maneira muito mais rápida mediante o uso da tecnologia, em especial inteligência artificial.

Nesse contexto de avanço tecnológico, a terceirização iniciada a partir do Toyotismo, e com maior ênfase no Brasil a partir da década de 1990 representa realidade inegável, e que não possuía normativa legal até a pouco tempo no cenário nacional.

Com efeito, somente com a edição da Lei n. 13.429, em março de 2017, e especialmente com a modificação do art. 4º desta, por meio da Lei n. 13.467, ficou expressamente autorizada a terceirização da atividade-fim, acabando com a distinção criada pela Súmula n. 331 do TST, cuja aplicabilidade era de difícil com-

---

(86) BRASIL. *Entrevista com o CEO da Mercedes Benz*. Disponível em: <https://www.pragaseeventos.com.br/administracao-e-associativismo/como-nossa-vida-ira-mudar-pelo-ceo-da-mercedes-benz/>. Acesso em: 13 jul. 2017.

preensão, já que no nível tecnológico atual fica difícil separar o que é atividade-meio e o que é atividade-fim.[87]

O importante neste momento do estudo é demonstrar que os processos de produção alteraram drasticamente, e que a terceirização representa apenas uma das modificações, que ainda parecem pequenas frente o que está por vir diante do uso de novos materiais combinados com a automação e a inteligência artificial.

1.4.3. Avanços Tecnológicos e o Trabalhador

Esclarece-se que o trabalhador foi colocado no terceiro plano de apresentação por uma questão metodológica, haja vista que, como elo mais fraco, submete-se aos interesses da economia e das empresas.

Como se extrai do até aqui exposto, cada vez serão necessários menos trabalhadores nos processos de produção ou entrega de bens e serviços, haja vista a automatização, robotização, e mais recentemente a inteligência artificial aplicada nos processos.

Para se ter uma noção do potencial de redução dos postos de trabalho em uma economia altamente produtiva, vale o registro da Fiat que em quinze anos reduziu o tempo de produção de determinado segmento em mais de 90% do período gasto anteriormente.

Domenico de Masi observa que, "cada produto que usamos hoje traz consigo menos fadiga humana: com quatorze horas de trabalho humano, a Fiat fabrica, atualmente, o mesmo produto que, há quinze anos, fabricava em cento e setenta horas".[88]

---

(87) A autorização do legislador ordinário não parece estar sujeita à declaração de inconstitucionalidade pelo Supremo Tribunal Federal. Tal se extrai de recente julgado, RE 760931/DF, onde se discutia a responsabilidade da administração pública na terceirização das suas atividades. Na oportunidade, em acórdão de trezentos e cinquenta e cinco folhas, ainda que não julgasse a terceirização de atividade-fim, a Corte Constitucional fez transparecer a sua posição consoante se extrai do trecho exemplificativo que segue: "[...] A dicotomia entre "atividade-fim" e "atividade-meio" é imprecisa, artificial e ignora a dinâmica da economia moderna, caracterizada pela especialização e divisão de tarefas com vistas à maior eficiência possível, de modo que frequentemente o produto ou serviço final comercializado por uma entidade comercial é fabricado ou prestado por agente distinto, sendo também comum a mutação constante do objeto social das empresas para atender as necessidades da sociedade, como revelam as mais valiosas empresas do mundo." É bem verdade que não se firmou tese de repercussão geral para a terceirização de atividade-fim, e nem poderia, na medida em que não era o objeto da demanda. Resta inequívoco, contudo, que o STF deu importante mostra do seu posicionamento, além de ter firmado tese quanto à responsabilização da administração pública, conforme se extrai da ementa do julgado. OLIVEIRA NETO, Celio Pereira. Terceirização e trabalho temporário. In: DALLEGRAVE NETO, José Affonso; KAVALKIEVICZ JÚNIOR, Ernani (Coord). *Reforma Trabalhista ponto a ponto*: estudos em homenagem ao professor Luiz Eduardo Gunther. São Paulo: LTr, 2018. p. 411-418.
(88) DE MASI, p. 107.

Dados demonstram que em Detroit no ano de 1990, as três maiores montadoras, somadas, faturavam 250 bilhões de dólares ao ano, gerando 1,2 milhão de empregos. Atualmente, as 3 empresas gigantes da área de tecnologia, no Vale do Silício, juntas, faturam 1,09 trilhão de dólares ao ano, propiciando, no entanto, somente 137 mil empregos.[89]

É inequívoco que a natureza do trabalho sofreu e sofrerá drástica mudança, e que a maioria das ocupações dos dias atuais será extinta, do que é mero e fácil exemplo a posição de telemarketing — que tende a ser totalmente substituída por computadores.

A maior preocupação com os empregos é que a produção das grandes fábricas, de trabalhadores lado a lado, não tem volta. O Mundo mudou, e as tecnologias, em grande parte do processo de produção, tornaram desnecessária a presença do homem.

O fato é que o aumento da produtividade durante a Quarta Revolução Industrial tende a extinguir, substituir, ou minimamente reduzir postos de trabalho de inúmeros campos atuais.

> "Para cada nova vaga há alguns empregos que desapareceram, e simplesmente não há empregos suficientes para todos. E o progresso tecnológico — de fato, o próprio esforço de racionalização — tende a anunciar cada vez menos, e não mais, empregos."[90]

Pesquisa realizada nos Estados Unidos da América concluiu que, diante das inovações tecnológicas, 47% dos empregos atuais estão em risco dentro de uma ou duas décadas. No topo da lista das profissões que devem ser extintas figura não só o operador de telemarketing, mas também o avaliador de seguros, o responsável por cálculos fiscais, árbitros desportivos, secretários jurídicos, corretores de imóveis e mensageiros.[91]

Segundo Daimler Benz, 70 a 80% dos empregos desaparecerão nos próximos 20 anos, e claro, haverá grande quantidade de novos postos de trabalho. O que não se sabe, é se estes empregos serão quantitativamente suficientes.[92]

As profissões mais tradicionais não estão livres desse risco. No mínimo, serão significativamente abaladas, tal como a de advogado. Já há casos no Brasil de dispensa de profissionais da advocacia por conta da maior produtividade gerada pela IA (inteligência artificial) mediante o uso do Watson.

---

(89) SCHWAB, p.18.
(90) BAUMAN, p. 202.
(91) SCHWAB, p. 44.
(92) BRASIL. *Entrevista como CEO da Mercedes Benz*. Disponível em: <https://www.pragaseeventos.com.br/administracao-e-associativismo/como-nossa-vida-ira-mudar-elo-ceo-da-mercedes-benz/>. Acesso em: 13 jul. 2017.

O Watson — computador lançado pela IBM, e que desafiou e venceu os campeões mundiais de Jeopardy[93] — usava até então uma base de dados. Passa recentemente a demonstrar o seu potencial de aprendizado, mediante o recebimento das informações que lhe são armazenadas, e que permitem a entrega de trabalho mais célere e qualificado (na maior parte das vezes) do que o humano.

Nos Estados Unidos da América, foi criado um robô advogado que dá conselhos legais gratuitamente, e que, após vencer mais de 375 mil contestações de multas de trânsito relacionadas a estacionamento em alguns poucos Estados, passará a atuar em todo o país, já preparado para análise do caso e fundamentação à luz das diferentes legislações.[94]

Também há notícia de robô que leva segundos para cumprir tarefa que um advogado demoraria 360 mil horas para executar,[95] e de robôs jornalistas que transformam simples dados em textos, que são encaminhados às redações.[96]

Tal como exposto, a Quarta Revolução Industrial retira do homem, ao menos do trabalhador, o papel central do trabalho. O trabalhador terá de concorrer não só com outros seres humanos, mas, principalmente, com a inteligência artificial que tenderá a diminuir muito mais os postos de trabalho disponíveis no mercado.

Domenico de Masi fala de uma sociedade não mais fundada no trabalho, mas no tempo livre.[97] Tal se observará desde drones realizando tarefas simples de empregos pouco qualificados, passando por veículos sem motoristas, chegando a conselhos de empresa com a presença de um membro IA (inteligência artificial). Em pesquisa realizada pelo Fórum Econômico Mundial, 45% dos entrevistados acredita que até 2025 haverá uma máquina IA compondo o conselho de administração de uma empresa.[98]

A tendência, por sinal, é que até o ano de 2025, 30% das auditorias sejam realizadas por meio de inteligência artificial. Segundo a Federação Internacional de Robótica, hoje já são 1,1 milhão de robôs em funcionamento, sendo que as

---

(93) Jeopardy é um jogo de perguntas e respostas baseado em um programa de televisão norte-americano, que tem o mesmo nome. O programa, e consequentemente o jogo, é semelhante a alguns existentes no Brasil, como o Show do Milhão. Vai ao ar ininterruptamente desde 1984, tratando-se do game show mais popular dos Estados Unidos. Disponível em: <games.tecmundo.com.br/jeopardy>. Acesso em: 30 maio 2017.
(94) BRASIL. *Olhar Digital*. Disponível em: <https://olhardigital.com.br/noticia/nos-eua-um-robo-advogado-oferece-conselhos-legais-gratuitos-para-todos/69690>. Acesso em: 13 jul. 2017.
(95) BRASIL. *EngenhariaE*. Disponível em: <http://engenhariae.com.br/mercado/robo-faz-em-segundos-o-que-um-advogado-demorava-360-mil-horas/>. Acesso em: 13 jul. 2017.
(96) BRASIL. *UOL Economia*. Disponível em: <https://economia.uol.com.br/noticias/efe/2016/06/16/robos-jornalistas-que-transformam-dados-em-textos-chegam-as-redacoes.htm>. Acesso em: 13 jul. 2017.
(97) DE MASI, p. 18.
(98) SCHWAB, p. 140.

máquinas estão aptas à realização de 80% do trabalho na fabricação e montagem de um carro. Para se ter uma noção do avanço tecnológico, acredita-se que até 2025 os Estados Unidos da América terão o primeiro farmacêutico robótico.[99]

Como se nota, a humanidade não caminha a passos muito largos, mas corre desenfreadamente rumo a um futuro incerto, especialmente em razão das perdas de postos de trabalho, que, acredita-se não serão substituídas em outras atividades na mesma proporção da perda.

É possível ainda que a Quarta Revolução Industrial atinja de modo diverso homens e mulheres, até mesmo diante da compleição física e outras características que em regra conduzem a contratação predominante de um dos gêneros.

Os homens tendem, pois, a ter os empregos diminuídos na manufatura, construção e montagem, diante da produção/digitalização em impressoras 3D, ao passo que as mulheres devem ser mais afetadas em *callcenters* e atividades administrativas.[100]

Em condição de emprego, ou não – o Uber e outras plataformas digitais semelhantes já servem para incrementar a renda das pessoas mediante o uso de seus próprios recursos.

Ou seja, cidadãos que nunca se imaginaram fornecedores de serviços, já passaram a executar atividades por meio de plataformas digitais, dirigindo seus carros ou alugando sua moradia. Tal condição só tende a ser ampliada ao ponto de se cogitar o contato direto sem o intermediador (*v. g.* Uber) na prestação dos serviços em breve futuro.

Aliás, é possível que haja maior migração de parte dos postos de trabalho para as plataformas digitais, transmudando as consagradas condições e características do trabalho prestado ao final da Segunda e durante a Terceira Revolução Industrial, para uma prestação de serviços em uma economia sob demanda, que atribui vantagem competitiva às empresas de plataformas digitais, se comparadas com outras empresas que pagam salários e benefícios – condições das quais o trabalhador de plataforma fica, desprovido, subordinado a uma programação de algoritmo, sendo avaliado pelo usuário, recebendo em troca liberdade para se autogerenciar.

Não há mais tempo para reclamos, a necessidade de enxergar a realidade é premente. "O Mundo mudou bem na minha vez",[101] nesse novo cenário, e quando

---

(99) SCHWAB, p.143.
(100) SCHWAB, p. 50.
(101) Título de palestra: *O Mundo Mudou ... Bem na minha vez*, proferida em Curitiba, no dia 10 de agosto de 2017, por Dado Schneider. Também disponível em: <https://www.youtube.com/watch?-v=UPDEFYOG60Q>. Acesso em: 30 maio 2017.

ausentes os requisitos da relação de emprego,[102] duas são as possibilidades: os trabalhadores se valem das plataformas digitais para ajustar trabalho e ganhos de acordo com as suas conveniências, sem as regras rígidas dos tradicionais contratos de emprego instituindo-se o mundo do precariado, onde o trabalhador subsiste por meio da realização de diferentes tarefas não regulamentadas,[103] ou a mais difícil delas, porém mais gratificante, o trabalhador se qualifica, e, também é qualificado para esse novo mercado.

O progresso, imagina-se, deva trazer prosperidade e deixar as pessoas mais felizes, mas, e, se a evolução tecnolológica representar uma desenvolução, que caminho tomar? Definitivamente, não o medo, mas a busca pela promoção dos ajustes necessários.

É certo que a era do emprego não volta, infelizmente, e, quanto mais se lute pela preservação, maior pode ser a desilusão e o efeito tende a ser inverso, afinal agora o capital já não tem amarras, vaga livre, leve e solto. Necessário, pois, que o trabalho também ganhe autonomia, se empoderando mediante maior qualificação.

O trabalho, em meio à Quarta Revolução Industrial, pode estar perdendo seu papel central, na medida em que o capital já não é tão dependente como outrora. A própria identidade do trabalhador — para não dizer da sociedade — fica em suspense, afinal acostumou-se a apresentar-se pela atividade profissional desenvolvida.

Tal se mostrou até o momento a principal característica da sociedade que reconhece no trabalho um de seus mais valiosos bens, diretamente atrelado à dignidade da pessoa humana.

Mas, e agora:

> [...] "o trabalho perdeu a centralidade que se lhe atribuía na galáxia dos valores dominantes na era da modernidade sólida e do capitalismo pesado. O trabalho não pode mais oferecer o eixo seguro em torno do qual envolver e fixar autodefinições, identidades e projetos de vida". [104]

Desejando ou não — o fato é que a sociedade da informação está deixando o trabalhador à margem do trabalho. Ao final o que será do trabalhador sem o trabalho, que identidade será a de quem vive a Quarta Revolução Industrial sem o gozo do direito social de acesso ao trabalho?

---

(102) A prestação de serviços pessoal, habitual, mediante contraprestação pecuniária e de modo subordinado deverá continuar conduzindo ao reconhecimento da relação de emprego. As regras básicas do direito do trabalho não mudaram e nem podem ser alteradas, sob pena de extinção do próprio Direito do Trabalho — essencial ao equilíbrio econômico.
(103) SCHWAB, p. 54.
(104) BAUMAN, p. 174.

É bem verdade que a evolução tecnológica sempre retirou postos de trabalho, porém gerou outros, face a demanda por novos bens e serviços, conduzindo à criação de novos mercados, e por consequência empresas, inovações e profissões.

Como esperança, vale observar que, segundo Manuel Castells, "o número de empregos começou a aumentar na Europa em 1997-9, no momento em que os países europeus aceleraram a difusão das tecnologias",[105] assim como "os EUA, em meio a uma impressionante reinstrumentação tecnológica, registrou em novembro de 1999 seu mais baixo índice de desemprego em trinta anos, a 4,1%."[106]

Para Manuel Castells, o incremento produtivo gerará redução de emprego em alguns setores, porém o superávit de outros campos pode ser utilizado para investir e criar novos postos de trabalho em outros setores. Nesse sentido, o autor cita estudo realizado na Alemanha, na década de 1980, denominado *Meta Study*, que prevê "a substituição de empregos que não exigem qualificação, mas o resultado do aumento da produtividade seria a criação de emprego a longo prazo".[107]

Também é fato que a tecnologia acaba melhorando a produtividade e aumentando a riqueza, assim como que as necessidades humanas são infinitas, sempre renovando-se a busca por novos produtos e gerando-se novas pseudo-necessidades.

Além disso, não se pode deixar de reconhecer que o trabalhador atual exerce as suas atividades cada vez menos com as mãos, e mais com o cérebro, o que dignifica a atividade laborativa, na medida em que não se reproduz a mesma exploração corporal própria especialmente da Primeira Revolução Industrial e mesmo da Segunda Revolução Industrial, que a tantos trabalhadores mutilou.

A tecnologia deve funcionar como aliada do homem, permitindo melhor qualidade de vida. Nesse sentido, Nicholas Negroponte aduz que, "no futuro, vamos dispor de tecnologia necessária em termos de telecomunicações e realidade virtual para que um médico em Houston faça uma delicada operação num paciente no Alasca",[108] e em lugares de pouco desenvolvimento econômico onde a medicina local não teria condições de salvar a vida numa condição extrema.

Nessa linha de que a tecnologia serve ao homem, salutar a lição de Domenico de Masi:

> "Não excluo os perigos do progresso tecnológico, porém dou maior peso aos seus aspectos positivos. Por exemplo, o fato de o homem

---

(105) CASTELLS, p. 318.
(106) CASTELLS, p. 319.
(107) CASTELLS, p. 321.
(108) NEGROPONTE, Nicholas. *A vida digital*. Tradução: Sergio Tellaroli. Supervisão Técnica Ricardo Rangel. São Paulo: Companhia das Letras, 1995. p. 158.

ter conseguido duplicar a duração da própria vida me parece uma conquista extraordinária. E como teria realizado tal feito sem o auxílio tecnológico?"

Vale também observar que a automação cada vez mais tem deixado para as máquinas o trabalho repetitivo, insalubre e perigoso, permitindo uma melhora nas condições de trabalho.

O *Singularity University Global Summit 2017*, evento sobre o futuro dos negócios, da tecnologia e da humanidade, que ocorreu nos Estados Unidos da América, na cidade de São Francisco, indicou que a automação e inteligência artificial criarão empregos.

Em um cenário otimista, é possível pensar que a sociedade da Quarta Revolução Industrial será rica, diante da otimização e eficácia dos meios de produção, possuindo condições de enfrentar o desemprego estrutural. Nesse sentido, o escólio de Adam Schaff:

> [...] "a sociedade enriquecerá rapidamente como consequência do aperfeiçoamento da automação da produção. O fato de que este mesmo processo venha a ser causa do desemprego estrutural não contradiz a correção das informações que acabamos de fazer: será uma sociedade rica que deverá enfrentar o problema do desaparecimento do trabalho no sentido tradicional, mas que, graças à sua riqueza poderá resolvê-lo mais facilmente, pelo menos nos seus aspectos materiais."[109]

Estando Adam Schaff correto ou não, o fato é que não se pode aguardar deitado em berço esplêndido o correr dos acontecimentos. Assim, diante da tendência de diminuição dos postos de trabalho, deve ser buscada a minoração dos efeitos do desemprego estrutural, mediante qualificação e requalificação do trabalhador.

De toda sorte, como pontos positivos já se pode assinalar a melhor condição da prestação de trabalho, o possível barateamento de produtos e serviços, a democratização da informação e a virtualização das atividades laborais.

Há de se observar, pois, que por meio do ambiente virtual, não só o capital, mas o trabalho também pode vagar livre, leve e solto, sem amarras, o que muda radicalmente o modo de trabalhar, viver, investir, empreender e até o de ser.

---

(109) SCHAFF, Adam. *A sociedade informática*: as consequências da segunda revolução industrial. Tradução Carlos Eduardo Jordão Machado e Luiz Arturo Obojes. São Paulo: Brasiliense, 2007. p. 105.

2. A SOCIEDADE DA INFORMAÇÃO

2.1. Construção da Sociedade da Informação

A comunicação sempre foi essencial para o ser humano, embora muito limitada antes da Segunda Revolução Industrial. No passado remoto, há relato de que os persas construíam torres para que homens com voz alta e estridente subissem ao topo, e gritassem aos homens das torres seguintes, a fim de que a informação se propagasse.

Por volta do início do século XVII, a Casa de Táxis se destacou por levar informação por meio de serviço expresso a cavalo por toda a Europa, chegando a empregar vinte mil homens.[110]

A sociedade da informação tem o seu desenvolvimento em um cenário pós-industrial, entendendo-se como tal a predominância do setor de serviços em relação às demais áreas produtivas, o que ocorreu pela primeira vez nos Estados Unidos em 1956.

Em razão da difusão da tecnologia e da comunicação, a informação ganha lugar de destaque, sendo digitalizada e armazenada, mormente a partir da década de 1970.[111]

O que marca o período pós-industrial é o crescimento da importância e fluxo da informação, combinado com a predominância do setor de serviços em relação ao industrial, e o quase desaparecimento do emprego rural, mormente nas economias mais avançadas.

Na visão de Manuel Castells:

> [...] "as teorias do pós-industrialismo e informacionalismo utilizam como maior prova empírica de mudança do curso histórico o aparecimento de uma nova estrutura caracterizada pela mudança de produtos para serviços, pelo surgimento de profissões administrativas e especializadas,

---

(110) BRASIL. *História do Taxi*. Disponível em: <http://www.taxi24horassaopaulo.com.br/sao-paulo/sessao/11599/historia-do-taxi->. Acesso em: 20 ago. 2017.
(111) CARMO, Paulo Sérgio do. *Sociologia e sociedade pós-industrial*: uma introdução. São Paulo: Paulus, 2007. p. 153/154.

pelo fim do emprego rural e industrial e pelo crescente conteúdo de informação no trabalho das economias mais avançadas."[112]

O autor fala em fim do emprego rural e industrial, todavia, se trata de uma forma mais exasperada de expressão, já que há significativa mudança não só na geração de postos de trabalho, como também na forma de prestação do trabalho, mas não extinção dos postos na indústria.[113]

Tanto assim o é que mais adiante complementa:

> [...] "é um fato óbvio que a maior parte dos empregos nas economias avançadas localiza-se no setor de serviços e que esse setor é responsável pela maior contribuição para o PNB. Mas não quer dizer que as indústrias estejam desaparecendo..."[114]

Com efeito, as linhas de produção das fábricas, em grande parte são substituídas, e quando não, convivem com ampla rede de conexões e fluxos de dados que atravessam o globo, abastecendo os mercados de consumo e informação, do que é exemplo Hong Kong que já não é "sede de fábricas propriamente ditas, mas centros de comando e controle de redes de valores distribuídas geograficamente."[115]

O resultado do trabalho é maximizado num ambiente de cooperação mútua, em equipe, gozando o trabalhador de maior autonomia e responsabilidade, e aliando tais fatores com a tecnologia da produção e da informação.

A sociedade da informação goza de oportunidade ímpar, no sentido de estar liberta do trabalho primário anterior às revoluções industriais, ao mesmo tempo em que fica livre do labor de rígida subordinação, e isso graças ao avanço tecnológico.

Com base em apreciação da experiência dos países do G-7,[116] Manuel Castells apresenta algumas características básicas da sociedade da informação, dentre as quais destacam-se: (i) eliminação gradual do emprego rural; (ii) declínio do

---

(112) CASTELLS, p. 266.
(113) Em fl 316, o autor traz informação que corrobora com o exposto: "Desse modo, na Grã-Bretanha entre 1780 e 1988, a força de trabalho rural foi reduzida pela metade em números absolutos e caiu de 50% para 2,2% do total de trabalhadores; no entanto, a produtividade *per capita* aumentou por um fator de 68, e o aumento da produtividade possibilitou o investimento de capital e trabalho na indústria, depois em serviços, de forma empregar uma população cada vez maior. A extraordinária transformação tecnológica da economia norte-americana durante o século XX também substituiu trabalhadores rurais, mas o total de empregos criados pela economia dos EUA subiu de 27 milhões em 1900 a 33 milhões em 1999.
(114) CASTELLS, p. 268.
(115) MITCHELL, William J. *E-topia*: a vida urbana, mas não como a conhecemos. Ana Carmem Martins Guimarães, tradutora. São Paulo: SENAC São Paulo, 2002. p. 167.
(116) Oito países mais ricos do mundo: Estados Unidos da América, Canadá, Inglaterra, Alemanha, Itália, França, Rússia e Japão (formam o G8).

emprego industrial tradicional; (iii) aumento dos serviços relacionados à produção; (iv) diversificação das atividades de serviços; (v) formação de proletariado em funções administrativas de escritório.[117]

Vê-se, pois, as condições para a passagem da economia da produção de bens à produção de serviços, aumentando-se a importância de profissionais liberais e técnicos, valorizando-se o conhecimento e a gestão da tecnologia e da informação.

Com o fluxo da informação e as novas tecnologias, já não há necessidade do mesmo controle sobre o trabalhador que marcou especialmente a Segunda Revolução Industrial, empoderando o empregado na execução de suas atividades, mitigando-se a subordinação.

2.1.1. Informação Massificada

A informação não era democratizada, sendo privilégio de nobres, representando inclusive meio de manutenção da ordem dominante. Todavia, a produção em massa das grandes fábricas fez nascer a necessidade da comunicação também massificada, ou seja, produção para "uma multidão de pessoas sem identidade reconhecível, incapazes de se expressar como indivíduo".[118]

Estimulou-se a criação de correios nos diferentes países.[119] Em 1837, o correio inglês transportava 88 milhões de correspondências anualmente. Contudo, para se ter uma ideia da lerdeza da viagem da informação — se comparada aos dias atuais — em 1865, foram necessários 12 dias para que Londres tomasse conhecimento do assassinato do presidente norte-americano Abraham Lincoln.[120] Pois bem, releva observar que o número de correspondências transportadas na Inglaterra, em 1960 já era de 10 bilhões/ano.

Mas, a informação deveria ser enviada ao destinatário de modo mais célere, e atingir maior número de pessoas ao mesmo tempo, até porque o grande industrial não teria condições de dar tratamento individualizado a cada um dos seus milhares de empregados.

Foi nesse contexto, ao final da Primeira Revolução Industrial quando o italiano Ciro de Campo — que se tornou conhecido como Cyrus Field — pensou em unir diferentes pontos da terra, via cabos submarinos, obtendo o primeiro intento em 1850, ligando a Inglaterra à França.

---

(117) CASTELLS, p. 293-294.
(118) CARMO, Paulo Sérgio do. *Sociologia e sociedade pós-industrial*: uma introdução. São Paulo: Paulus, 2007. p. 119.
(119) TOFFLER, p. 46.
(120) TOFFLER, p. 47 e 81.

Em 1858, após estabelecida a ligação por cabos aquáticos entre a América e a Europa, são trocadas as primeiras mensagens que atravessam o oceano, via telégrafo, protagonizadas pela Rainha Vitória e o Presidente Buchanann, mas o sonho dura pouco e o cabo não demora a romper.

O persistente Cyrus Field não desistiu, reiniciando o seu projeto, até que em 1886, já no curso da Segunda Revolução Industrial, não havia uma linha de comunicação subaquática, mas duas, iniciando, assim, uma nova era, que serviu de condutor à atual sociedade da informação.[121]

Em 1892 o agente funerário Almon Strowger, usando a presilha dos cabelos da sua mulher, pensa em uma conexão telefônica que poderia ser feita pessoa a pessoa. A partir dessa ideia, funda a sua companhia, nascendo a telefonia em massa, com o sistema de discagem telefônica automática.[122]

Em 1935 na Alemanha, ocorreu a primeira transmissão televisiva, que por sinal, ainda que limitada a poucos televisores em exposição nas lojas, tinha por objetivo a propaganda do regime nazista, sendo que à época o rádio fazia as vezes de propaganda massificada.[123]

A sociedade da informação democratizou a informação, permitindo que as camadas sociais menos abastadas pudessem ter conhecimento dos fatos relevantes, o que, no passado, era privilégio de nobres.

A informação, por outro lado, passou a representar ainda mais poder em uma sociedade massificada e consumista, conduzida à uniformização de gostos, hábitos e pensamentos, o que se revelava muito conveniente para um modelo de produção taylorista, estandardizado, cronometrado e rotinizado.

2.1.2. Informação Personalizada — Adrenalina social

No curso da Terceira Revolução Industrial, a informação se torna desmassificada. Ou seja, mesmo atingindo grande número de pessoas, começa um processo de informações de interesses voltados à este ou àquele grupo, com crescimento de revistas especializadas para o público alvo, diminuindo a circulação de jornal.

A web[124] nasce em 1991, fruto da genialidade de Tim Berners-Lee — inspirado nos escritos de 1945 de um cientista visionário chamado Vannevar Bush

---

(121) MARCHIORI, p. 28-35.
(122) MARCHIORI, p. 248. Vale o registro que após o estrondoso sucesso que representou um salto na comunicação humana, o criador vendeu os seus direitos e voltou a cumprir o seu ofício. Veja-se também <http://www.almonstrowger.com/>.
(123) DE MASI, p. 80-81.
(124) Nome pelo qual a rede mundial de computadores internet se tornou conhecida a partir de 1991, quando se popularizou devido à criação de uma interface gráfica que facilitou o acesso e estendeu seu alcance ao público em geral.

— baseada na ideia de unir páginas de informações, indexando-as, em uma rede de colaboração.

No início, a organização se dava como uma biblioteca, por categoria, e em índice alfabético. Com o tempo, começa a se observar que a quantidade de informações tornará a gestão impossível, catastrófica, surgindo, então, o motor de busca que foi se sofisticando cada vez mais, e as informações permitindo uma busca universal pelo conhecimento.[125]

A web passa a se tornar uma extensão da sociedade, parte da existência humana, surgindo um novo sistema social. A ideia de conexão se expande, primeiro pela via de personagens virtuais, onde as pessoas poderiam escolher as suas roupas, comprar a sua casa, enfim ter uma vida virtual por meio do jogo Second Life, que logo se torna um extraordinário sucesso.

Mas, e porque não sermos nós mesmos? E aí surge o facebook, o livro da face, onde as caras são mostradas, onde interatuamos como somos, que, em pouco tempo permite não só a apresentação da face, mas de álbuns de fotos, representando uma janela de exposição para o mundo, e para ver o mundo, interagindo com os nossos amigos, na qualidade de protagonistas.[126]

> "Adrenalina sociale pura, doping coletivo che ha portato Facebook quasi ovunque, nelle vite di tutti, evocando l'eroe dentro di noi."[127]

Sequer é necessário fazer comentários, basta colocar um "like", e mais recentemente, outras manifestações como risos, espanto, tristeza ou irritação. Como bem observa Massimo Marchiori, "Iassù nel nuovo cielo di Facebook. Che non a caso, è di colore blu."[128]

A ideia de um motor de busca começa a ser criada a partir de um gênio matemático de nome Alan Turing, que dentre seus feitos, já havia auxiliado os ingleses a decifrar os códigos usados pelos alemães na Segunda Grande Guerra.

O Google pesquisa e separa tudo o que encontra na rede, a respeito da demanda que lhe foi apresentada, porém com a prevalência de apresentação de dados com base nos assuntos mais pesquisados, desprovido de senso crítico.

Nos dias atuais, o indivíduo recebe ou busca a informação que lhe interessa, personificada, *full time*, durante as 24 horas do dia, e a produção de bens e serviços lhe é igualmente direcionada, a fim de atender aos seus gostos, anseios

---

(125) MARCHIORI, p. 38-58.
(126) MARCHIORI, p. 64-84.
(127) MARCHIORI, p. 85. Em tradução livre: "Adrenalina social pura, doping coletivo que trouxe o Facebook em quase todos os lugares, na vida de todos, evocando o herói dentro de nós".
(128) MARCHIORI, p. 88. Em tradução livre: "Lá no novo céu do Facebook. O que não por acaso, é de cor azul".

e desejos. Deslocam-se, pois, a informação e a produção massificadas para as dirigidas, segmentadas, atendendo a cada tipo de diferente consumidor.

Se a economia industrial se voltava ao produto, a sociedade pós-industrial está mirada nos interesses do mercado, representados pela identidade de cada grupo em um cenário globalizado, porém isoladamente analisado.

Nicholas Negroponte explica como se dá o processo de individualização da informação, que permite conhecer e atender ao indivíduo em suas características mais particulares.

> [...] "parte-se de um grupo grande para um grupo pequeno; depois, para um grupo menor ainda; por fim, chega-se ao indivíduo. Quando você tiver meu endereço, meu estado civil, minha idade, minha renda, a marca do meu carro, a lista de compras que faço, o que costumo beber e quanto pago de imposto, você terá a mim: uma unidade demográfica composta de uma só pessoa."[129]

Em outro destaque sobre a informação personificada, o autor aduz que "o 'nobre' do horário nobre será a nossa opinião sobre ele, e não aquela de uma massa demográfica e abstrata de potenciais consumidores de um novo carro de luxo ou detergente para máquina de lavar pratos."[130]

A sociedade parece ter cansado do paradigma homogêneo que marcou a geração industrial, desejando diferenciar-se por meio da liberdade de escolhas, de acordo com o seu próprio gosto ou atração.

Nicholas Negroponte oferece alguns exemplos do que acredita ocorrerá no futuro com base na informação personificada, a começar pela máquina sugerir um restaurante na cidade para onde a pessoa tem uma viagem marcada em 10 dias; passando pela sala inteligente que sabe se o morador está na mesa, foi dormir ou passear com o cachorro; chegando a onipresença do computador que reprograma o despertador, com base na informação de que o voo das 6h, que a pessoa irá embarcar, está atrasado.[131] Isso será possível mediante a unificação e conversação entre os diferentes microprocessadores, que hoje não interagem.

Durante a Quarta Revolução Industrial, o conhecimento das diferentes expertises não bastará, se fará necessária a combinação destas com o domínio da tecnologia em processo de constante inovação, cada vez mais voltada aos interesses de grupos menores e homogêneos, e não das grandes massas, que não gozavam da liberdade de escolha.

---

(129) NEGROPONTE, p. 158.
(130) NEGROPONTE, p. 164.
(131) NEGROPONTE, p. 159.

2.1.3. Reflexão sobre Imaterial, Virtual e Líquido

O mundo atual é de diversidade, onde o ambiente de inovação é contínuo. A cada dia se conhecem novas tecnologias de mídia, a comunicação é instantânea, e o imaterial chega a superar o material.

Vale aqui reflexão semântica sobre a imaterialidade, na lição de Tércio Sampaio Ferraz Junior,[132] que explica que matéria deriva da palavra latina *hylé* — tentativa dos romanos traduzirem a *hylé* grega, que na origem significava madeira. Já o vocábulo madeira (português) ou *madera* (espanhol) representam reminiscência do latim *materia*, que dizia respeito à madeira estocada na oficina dos carpinteiros, ainda algo amorfo, à espera da forma que o carpinteiro lhe daria.

Forma ou matéria lembra *stoff* (alemão — *stopfen;* inglês — *to stuff;* português — estofar) — mundo que se só realiza com o preenchimento de algo (estofado), de onde mundo material representa aquele que preenche as formas. Ou seja, mundo material como recheio (francês — *farce;* alemão — *füllsel*, inglês — *farcing).*

O universo retratado materialmente era reconhecido por casas, móveis, cadeiras, livros, enfim coisificado, de modo que os seres humanos se moviam entre coisas, que eram classificadas como corpóreas/incorpóreas, móveis/imóveis, materiais/imateriais, e por aí vai. O espaço, a seu turno, era regulado, limitado, dividido em meu, teu, seu, nosso, deles.

Os dias atuais conduzem ao sentido de não coisa, representado pela forma virtual de produção da informação, ou seja, inserem-se os ambientes virtuais descoisificados, ausentes de matéria, de sorte que códigos numéricos fazem aparecer mundos de outras formas.

> "Bens e serviços fluem de novas maneiras em um mundo conectado e mediado eletronicamente, no qual os tradicionais fatores de riqueza — terra, trabalho e capital — estão unificados e algumas vezes são superados pelo rápido fluxo de informação."[133]

Hologramas, dados e imagens não podem ser agarrados com as mãos, mas compreendidos, provocando sentimentos dos mais reais. Passam a conviver com o mundo material a ponto de gerar confusão entre mundos, mormente para aqueles vidrados na energia dos ambientes virtuais, onde se destaca a geração Z que já nasceu conectada. Nesse cenário, tudo parece ser efêmero e se liquefazer, em uma sociedade líquida.

Líquida por que, na explicação de Zygmunt Bauman, "...os líquidos, diferentemente dos sólidos, não mantêm sua forma com facilidade". Os fluidos, por assim

---

(132) FERRAZ JUNIOR, p. 33.
(133) MITCHELL, William J. *E-topia*: a vida urbana, mas não como a conhecemos. Ana Carmem Martins Guimarães, tradutora. São Paulo: SENAC São Paulo, 2002. p. 157.

dizer, não fixam o espaço nem prendem o tempo... "os fluidos não se atêm muito a qualquer forma e estão constantemente prontos (e propensos) a mudá-la"... os fluidos se movem facilmente ... "diferentemente dos sólidos, não são facilmente contidos — contornam certos obstáculos, dissolvem outros e invadem ou inundam seu caminho"... "a extraordinária mobilidade dos fluidos é o que os associa à ideia de leveza".[134]

O imaterial, na forma virtual, toma a vida das pessoas. Os espaços da fábrica perdem importância diante da diminuição da convivência fabril, havendo deslocamento de amplas massas para fora das grandes indústrias.

Sai o capitalismo pesado, caracterizado por sedes portentosas, máquinas enormes, equipes cada vez maiores — aquele do modelo fordista em que tudo era ditado, e deveria ser seguido à risca pelo trabalhador sempre vigiado. Entra o capitalismo leve, que não é sem normas — absolutamente — porém se mostra mais flexível, até porque não há tanta necessidade de rigidez nas regras, eis que o trabalhador já exerce suas atividades com relativa autonomia.

O elegante, agora, é não ostentar, o empresário busca leveza no movimento, já não mais deseja grandes fábricas muradas, muito menos um "exército" de trabalhadores, mas quer diminuir de tamanho e peso, movendo-se facilmente, não estando fixo ou restrito a qualquer lugar.

> "Gigantescas plantas industriais e corpos volumosos tiveram seu dia: outrora testemunhavam o poder e força de seus donos; hoje anunciam a derrota na próxima rodada de aceleração e assim sinalizam a impotência."[135]

A sociedade da informação dissolve casamentos com muito mais simplicidade; "até que a morte nos separe" já não é senso comum. O novo lema parece ser "até que nos seja conveniente". Assim como pequenos desacertos levam à ruptura do matrimônio, greves ou dificuldades de mercado conduzem ao fechamento de fábricas e mudança de modelo de negócios. Nada mais é eterno, pois, que seja bom enquanto dure.[136]

O mundo é a sua casa, não há porque fixar-se em um endereço. A pequena bagagem tem de estar sempre à mão para facilmente migrar. O capital viaja em um clique, não necessita mais do trabalho como no passado, se tornou menos dependente.

> [...] "o tempo intemporal parece ser o resultado da negação do tempo — passado e futuro — nas redes do espaço de fluxos. Enquanto isso o tempo cronológico, medido e avaliado diferencialmente para cada

---

(134) BAUMAN, p. 8.
(135) BAUMAN, p. 148.
(136) BAUMAN, p. 147.

processo de acordo com sua posição na rede, continua a caracterizar as funções subordinadas e locais específicos."[137]

Desaparecem, pois, as fronteiras da comunicação em um mundo conectado. O homem se torna dependente do aparelho telefônico, vive em rede, carrega no bolso o seu ciclo de amizades e relacionamentos, e se torna um dependente-eletrônico.

As redes passam a representar o modo adequado de se relacionar — redes de relacionamento, contatos, produção, empresas, capital — em meio a uma economia globalizada baseada na inovação, *know-how*, tecnologia e informação.

A comunicação passa a ser instantânea, o tempo todo em um ciclo de dependência, que representa horas perdidas (para alguns, ganhas ou investidas) em inúmeros aplicativos de conversação. Se insere uma nova forma de reprodução, representada pela digitalização, tudo passa a viver na grande nuvem, que armazena dados, lembranças, memórias, alegrias e desilusões. O mundo se liquefaz e descoisifica.

A era até então vivida era do hardware, em que tudo era sólido e pesado, e a nova é representada pelo *software*, em que a internet de todas as coisas torna a viagem imediata, "o espaço pode ser atravessado, literalmente, 'em tempo nenhum'; cancela-se a diferença entre 'longe' e 'aqui'. O espaço não impõe mais limites à ação e seus efeitos, e conta pouco, ou nem conta."[138]

> "La più spettacolare combinazione tra spazio e tempo di cui disponiamo al giorno d'oggi è senza dubbio internet, la rete delle reti, come é stata chiamata. Um progresso che ha alterato la forma del nostro pianeta, cambiando la percezione dello spazio e del tempo."[139]

A existência passa a ser um espetáculo, a ser apresentado em cada momento nas redes sociais, demonstrando o que se faz, o que se pensa, como se comporta, abrindo ou dando margem de abertura de intimidades ou aspectos familiares para o mundo.

A produção se realiza por meio de não coisas, representadas pelos programas, e a memória fica fora do alcance das mãos, enclausurada em chips ou na nuvem que armazena mais do que simples dados, mas a vida, o trabalho, e as experiências de cada um.

---

(137) CASTELLS, p. 505.
(138) BAUMAN, p. 149.
(139) MARCHIORI, p. 15. Em tradução livre: A combinação mais espetacular de espaço e tempo que temos hoje é sem dúvida a internet, a rede de redes, como se chamou. Este progresso alterou a forma do nosso planeta, alterando a percepção de espaço e tempo.

A negação, impedimento ou temporária ausência de conexão à rede passa a ser vista — especialmente nas gerações mais novas — como negação do ser, ao menos impedimento de realização, dada a privação da comunicação, face a impossibilidade de revelar o que se está a fazer ou a pensar naquele dado momento, ou ainda o que os outros estão fazendo, ou pensando.

Bit não é negação do tangível (tangere tocar com os dedos); não tangível, nem intangível, mas não coisa, virtual [produto de lúdico, conforme um código (o que se faz ´aparecer´ no computador)], mas reprodução dos dados mediante impressão como algo tangível, e o armazenamento virtual de informações, inserindo três elementos técnicos — digitalização, compressão e meios de transmissão virtual[140] — aproximando o homem cada vez mais da busca por uma inteligência artificial.

Na sociedade da informação, revisa-se a noção clássica de liberdade, que passa a ser exercida na forma virtual, sem limitação física, e sem materialidade. Isso faz com que o uso da informação seja compartilhado, de sorte que o acesso de um não exclui o outro, revisando-se o espaço de ação que passa a ser da coletividade.

A sociedade se torna líquida, conectada *full time*, sem qualquer limite territorial, liberada das amarras do espaço, como se "almas vagando, voando, descobrindo" na infinita complexidade desse novo mundo (imaterial) que se confunde com o mundo real.

Os negócios jurídicos passam a ser firmados sem a necessidade de presença física, as vontades são externadas e convoladas à distância, depoimentos judiciais são prestados por meio virtual, trabalhos são entregues em tempo real num milésimo de segundo para qualquer lugar do planeta.

A sociedade da informação, transformada em líquida, conhece e passa a valorizar e dedicar preciosas horas ao ciberespaço, que não é material, nem mesmo imaterial, mas virtual, voltado à comunicação, sem o que perde sentido.

Os direitos da personalidade passam a ser exercidos em ambiente virtual, compartilhado, onde a liberdade se dá não de forma autônoma, mas por intermédio — para não dizer dependente dos outros — de tal arte que a comunicação virtual se dá em reciprocidade como meio para a realização individual, e a dignidade passa a ser compreendida como o livre convívio eletrônico com o outro.

E esse espaço, em que o homem só ocupa um lugar em rede, que cambia a escrita pelo dígito, e os conceitos pela imagem, não exclui o espaço real, mas, passa a conviver num universo alternativo e paralelo ao supostamente dado, em que o sujeito se torna morador de vários mundos, de tal arte que, por vezes, o mundo virtual passa ao menos culturalmente, a superar o real.[141]

---

(140) FERRAZ JUNIOR, p. 40.
(141) Essa visão foi adaptada a partir dos preciosos ensinamentos do Professor Tércio Sampaio Ferraz Junior, em suas aulas durante o Curso de Doutorado na Pontifícia Universidade Católica de São Paulo, e colhidas em grande parte de um de seus livros — obra já referenciada.

2.2. Características das Novas Gerações da Sociedade da Informação

O trabalhador das novas gerações não tem a empresa contratante como porto seguro, onde ancora projetos e desenha toda a sua vida, seja porque a empresa se torna volátil, podendo desaparecer de uma hora para outra, seja porque o trabalhador parece ser movido a desafios, de forma diferente que os seus antepassados, não desejando manter-se em local único, mas almejando participar de novos projetos, novas ideias, novos conceitos e diferentes desafios.

E isso se torna muito mais forte nas gerações Y (nascidos entre 1980 e 1990) e Z (nascidos entre 1990 e 2010). A geração Z está chegando ao mercado, e quer parecer que as empresas não estão preparadas para recebê-la, e nem os sindicatos para representá-la.[142]

Tanto a geração Y (atualmente com até 37 anos) quanto a geração Z (que vai de 7 a 27 anos)[143] são conhecidas como juventude digital, geradas em uma sociedade da informação avançada, que teve o seu início na geração X (atualmente de 38 a 53 anos).

Ao se referir a geração Y, tratando da capacidade de exercício de diversas tarefas ao mesmo tempo, Maximiliano Meyer aponta que:

> [...] "jovens desta geração têm como hábito ser tão multitarefa quanto seu smartphone, podendo, ao mesmo tempo trabalhar em mais de um projeto, responder e-mails, acompanhar as notícias através de algum site, conversar com os colegas de trabalho, conversar com os amigos *on line*, ouvir música e dar atenção às redes sociais.[144]

A geração Z, também conhecida por nativa digital ou geração digital, é retratada com igual fidelidade por Maximiliano Meyer, que leciona:

> "As pessoas da geração Z são conhecidas por serem 'nativas digitais', estando muito familiarizadas com a World Wide Web, com o compartilhamento de arquivos, com os smartphones, tablets, e o melhor de tudo. Sempre conectadas, se pensarmos um pouco, vamos perceber que integrantes desta geração nunca viram o mundo sem computador. Outra característica essencial dessa geração é o conceito de mundo que possui, desapegado das fronteiras geográficas."

---

(142) BRASIL. *Gerações Y e Z*. Disponível em: <http://www4.ibope.com.br/download/geracoes%20_y_e_z_divulgacao.pdf>. Acesso em: 20 jul. 2017.
(143) BRASIL. *Diferenças entre as Gerações X, Y e Z*. Disponível em: <https://www.oficinadanet.com.br/post/13498-quais-as-diferencas-entre-as-geracoes-x-y-e-z-e-como-administrar-os-conflitos>. Acesso em: 20 jul. 2017.
(144) BRASIL. *Diferenças...* Idem.

As diferenças são significativas mesmo entre as gerações Y e Z. Pesquisa do IBOPE apurou que a geração Y tem por principais *hobbies* ir a bares tomar cerveja; é responsável pelo maior consumo mensal de *fast foods*; e busca a informação na televisão. Ao passo que a geração Z "curte" jogar games; é a maior consumidora de música, mormente por aplicativos; tem na internet a maior fonte de entretenimento; e quando assiste televisão busca distração.[145]

Maximiliano Meyer apresenta quadro comparativo com expressivas diferenças entre as gerações, onde observa que a geração Y entende que o trabalho é o meio de vencer financeiramente, respeita o cargo ainda que seja relutante à hierarquia, faz uma leitura das coisas e acontecimentos com detalhes, e mescla a comunicação direta e pessoal com o correio eletrônico.

Quanto à geração Z, ressalta que esta busca satisfação no trabalho, entende que a hierarquia deve ser legitimada pela postura do líder, espera velocidade em tudo, e trata de seus assuntos de trabalho por meios virtuais.[146]

O chargista João Montanaro captou de modo ímpar como as novas gerações, especialmente a Z incorporou a tecnologia em suas vidas, ao retratar uma criança chamando um pequeno pássaro de twitter.

---

(145) BRASIL. *Gerações... Idem.*
(146) BRASIL. *Diferenças entre as Gerações X, Y e Z.* Disponível em: <https://www.oficinadanet.com.br/post/13498-quais-as-diferencas-entre-as-geracoes-x-y-e-z-e-como-administraros-conflitos>. Acesso em: 20 jul. 2017.

A geração Z valoriza marcas divertidas e inovadoras,[147] o que desde logo desnuda o seu espírito inovador e criativo. A liberdade de escolhas, por sinal, é outra característica marcante, que tem demonstrado a mudança de perfil de consumo dos programas prontos e padronizados da televisão pelos canais fechados de tevês a cabo, e principalmente o uso da internet para entretenimento, pesquisa ou procura de algo que desejam.

Não cabem mais os modelos repetitivos e engessados próprios de uma rotina de ordem taylorista, vai-se além também do modelo participativo do Toyotismo, encontrando-se um novo trabalhador conectado, que convive com a tecnologia desde cedo, muito mais flexível do que nos paradigmas anteriores.

A geração da sociedade da informação deseja o resgate do belo, ao revés das linhas únicas e padronizadas, reinserindo o gosto pela estética que ficou restrito a uma pequena elite no curso das revoluções industriais antecedentes.[148]

Essa geração se relaciona de modo diferente com o trabalho e com as pessoas, tem as suas próprias prioridades. Representa, em suma, uma geração com característica empreendedora bastante forte, que, ao mesmo tempo não parece interessada em ter o trabalho como base da sua vida.

Sem dúvida dá valor ao trabalho, mas não supremo e nem limitador das suas liberdades de escolha voltadas à qualidade existencial, dentre as quais se insere modelo de produção baseado no conhecimento, com liberdade para criar e inovar, estabelecendo o seu próprio modo para a realização de cada tarefa.

A geração da sociedade da informação não parece disposta a assistir o que está ocorrendo no Mundo, mas deseja atuar como protagonista, modificadora, externando seus próprios desejos e impondo o seu modo de viver. "Na nova sociedade, nada é inatacável ou perene. Tudo se discute: da defesa do meio ambiente à clonagem humana, do homossexualismo ao sistema de proteção social".[149]

O tédio gerado pelo trabalho cronometrado, impensado e repetitivo do modelo fordista não tem lugar em meio a uma geração que busca a autorrealização em ambiente menos hierarquizado, mais colaborativo e onde o interesse no trabalho é mais qualitativo do que quantitativo.

Trata-se de uma geração que tem a exata dimensão da sua responsabilidade no que tange à sustentabilidade do planeta, onde por evidente se insere com ênfase o meio de produção virtual que representa empoderamento do trabalhador,

---

(147) BRASIL. *Gerações Y e Z*. Disponível em: <http://www4.ibope.com.br/download/geracoes%20_y_e_z_divulgacao.pdf>. Acesso em: 20 jul. 2017.
(148) DE MASI, p. 33.
(149) CARMO, p. 167.

levando o trabalho de volta para casa ou locais descentralizados, e ainda poupando recursos naturais preciosos ao substituir a impressão pela digitalização e o físico pelo virtual.

2.2.1. Liberdade: Quebra de Paradigmas

As gerações Y e Z desejam muito mais autonomia, e menos controle, o que é das suas essências. Recentemente, quando da participação de assembleia de trabalhadores em uma empresa de tecnologia, foi possível observar a liberdade que os jovens trabalhadores, especialmente da área de tecnologia, almejam.

Com efeito, naquela empresa, a jornada foi negociada de modo bastante flexível, empoderando o trabalhador na escolha de seus horários, observados os limites legais, e vedando o labor noturno, de sorte que o início poderia se dar entre 7h e 10h, e o final da jornada entre 16h e 19h, cabendo ao empregado estar na empresa entre 10h e 12h e entre 14h e 16h (períodos de integração da equipe), cumprindo jornada de 8h dentro dessas variações, e quando não lançando as horas em banco de horas negativo, ou em caso de acréscimo em banco positivo sempre limitado a 10h.

Pois bem, houve severo questionamento por um trabalhador, que logo foi acompanhado por outros, que acusaram a empresa de se dizer liberal e flexível, mas que não era nada disso, pois o trabalhador da área de tecnologia deseja fazer os seus próprios horários e não ter controle de jornada. Outro trabalhador nessa mesma assembleia questionou porque teria que encerrar a jornada às 19h, ou após 10h de trabalho, se tivesse um "insight" e quisesse levar adiante aquela ideia para o seu projeto naquele mesmo momento.[150]

Cada vez mais, gestores, operadores do direito e empresários serão questionados porque o trabalhador não pode gozar de maior liberdade. A geração Z, com absoluta certeza, "não quer ser café com leite".[151]

Porque preocupar-se com o número de horas trabalhadas, se o trabalho foi entregue, se a produtividade é adequada ou mesmo crescente. A jornada não é mais, ou não deve ser quantitativa, mas qualitativa, mitigando-se ou eliminando-se, conforme o caso, a necessidade de fiscalização.

---

(150) Assembleia realizada na empresa Smartgreen, em Curitiba, no dia 24 de julho de 2017.
(151) Nas brincadeiras entre crianças, os mais fracos, geralmente mais novos, são "café com leite" — o que significa que não têm as mesmas responsabilidades dos demais, e não podem sofrer as consequências de não atingir o intento, de modo que "o café com leite" se perde a bola não passa a ser o "bobinho", se é pego na brincadeira de pega-pega, não passa a ser o "pegador", e por aí vai. Por outro lado, também nunca se sente realmente parte de algo enquanto não cresce, não vê a hora de ser reconhecido como alguém importante, e não mais um mero "café com leite".

Durante o modelo fordista, das máquinas pesadas — nominada por Zygmunt Bauman como a era do *hardware* — o tempo precisava ser administrado para que houvesse retorno do capital investido; ao passo que na sociedade líquida, da era do *software*, também denominada modernidade leve, o tempo é imediato, não precisa mais ser controlado, já foi "aniquilado" ou "suicidou-se",[152] afinal a produção não é mais em linha, tempo a tempo, rotinizada, perdendo sentido a sua medição.

As novas gerações não pretendem permanecer horas em congestionamentos, ou desperdiçar grande parte da sua vida no caminho casa/trabalho/casa, valoriza a qualidade de vida, pretende gerir seu tempo e sabe lidar com a desestruturação do espaço criada pelo ambiente virtual.

A sociedade industrial introduziu a lei da eficiência baseada no tempo necessário para a realização do trabalho, onde o relógio demarcava as operações, no entanto, a sociedade da informação usa da tecnologia para ganhar mais anos de vida, e porque não, mediante maior produtividade obter mais tempo para viver, concretizando seus direitos da personalidade com maior eficácia.

Na sociedade da informação, o homem está liberto do relógio, a criatividade não se encontra mais aprisionada dentro de um regime em que deveria ser exercida no horário de funcionamento da fábrica.

Claro que, assim como a resposta dada àquele grupo de trabalhadores em assembleia, há de se respeitar os limites legais, representados pelo cumprimento da jornada máxima diária constitucional, assim como as regras que visam tutelar a saúde e segurança do trabalhador.

Contudo, os questionamentos postos não devem ser deixados de lado. Isso porque já não cabem as hierarquias e rotinas rígidas do Fordismo, e nem mesmo o modelo da Toyota. A flexibilidade tem de ser mais ampla para essa sociedade que já nasceu conectada, e tem a informação sempre à mão, mantendo-se antenada com os acontecimentos globais.

O que se quer agora é liberdade para criar, e a gestão tem de ser diversa do passado, até porque "as tecnologias da informação exigem maior liberdade para trabalhadores mais esclarecidos atingirem o pleno potencial da produtividade prometida."[153]

Independente da atividade ou ramo, as novas gerações trabalham conectadas, são menos egoístas, e parecem ser menos voltadas à uma competição destrutiva,

---

(152) "Teria o tempo, depois de matar o espaço enquanto valor, cometido suicídio? Não teria o espaço apenas a primeira baixa na corrida do tempo para a autoaniquilação?" — Conforme BAUMAN, p.150-151.
(153) CASTELLS, p. 306.

e mais a um trabalho solidário,[154] colaborativo. Não estão dispostas ao mesmo estilo de gestão baseado num trabalho subordinado, cronometrado e rígido, nos moldes de outrora.

A sociedade da informação se alimenta da inovação, e permite cenários em que o subalterno detenha o conhecimento, trabalhando em cooperação com o superior hierárquico.

Tal não só mitiga a subordinação, como também permite a organização por projetos, havendo até mesmo rodízio da liderança, mormente quando de trabalhadores em mesmo nível de hierarquia.[155]

Insere-se, pois, a liderança compartilhada, reconhecendo-se como chefe a autoridade do momento, ou seja o que dirige determinado projeto, havendo rodízio de acordo com os diferentes conhecimentos aplicáveis às diferentes concepções.

Quando questionado sobre os valores emergentes na sociedade pós-industrial, aqui tratada como sociedade da informação, Domenico de Masi aponta "intelectualização, emotividade, estética, subjetividade, confiança, hospitalidade, feminização, desestruturação do tempo e do espaço e virtualidade".[156]

O autor passa então a defender a mudança dos métodos pedagógicos, baseados nos valores emergentes, sustentando que:

> [...] "se para educar um jovem a lutar por dinheiro e poder adotava-se uma pedagogia que premiava o egoísmo, a hierarquia e a agressividade, para educar os jovens para os valores emergentes, os métodos a serem usados deverão valorizar mais o diálogo, a escuta, a solidariedade e a criatividade."[157]

Essa visão de mundo mais colaborativo e solidário à que Domenico de Masi se refere está totalmente em consonância com uma sociedade democrática de direito, pluralista e solidária, tal como prevê a CF de 1988, que elenca o princípio da solidariedade, consoante art. 3º, inciso I.

O ambiente de trabalho foi e está sendo em grande parte substituído, ou convive com o mundo virtual, de sorte que é necessário avaliar como a internet, redes sociais e comunicações eletrônicas têm gerado consequências nas relações do trabalho, se há necessidade de conformar situações, e até que ponto.

Massimo Marchiori conta que estava a observar uma carta geográfica, que no primeiro momento, parecia errada, toda ela bagunçada, mas, na verdade era

---

(154) DE MASI, p. 281.
(155) DE MASI, p. 289-290.
(156) DE MASI, p. 293.
(157) DE MASI, p. 293.

a mesma de sempre, que, no entanto, precisava ser revista sob outra perspectiva, e complementa:

> [...] "come vedremo, a volte non è il mondo a essere così strano e complesso, o magari poco interessante: come per quella strana mapa geografica, spesso basta semplicemente cambiare punto di vista, e girar ela testa nella giusta direzione."[158]

A proposta, aqui, pois, é girar a mente, mudar a direção, para buscar a conformação, afinal os estudos até aqui apresentados demonstraram profunda mudança, que justifica a conformação das relações do trabalho às portas da Quarta Revolução Industrial, a fim de que os trabalhadores estejam preparados para as incipientes demandas e o novo mercado.

De igual modo, as empresas devem mudar a forma de gestão, se adaptando a fim de receber, treinar, qualificar e requalificar o novo trabalhador que possui perfil muito diverso do obreiro da Terceira e mais ainda da Segunda Revolução Industrial, assim como as representações de trabalhadores (sindicatos e comissão de empresa) deverão cumprir papéis diferentes dos que até então desempenharam.

Na visão de Klaus Schwab:

> [...] "devemos iniciar a reestruturação de nossos sistemas econômicos, sociais e políticos para tirar o máximo proveito das oportunidades apresentadas. Está claro que nossos modelos dominantes de criação de riqueza e os atuais sistemas de tomada de decisão foram projetados e evoluíram de modo incremental ao longo das três primeiras revoluções industriais. Esses sistemas, no entanto, já não estão equipados para cumprir as necessidades da geração atual e, particularmente, das futuras gerações no contexto da quarta revolução industrial. Claramente, isso exigirá uma inovação sistêmica e não pequenos ajustes ou reformas marginais."[159]

Não desejando entrar em terreno movediço, que não se revela como objeto deste estudo, mas como se está a tratar das gerações Y e Z não se pode deixar de questionar até que ponto se revela justificável manter a estrutura tradicional do direito do trabalho[160] de empregos quase "definitivos" se o comportamento da sociedade hoje é diverso.

---

(158) MARCHIORI, p. XI. Em tradução livre: "como veremos, as vezes não é o mundo tão estranho ou complexo, ou talvez pouco interessante: assim como esse estranho mapa geográfico, muitas vezes basta mudar o ponto de vista e virar a cabeça na direção certa".
(159) SCHWAB, p. 113.
(160) Vale o alerta de Nelson Mannrich: "Estou convencido de que o Direito do Trabalho, cá entre nós, não será mais o mesmo nos Tribunais Trabalhistas nem no chão de fábrica. Deu-se início a uma nova forma de pensar o Direito do Trabalho e de aplicá-lo em vista de sua eficácia." MANNRICH,

Estudos mostram que os jovens da geração Z pensam em ter "n" vezes mais experiências no mercado de trabalho do que seus pais, não fincando suas bases em uma ou poucas empresas, mas sim dando-se a oportunidade de atuar e experimentar diversas empresas.

Segundo Zygmunt Bauman, "um jovem americano com nível médio de educação espera mudar de emprego 11 vezes durante a vida de trabalho — e o ritmo e frequência da mudança deverão continuar crescendo antes que a vida dessa geração acabe."[161]

O fato é que as novas gerações que chegam ao mercado de trabalho já nascem com as características da sociedade líquida, não se fixando em um lugar, mas, desejosas por experimentar, viver diferentes sensações, e, nessa linha, trocar de emprego muitas vezes.[162]

2.2.2. Inovação e Flexibilidade

Klaus Schwab afirma ser difícil indicar as competências que se esperarão do profissional da Quarta Revolução Industrial, todavia, presume o interesse por trabalhadores que tenham a capacidade de construir e projetar ao lado dos sistemas tecnológicos, e também por profissional que demonstre capacidade de fácil e contínua adaptação aos novos paradigmas, sendo certo o crescimento das desigualdades sociais entre aqueles que compreendem e conhecem a tecnologia e os usuários passivos.[163]

A produção imaterial ganha destaque ainda maior, revelando-se necessário não só o conhecimento, mas alto grau de inovação, na medida em que as ideias representam valor agregado e a matéria prima mera *commodity*.

O grau de tecnologia é tanto que a criatividade terá de ser colocada em constante processo de inovação, na medida em que todas as atividades repetitivas — mesmo as intelectuais — poderão ser delegadas às máquinas.

Nelson. Reforma Trabalhista. Que Reforma? In: AGUIAR, Antonio Carlos (Coord.). *Reforma Trabalhista*. Aspectos jurídicos relevantes. São Paulo: Editora Quartier Latin, 2017. p. 231.
(161) BAUMAN, p. 185.
(162) Nesse sentido, não parece fora de propósito o art. 484-A da CLT, que inseriu a possibilidade de distrato consensual nas relações de emprego. É claro que se poderá argumentar que tal disposição levará a fraudes — como se o modelo até então vigente não fosse cotidianamente burlado. Difícil pensar em cobrir todas as possibilidades de violações legais, que devem ser combatidas na prática, e não em abstrato. Ademais, é fato que a nova disciplina legal dá maior transparência às rescisões contratuais, tendo o condão de tornar menos práticas as rescisões com devolução do FGTS, ou mesmo os assédios que têm por escopo o pedido de dispensa pelo empregado.
(163) SCHWAB, p. 51 e 77.

A sociedade da informação, na fase pós-industrial, passa a expressar-se com a mente, de modo criativo, e não repetitivo, libertando o corpo dos movimentos cronometrados do processo industrial, e dando mais relevância à estrutura tecnológica do que à própria estrutura física da empresa.

Domenico de Masi leciona que "a sociedade industrial permitiu que milhões de pessoas agissem com o corpo, mas não lhes deixou a liberdade para expressar-se com a mente"[164] já "a sociedade pós-industrial oferece uma nova liberdade: depois do corpo, liberta a alma."[165]

Em outro trecho, o autor sustenta que "o trabalho pode ser um prazer se, justamente, for predominantemente intelectual, inteligente e livre."[166] E ainda, defende que no trabalho intelectual a motivação é tudo, entrega alimento não só ao corpo, mas à alma.

Sustenta que a criatividade e a inovação não possuem terreno fértil para brotar em uma organização administrada por tempos, métodos e sistemas de controle concebidos há mais de um século, voltadas puramente à execução.[167]

No que se refere às corporações, a leveza das empresas — já não mais representadas em sua maioria pelas grandes corporações — modifica o cenário de trabalho, inserindo a motivação como gerador de criatividade no ambiente organizacional, em detrimento da burocracia que tolhe liberdade.

A inovação é e será cada vez mais fator diferencial, do que é exemplo os Estados Unidos da América, que não por acaso possui elevado desenvolvimento econômico, observando Klaus Schwab, que a "América do Norte está na vanguarda de quatro revoluções tecnológicas sinergéticas: inovação na produção de energia, alimentada pela tecnologia; fabricação avançada e digital; ciências biológicas; e tecnologia da informação."[168]

O Vale do Silício, em Palo Alto, na Califórnia, reúne talentos de tecnologia da informação, e o mérito do polo de desenvolvimento é não só a atração, mas a retenção desses recursos humanos que possuem ideias inovadoras, mediante a manutenção de ambiente de desafio, estímulo e desenvolvimento.

A grande maioria dos trabalhadores da geração Z se ativará em profissões que inexistem no mercado de trabalho no momento, devendo-se manter atualizados e em constante inovação.

---

(164) DE MASI, p. 20.
(165) DE MASI, p. 20.
(166) DE MASI, p. 230.
(167) DE MASI, p. 336.
(168) SCHWAB, p. 79.

Para Manuel Castells:

> [...] "uma vez que as duas características principais da forma organizacional predominante (a empresa em rede) são adaptabilidade interna e flexibilidade externa, as duas características mais importantes do processo serão: capacidade de gerar tomada de decisão estratégica flexível e capacidade de conseguir integração organizacional em todos os elementos do processo produtivo."[169]

É importante observar que tais características não serão exigidas somente de níveis hierárquicos mais elevados, mas da maioria dos trabalhadores que atuarão em meio à Quarta Revolução Industrial.

Sobre a necessária flexibilidade, de modo a permitir adaptação nesta sociedade líquida da era informacional, perspicaz se revela a lição de Zygmunt Bauman:

> [...] "Num mundo em que coisas deliberadamente instáveis são a matéria prima das identidades, que são necessariamente instáveis, é preciso estar constantemente em alerta; mas acima de tudo é manter a própria flexibilidade e a velocidade de reajuste em relação aos padrões cambiantes do mundo 'lá fora'".[170]

A flexibilidade que se nota, mormente na indústria do *software* — desde o local de trabalho, forma de trabalho, e até os tempos — é combinada com forte espírito colaborativo, que se observa desde a interdependência das funções até o compartilhamento do desenvolvimento de ferramentas, regras, processos de formação e conhecimento.[171]

Como se percebe, diante das recentes tecnologias e das novas gerações no mercado de trabalho, as formas de gestão devem também ser inovadoras e flexíveis, em uma empresa conectada, aberta ao diálogo e voltada ao empoderamento do trabalhador, inserindo-se o trabalho à distância como poderosa ferramenta de autogestão de métodos, horários e tempo das tarefas.

O mundo atual exige olhar mais atento para as individualidades, implantando a inovação e a flexibilidade como elementos de competividade interna, e meio de melhores resultados externos. A ótica deixa de ser da repetição e rotina, e passa a ser da variação e adaptabilidade, inserindo-se a administração por objetivos em um cenário de autocontrole.

Isso porque, com a Quarta Revolução Industrial, os processos de produção passam por profunda transformação, fazendo-se necessária não só a constante atualização e adaptação às novas culturas, mas a criatividade para lidar com as dinâmicas mutações, dentre as quais o crescimento do trabalho em ambiente virtual.

---

(169) CASTELLS, p. 307.
(170) BAUMAN, p. 110.
(171) ANTUNES e BRAGA, p. 30 e 35.

3. DIREITOS DA PERSONALIDADE NA SOCIEDADE DA INFORMAÇÃO

O presente estudo revelou, até aqui, as modificações que a tecnologia gerou nas empresas, no modo de trabalhar, na vida dos empregados e na economia.

As causas de geração do ambiente virtual estão, pois, demonstradas. O que se deve analisar agora são os efeitos, e o primeiro deles é na personalidade do ser humano, já que as alterações foram muitas, e a sociedade da informação concretiza os seus direitos fundamentais de modo diferente do que as suas antecessoras.

Faz-se mister, pois, iniciar tal abordagem pela conceituação dos direitos da personalidade e fundamentos dos direitos de liberdade de expressão, privacidade e intimidade.

3.1. Direitos da Personalidade: Origem, Conceito e Fundamentos

Os direitos da personalidade decorrem da natureza humana, ou seja, são inerentes à condição de ser humano, acompanham a espécie por toda vida e representam alicerce para o reconhecimento de todos os demais direitos fundamentais. Portanto, seja qual for a geração, esse direito é inato.

Nessa condição qualquer pessoa é titular, assumindo caráter de indisponibilidade, imprescritibilidade e natureza extrapatrimonial. Por meio da personalidade, a pessoa é titular de direitos e obrigações, nos limites da sua capacidade jurídica.

Na lição de Paulo Sergio João, "são direitos da pessoa e não permitem sua disponibilidade para terceiros e, dado que se vinculam de forma própria à pessoa, cabe ao Estado a responsabilidade de reconhecê-los, atribuindo-lhes uma forma adequada de proteção."[172]

Quanto ao aspecto da proteção, a título histórico, cumpre observar que os direitos da personalidade foram tratados inicialmente, de modo expresso, na Constituição da **Alemanha** de 1949, em seu art. 2, inciso I, no sentido de que: "... todos têm o direito ao livre desenvolvimento da sua personalidade, desde que não

---

[172] JOÃO, Paulo Sérgio. O direito de imagem e o contrato de trabalho na Lei n. 13.467/17. In: AGUIAR, Antonio Carlos (Coord.). *Reforma Trabalhista*. Aspectos jurídicos. São Paulo: Quartier Latin do Brasil, 2017. p. 275.

violem direitos de outrem e não se choquem contra a ordem constitucional ou a lei moral."[173]

A Constituição da República de **Portugal** traz disposição a respeito, no art. 26, ao tratar no capítulo I, dos Direitos, liberdades e garantias pessoais, do reconhecimento do direito ao desenvolvimento da personalidade.[174]

Também garante a liberdade de expressão e divulgação do pensamento,[175] exemplificativamente de forma oral ou de imagem, permitindo outros meios, bem como regula o direito de se informar e ser informado, sem impedimento nem discriminações, consoante se infere do art. 37, item 1.[176]

De igual modo, diante da preocupação com a censura, a constituição lusitana determina que o exercício dos direitos de liberdade de expressão e informação não pode ser impedido ou limitado, por qualquer tipo ou forma de censura, conforme redação do art. 37, item 2.[177]

A Constituição da **Espanha**, em seu título I, por meio do art. 10, ao tratar dos direitos e deveres fundamentais, não só garante o respeito ao livre desenvolvimento

---

(173) *(1) Jeder hat das Recht auf die freie Entfaltung seiner Persönlichkeit, soweit er nicht die Rechte anderer verletzt und nicht gegen die verfassungsmäßige Ordnung oder das Sittengesetz verstößt. (2) 1Jeder hat das Recht auf Leben und körperliche Unversehrtheit. 2Die Freiheit der Person ist unverletzlich. 3In diese Rechte darf nur auf Grund eines Gesetzes eingegriffen werden.* Disponível em: <https://dejure.org/gesetze/GG/2.html>. Acesso em: 24 nov. 2017.
(174) **Art. 26. Outros direitos pessoais.** 1. A todos são reconhecidos os direitos à identidade pessoal, ao desenvolvimento da personalidade, à capacidade civil, à cidadania, ao bom nome e reputação, à imagem, à palavra, à reserva da intimidade da vida privada e familiar e à protecção legal contra quaisquer formas de discriminação. 2. A lei estabelecerá garantias efectivas contra a obtenção e utilização abusivas, ou contrárias à dignidade humana, de informações relativas às pessoas e famílias. 3. A lei garantirá a dignidade pessoal e a identidade genética do ser humano, nomeadamente na criação, desenvolvimento e utilização das tecnologias e na experimentação científica. 4. A privação da cidadania e as restrições à capacidade civil só podem efectuar-se nos casos e termos previstos na lei, não podendo ter como fundamento motivos políticos.
(175) **Art. 37. Liberdade de expressão e informação.** 1. Todos têm o direito de exprimir e divulgar livremente o seu pensamento pela palavra, pela imagem ou por qualquer outro meio, bem como o direito de informar, de se informar e de ser informados, sem impedimentos nem discriminações. 2. O exercício destes direitos não pode ser impedido ou limitado por qualquer tipo ou forma de censura. 3. As infracções cometidas no exercício destes direitos ficam submetidas aos princípios gerais de direito criminal ou do ilícito de mera ordenação social, sendo a sua apreciação respectivamente da competência dos tribunais judiciais ou de entidade administrativa independente, nos termos da lei. In: PORTUGAL. *Parlamento*. Disponível em: <https://www.parlamento.pt/Legislacao/Paginas/ConstituicaoRepublicaPortuguesa.aspx>. Acesso em: 30 jul. 2017. 4. A todas as pessoas, singulares ou colectivas, é assegurado, em condições de igualdade e eficácia, o direito de resposta e de rectificação, bem como o direito a indemnização pelos danos sofridos.
(176) PORTUGAL. *Parlamento*. Disponível em: <https://www.parlamento.pt/Legislacao/Paginas/ConstituicaoRepublicaPortuguesa.aspx>. Acesso em: 30 jul. 2017.
(177) PORTUGAL. *Parlamento*.

da personalidade, como também atrela diretamente a interpretação das normas relativas à direitos e liberdades fundamentais aos termos da Declaração Universal dos Direitos do Homem, assim como aos tratados e acordos internacionais sobre a mesma matéria quando ratificados pela Espanha.[178]

A Constituição da Espanha também reconhece, por meio do art. 20, dentre outros, o direito à expressão e difusão dos pensamentos, ideias e opiniões, por meio da palavra, escrita ou qualquer outro meio de reprodução.[179]

A Constituição da **Itália**, em seu art. 21, disciplina o direito de livre manifestação do pensamento, de forma oral, escrita ou por qualquer outro meio de difusão, não sujeitando a imprensa a autorizações ou censuras.[180]

---

(178) **Artículo 10.** 1. La dignidad de la persona, los derechos inviolables que le son inherentes, el libre desarrollo de la personalidad, el respeto a la ley y a los derechos de los demás son fundamento del orden político y de la paz social. 2. Las normas relativas a los derechos fundamentales y a las libertades que la Constitución reconoce se interpretarán de conformidad con la Declaración Universal de Derechos Humanos y los tratados y acuerdos internacionales sobre las mismas materias ratificados por España. In: ESPANHA. *Agencia Estatal Boletín Oficial Del Estado*. Disponível em: <http://www.boe.es/buscar/doc.php?id=BOE-A-1978-31229>. Acesso em: 30 jul. 2017. **De los derechos y deberes fundamentales**

(179) ESPANHA. **Artículo 20.** 1. Se reconocen y protegen los derechos: a) A expresar y difundir libremente los pensamientos, ideas y opiniones mediante la palabra, el escrito o cualquier otro medio de reproducción. b) A la producción y creación literaria, artística, científica y técnica. c) A la libertad de cátedra. d) A comunicar o recibir libremente información veraz por cualquier medio de difusión. La ley regulará el derecho a la cláusula de conciencia y al secreto profesional en el ejercicio de estas libertades. 2. El ejercicio de estos derechos no puede restringirse mediante ningún tipo de censura previa. 3. La ley regulará la organización y el control parlamentario de los medios de comunicación social dependientes del Estado o de cualquier ente público y garantizará el acceso a dichos medios de los grupos sociales y políticos significativos, respetando el pluralismo de la sociedad y de las diversas lenguas de España. 4. Estas libertades tienen su límite en el respeto a los derechos reconocidos en este Título, en los preceptos de las leyes que lo desarrollen y, especialmente, en el derecho al honor, a la intimidad, a la propia imagen y a la protección de la juventud y de la infancia. 5. Sólo podrá acordarse el secuestro de publicaciones, grabaciones y otros medios de información en virtud de resolución judicial.

(180) ITALIA. *Constituição*. (tradução livre). Disponível em: <http://www.casacultureivrea.it/costituzione/portoghese.pdf>. Acesso em: 13 jul. 2017. Art. 21. Todos têm direito de manifestar livremente o próprio pensamento, mediante forma oral ou escrita, e qualquer outro meio de difusão. A imprensa não pode ser sujeita a autorizações ou censuras. Pode-se proceder ao sequestro somente por determinação da autoridade judiciária em caso de delitos, para os quais a lei de imprensa o autorize expressamente, ou em caso de violação das normas que a própria lei estabeleça, para a indicação dos responsáveis. Em tais casos, quando houver absoluta urgência e não for possível a oportuna intervenção da autoridade judiciária, os quais devem, imediatamente e nunca além de vinte e quatro horas, apresentar denúncia à autoridade judiciária. Se esta não o aprovar nas vinte e quatros horas sucessivas, o sequestro entender-se-á revogado e nulo para todos os efeitos. A Lei pode impor, mediante normas de caráter geral, que sejam revelados os meios de financiamento da imprensa periódica. São proibidas as publicações impressas, os espetáculos e todas as demais manifestações contrárias ao bom costume. A lei estabelece medidas adequadas para prevenir e reprimir as violações.

A Primeira Emenda da Constituição dos **Estados Unidos da América**, trata expressamente da liberdade de expressão, ou de imprensa, vedando ao congresso restringi-la. O mesmo dispositivo cuida do impedimento ao congresso de legislar ditando a religião, proibindo o seu exercício, ou mesmo de vetar o direito de as pessoas se reunirem pacificamente, e de apresentarem requerimento ao governo para que sejam feitas reparações de queixas.[181]

Enfim, inúmeras são as constituições contemporâneas democráticas que tratam expressamente da garantia dos direitos da personalidade, sendo as acima apresentadas meramente elucidativas.

No plano das **declarações e convenções internacionais**, destacam-se os arts. 12 e 19 da Declaração Universal dos Direitos do Homem,[182] o art. 11 da Convenção Americana dos Direitos Humanos (Pacto de São José da Costa Rica)[183] e o art. 8º da Convenção Europeia dos Direitos do Homem.[184]

---

(181) "Congress shall make no law respecting an establishment of religion, or prohibiting the free exercise thereof; or abridging the freedom of speech, or of the press; or the right of the people peaceably to assemble, and to petition the Government for a redress of grievances." — O Congresso não legislará no sentido de estabelecer uma religião, ou proibindo o livre exercício dos cultos; ou cerceando a liberdade de palavra, ou de imprensa, ou o direito do povo de se reunir pacificamente, e de dirigir ao Governo petições para a reparação de seus agravos (tradução livre). Disponível em: <http://www.direitoshumanos.usp.br/index.php/Documentos-anteriores>. Acesso em: 20 nov. 2017.

(182) [...] Art. 12. Ninguém será sujeito a interferências na sua vida privada, na sua família, no seu lar ou na sua correspondência, nem a ataques a sua honra e reputação. Todo o homem tem direito à proteção da lei contra tais interferências ou ataques. [...] Art. 19 Todo o homem tem direito à liberdade de opinião e expressão; este direito inclui a liberdade de, sem interferências, ter opiniões e de procurar, receber e transmitir informações e idéias por quaisquer meios, independentemente de fronteiras. In: Declaração Universal dos Direitos do Homem. BRASIL. *Declaração Universal dos Direitos do Homem*. Unicef. Disponível em: <http://pfdc.pgr.mpf.mp.br/atuacao-e-conteudos-de-apoio/legislacao/direitos-humanos/declar_dir_homem.pdf>. Acesso em: 30 jul. 2017.

(183) BRASIL. *Decreto n. 678*, de 6 de novembro de 1992. Ementa: Promulga a Convenção Americana sobre Direitos Humanos (Pacto de São José da Costa Rica), de 22 de novembro de 1969. O texto do Pacto de São José da Costa Rica, em seu art. 11, estabelece: Art. 11. Proteção da honra e da dignidade. 1. Toda pessoa tem direito ao respeito da sua honra e ao reconhecimento de sua dignidade. 2. Ninguém pode ser objeto de ingerências arbitrárias ou abusivas em sua vida privada, em sua família, em seu domicílio ou em sua correspondência, nem de ofensas ilegais à sua honra ou reputação. 3. Toda pessoa tem direito à proteção da lei contra tais ingerências ou tais ofensas. Disponível em: <http://www.pge.sp.gov.br/centrodeestudos/bibliotecavirtual/instrumentos/sanjose.htm>. Acesso em: 30 jul. 2017.

(184) [...] **Art. 8º (Direito ao respeito pela vida privada e familiar).** 1. Qualquer pessoa tem direito ao respeito da sua vida privada e familiar, do seu domicílio e da sua correspondência. 2. Não pode haver ingerência da autoridade pública no exercício deste direito senão quando esta ingerência estiver prevista na lei e constituir uma providência que, numa sociedade democrática, seja necessária para a segurança nacional, para a segurança pública, para o bem-estar económico do país, a defesa da ordem e a prevenção das infracções penais, a protecção da saúde ou da moral, ou a protecção dos direitos e das liberdades de terceiros. Disponível em: <http://www.pge.sp.gov.br/centrodeestudos/bibliotecavirtual/instrumentos/sanjose.htm>. Acesso em: 30 jul. 2017.

A Declaração Universal dos Direitos do Homem, consoante redação do art. 3º, enuncia a liberdade como direito de todo ser humano.[185] O art. 13 trata da liberdade de locomoção e residência, e o art. 18 pronuncia:

> "Todo ser humano tem direito à liberdade de pensamento, consciência e religião; esse direito inclui a liberdade de mudar de religião ou crença e a liberdade de manifestar essa religião ou crença pelo ensino, pela prática, pelo culto em público ou em particular".

A liberdade é parte indissociável do exercício do direito à vida privada, sendo que o art. 12 proclama "ninguém será sujeito à interferência na sua vida privada, na sua família, no seu lar, ou na sua correspondência, nem a ataque à sua honra e reputação. Todo ser humano tem direito à proteção da lei contra interferências ou ataques."

Para fins do objeto em estudo, o maior destaque da Declaração Universal dos Direitos do Homem deve ser atribuído ao art. 19 que enuncia:[186]

> "Todo ser humano tem direito à liberdade de opinião e expressão; esse direito inclui a liberdade de, sem interferência, ter opiniões e de procurar, receber e transmitir informações e idéias por quaisquer meios e independentemente de fronteiras."

O art. 4º da CF/88, ao tratar das relações internacionais, consigna de modo expresso o princípio de prevalência dos direitos humanos. Logo em seguida, o título II tutela os Direitos e Garantias Fundamentais, elencando rol de direitos inerentes à condição de pessoa.

A doutrina brasileira classifica os direitos da personalidade como direito à integridade física, à integridade intelectual, e à integridade moral.[187] No que interessa à esta pesquisa, a integridade moral "abrange o direito à intimidade, à privacidade, à honra, à imagem, à boa-fama, à liberdade civil, política e religiosa"[188]; a integridade intelectual consiste na liberdade de pensamento, autoria artística e científica, assim como a invenção; e e a física consiste na preservação das condições e higidez das saúdes física e mental, o que insere o direito de desconexão, que será objeto de estudo em separado nos itens 3.3 a 3.5.

A concretização dos direitos da personalidade decorre do princípio da dignidade da pessoa humana — princípio este que, na leitura da Carta Maior, representa norma hipotética fundamental de natureza kelseniana.

Significa dizer que a nação brasileira elegeu a dignidade da pessoa humana como fundamento da República, de tal arte que todas as ações do Estado e dos particulares devem observar o respeito à dignidade da pessoa humana.[189]

---

(185) [...] **Art. 3º** Todo ser humano tem direito à vida, à liberdade e à segurança pessoal. *Idem.*
(186) BRASIL. *Declaração Universal dos Direitos Humanos.* Disponível em: <https://www.unicef.org/brazil/pt/resources_10133.htm>. Acesso em: 20 nov. 2017.
(187) BARROS, Alice Monteiro de. *Proteção à Intimidade do Empregado.* 2. ed. São Paulo: LTr, 2009. p. 25.
(188) BARROS, p. 27.
(189) OLIVEIRA NETO, Célio Pereira. *Cláusula de não concorrência no contrato de emprego:* efeitos do princípio da proporcionalidade. São Paulo: LTr, 2015. p. 53.

Para os fins do presente trabalho, destaques para o art. 5º, especialmente no que tange à livre manifestação do pensamento (inciso IV); direito de resposta proporcional ao agravo, além da indenização por dano material, moral ou à imagem (inciso V); intimidade, vida privada, honra e imagem, assegurado o direito a indenização em caso de violação (inciso X); inviolabilidade da casa (inciso XI) e inviolabilidade da correspondência (inciso XII).[190]

Robert Alexy reconhece na liberdade "ao mesmo tempo, um dos conceitos práticos mais fundamentais e menos claros. Seu âmbito de aplicação parece ser quase ilimitado".[191] De toda sorte, explica que "só se falará em liberdade jurídica quando o objeto de liberdade for uma alternativa de ação."[192]

A liberdade de pensamento, prevista pelo art. 5º, inciso IV da CF, significa ausência de impedimento de a pessoa ter as suas convicções, e respeito ao seu modo de ver o mundo. A seu turno, a liberdade de pensamento informa a liberdade de expressão, pela qual o homem se expressa no seu modo de ser.

A liberdade de expressão não somente se encontra garantida nos dispositivos constitucionais supramencionados, como também reiterada na forma do art. 220 (CF, Capítulo V, dirigido à Comunicação Social).

O art. 5º, inciso XLI da CF, a seu tempo, orienta e dirige os dispositivos constitucionais que tratam do respeito às liberdades, prevendo que "a lei punirá qualquer discriminação atentatória dos direitos e liberdades fundamentais".

Tanto a liberdade de pensamento, como a sua exteriorização por meio da liberdade de expressão são direitos naturais, eis que se revelam essenciais para a plenitude do exercício da personalidade, na medida em que se projetam sobre os aspectos da vida.

Não importa se o pensamento externado está correto ou não, e nem é admissível que se faça este juízo de valor. A cada um é dado acreditar em seus

---

(190) BRASIL. *Constituição Federal*. [...] Art. 5º Todos são iguais perante a lei, sem distinção de qualquer natureza, garantindo-se aos brasileiros e aos estrangeiros residentes no País a inviolabilidade do direito à vida, à liberdade, à igualdade, à segurança e à propriedade, nos termos seguintes: ...IV — é livre a manifestação do pensamento, sendo vedado o anonimato; V — é assegurado o direito de resposta, proporcional ao agravo, além da indenização por dano material, moral ou à imagem; ...IX — é livre a expressão da atividade intelectual, artística, científica e de comunicação, independentemente de censura ou licença; X — são invioláveis a intimidade, a vida privada, a honra e a imagem das pessoas, assegurado o direito a indenização pelo dano material ou moral decorrente da sua violação; XI — a casa é asilo inviolável do indivíduo, ninguém nela podendo penetrar sem consentimento do morador, salvo em caso de flagrante delito ou desastre, ou para prestar socorro, ou, durante o dia, por determinação judicial; XII — é inviolável o sigilo da correspondência e das comunicações telegráficas, de dados e das comunicações telefônicas, salvo, no último caso, por ordem judicial, nas hipóteses e na forma que a lei estabelecer para fins de investigação criminal ou instrução processual penal.
(191) ALEXY, Robert. *Teoria dos Direitos Fundamentais*. Trad. Virgilio Afonso da Silva. 2. ed., 3ª tiragem. São Paulo: Malheiros, 2014. p. 222.
(192) ALEXY, p. 218.

valores, não cabendo ao Estado ou terceiros interferir nas crenças, ideologias, maneiras de ver o mundo e ideias pessoais.

Tais diretrizes constitucionais se revelam essenciais não só para a plenitude do exercício dos direitos da personalidade, que se atrelam diretamente à dignidade da pessoa humana, mas também para a construção e manutenção de uma sociedade democrática de direito, pois de modo diverso imperaria a vontade do Estado ou daqueles que detêm o poder, ficando rechaçado o pluralismo das opiniões e ideologias.

E ainda, o § 1º do art. 5º da CF/88 trata da aplicação imediata dos direitos fundamentais, que permitem a ampliação dos direitos da personalidade positivados, haja vista que o § 2º do art. 5º da CF cuida da não exclusão de direitos e garantias previstos em tratados internacionais, ou seja, a ampliação dos direitos expressamente previstos na Carta Magna.

Todos os dispositivos elencados devem ser lidos em conjunto com o art. 1º da CF, respeitando-se a dignidade da pessoa humana e os valores sociais do trabalho e da livre iniciativa. Isso porque no desenvolvimento do trabalho, o empregado não perde a condição de pessoa humana, que se mantém integra, de tal modo que o poder diretivo e de fiscalização do empregador tem de ser coordenado de sorte a preservar os direitos de personalidade do empregado.

Nessa condição, ganha relevo também a aplicação do art. 170, *caput*, da CF/88, que enuncia que a ordem econômica tem por fim assegurar existência digna a todos, conforme os ditames da justiça social.

Além dos já mencionados artigos, Alice Monteiro de Barros cita outros dispositivos constitucionais de destaque para a proteção dos direitos da personalidade, dentre os quais o art. 3º, IV, que visa promover o bem de todos, sem preconceitos ou discriminação de qualquer espécie; o art. 5º, *caput*, que traz o princípio da isonomia de tratamento, garantindo o direito à vida, liberdade, igualdade, segurança e propriedade; o art. 7º, *caput*, que trata de implementar como objetivo a busca da melhoria da condição social do trabalhador; o art. 7º, incisos XXX, XXXI que se preocupam em evitar a discriminação de trabalhadores; e o art. 7º, inciso XXXII que proíbe a distinção entre trabalho manual, técnico e intelectual.[193]

Seguindo a ordem constitucional de 1988, o Código Civil de 2002 passou a tratar da matéria, dedicando o capítulo II ao tema, sob o título *Direitos da Personalidade*.

---

(193) BARROS, p. 19.

Nos termos do art. 11 do Código Civil, por serem inerentes à dignidade da pessoa humana, os direitos da personalidade são reconhecidos na legislação infraconstitucional com seu caráter de irrenunciabilidade e intransmissibilidade.

O art. 12 do Código Civil, a seu turno, permite que se exija a cessação de ameaça ou lesão a direitos da personalidade, bem como a reclamar perdas e danos. Os arts. 16 a 19 tratam da proteção do nome e pseudônimo, ao passo que o art. 20 preserva o direito de imagem, e o art. 21 garante a inviolabilidade da vida privada.

A I Jornada de Direito Civil, por meio do Enunciado 5,[194] preconiza que a cessação da ameaça ou lesão a direitos da personalidade, bem como o reclamo por perdas e danos, de que trata o art. 12 sejam aplicados também na preservação da imagem de que trata o art. 20.

Os dispositivos que cuidam dos direitos da personalidade devem ser lidos, pois, à luz do ordenamento constitucional, e combinados, quando cabível aos arts. 186, 187, 927 e 932 — todos do Código Civil — relativos, respectivamente: ao ato ilícito; abuso de direito; obrigação de indenizar pelo ato ilícito; e responsabilidade do empregador por atos de seus prepostos.

3.2. Liberdade de Expressão em Ambiente Virtual

Em uma visão de direito privado constitucionalizado, a própria forma de enxergar a atividade empresarial mudou, ficando a empresa vinculada ao respeito aos direitos fundamentais de seus trabalhadores, não olvidando do seu papel na sociedade.

Hodiernamente, pois, as empresas carecem ter propósitos e valores claros, que por evidente não devem ser voltados unicamente ao lucro, mas inserindo o conceito de empresa ética e cidadã, que no exercício da atividade econômica cumpre a sua função social, na forma do art. 170, inciso I da CF/88.

A condição de trabalhador não afasta o direito ao gozo dos direitos da personalidade. Com efeito, o trabalhador já não mais se despe da sua condição de cidadão enquanto labora, mantendo seus direitos personalíssimos íntegros no

---

(194) BRASIL. *I Jornada de Direito Civil*. Conselho da Justiça Federal. 1) As disposições do art. 12 têm caráter geral e aplicam-se, inclusive, às situações previstas no art. 20, excepcionados os casos expressos de legitimidade para requerer as medidas nele estabelecidas; 2) as disposições do art. 20 do novo Código Civil têm a finalidade específica de regrar a projeção dos bens personalíssimos nas situações nele enumeradas. Com exceção dos casos expressos de legitimação que se conformem com a tipificação preconizada nessa norma, a ela podem ser aplicadas subsidiariamente as regras instituídas no art. 12. Disponível em: <http://www.cjf.jus.br/cjf/CEJ-Coedi/jornadas-cej/Jornada%20de%20Direito%20Civil%201.pdf/view>. Acesso em: 30 jul. 2017.

curso da prestação de serviços em prol do empregador. Ou seja, o trabalhador entrega a sua força de trabalho e não a sua dignidade, que não pode ser violada.

Significa dizer, ao mesmo tempo em que o trabalho é essencial para o pleno exercício da dignidade da pessoa humana, também é essencial que os direitos da personalidade sejam preservados no curso de uma relação de emprego.

Nas palavras de José Antônio Peres Gediel,

> [...] a noção de indissociabilidade entre trabalhador e trabalho retirada dos direitos da personalidade, passa a ser extremamente relevante para a defesa da irrenunciabilidade aos direitos fundamentais, pelo trabalhador.[195]

O empregador remunera o empregado para o trabalho, gozando do poder de direção das atividades, mas não da vida privada do empregado. Significa dizer, o poder de direção que decorre do contrato de trabalho não atinge a esfera privada do empregado, mantendo-se íntegros os direitos laborais inespecíficos.

A questão é a preservação da liberdade de expressão do trabalhador frente às novas realidades da sociedade hodierna diante das tecnologias da comunicação e da informática, respeitando também aos direitos do empregador. O *post* em rede toma proporção que não pode ser comparada com mero comentário entre amigos, mas ganha o mundo, podendo ferir sentimentos e denegrir o bom ambiente de trabalho.

Conforme Paulo Sergio João,

> [...] "a publicação de ofensas em redes sociais é particularmente gravosa para empresas devido ao seu alcance. Um usuário médio do Facebook, por exemplo, possui um alcance de algumas centenas de pessoas. Caso a publicação 'viralize', não há limites para o alcance da ofensa."[196]

Se no passado, a liberdade de pensamento era expressada de modo a alcançar um número muito menor de pessoas; na sociedade da informação, os meios tecnológicos, mormente a internet, permitem o alcance de uma quantidade inimaginável de pessoas, o que já faz refletir sobre os cuidados maiores a serem tomados no exercício desse direito.

---

(195) GEDIEL, José Antônio Peres. A Irrenunciabilidade a Direitos da Personalidade pelo Trabalhador. In: SARLET, Ingo Wolfgang (Org.). *Constituição, Direitos Fundamentais e Direito Privado*. 3. ed. Porto Alegre: Livraria do Advogado, 2010. p. 152.
(196) JOÃO, Paulo Sérgio. O direito de imagem e o contrato de trabalho na Lei n. 13.467/2017. In: AGUIAR, Antonio Carlos (Coord.). *Reforma Trabalhista*. Aspectos jurídicos relevantes. São Paulo: Quartier Latin do Brasil, 2017. p. 275 e ss.

A interação no espaço virtual é instantânea, em tempo real, não conhece limites de fronteira. Quando se está na rede, se está no globo, e as postagens nas redes sociais[197] fogem ao controle de quem a veicula.

Os dados do setor[198] são crescentes, e atingem números impensáveis há uma década atrás. Para se ter uma ideia da dimensão, se o Facebook fosse um país seria o terceiro mais populoso do Mundo. Já se somados os três sites mais populares de mídia social, a população destes teria 1 bilhão de pessoas a mais do que a China.[199]

Acresça-se que o Wechat (Weichin) — serviço chinês de mensagem de texto e voz para aparelhos móveis — em apenas 12 meses, no ano de 2015, teve acréscimo de 150 milhões de usuários, o que representou 39% de crescimento sobre o seu nada modesto número de usuários.[200]

E ainda, 96% da geração Y (nascidos entre 1980 e 1990) utilizam as redes sociais, sem falar que um em cada oito casais norte americanos se conheceu através de uma rede social.

Nesse cenário, cada vez mais são corriqueiros os conflitos envolvendo a expressão de um trabalhador nas redes sociais ou outros veículos de comunicação virtual, a respeito do trabalho em si, ou em razão de menção a clientes, colegas, fornecedores e chefes, o que leva a colisões entre a liberdade de expressão e o poder diretivo.

A Lei n. 12.965/2014, conhecida como Marco Civil da Internet, a teor do art. 1º, estabelece princípios, garantias, direitos e deveres para o uso da internet no Brasil, determinando as diretrizes a serem seguidas para a atuação da União, Estados, Distrito Federal e Municípios no trato da matéria.[201]

No art. 2º, a Lei n. 12.965/2014 enuncia que a disciplina da internet no Brasil tem como fundamento o respeito à liberdade de expressão, bem como, dentre

---

(197) Elina Nora Dabas conceitua redes sociais, como "sistema aberto que, por meio de intercâmbios dinâmicos entre seus integrantes e com integrantes de outros grupos sociais, possibilita a potencialização dos recursos que possuem. DABAS, Elina Nora. *Red de Redes* — Las prácticas de la intervención em redes sociales. Buenos Aires: Paidós, 1998. p. 21.
(198) Dentre os tipos mais conhecidos figuram facebook, orkut, linkedin, twitter, MSN, youtube, whatsapp, instagram e blogs. A geração Z também se utiliza do kik messenger, viber e Snapchat, dentre outros.
(199) SCHWAB, p. 119.
(200) SCHWAB, p. 60.
(201) BRASIL. *Lei n. 12.965/2014*. Ementa: Estabelece princípios, garantias, direitos e deveres para o uso da Internet no Brasil. Disponível em: <http://www.planalto.gov.br/ccivil_03/_ato2011-2014/2014/lei/l12965.htm>. Acesso em: 30 jul. 2017. Art. 1º Esta Lei estabelece princípios, garantias, direitos e deveres para o uso da internet no Brasil e determina as diretrizes para atuação da União, dos Estados, do Distrito Federal e dos Municípios em relação à matéria.

outros, "os direitos humanos, o desenvolvimento da personalidade e o exercício da cidadania em meios digitais", consoante se infere do inciso II.

Por escolha didática, pela importância do tema em tela neste momento do estudo, primeiro se fez referência expressa ao inciso II, já que este elenca como fundamentos o desenvolvimento da personalidade e o exercício da cidadania, o que ocorre no atual momento tecnológico também mediante a inclusão digital.

Todos os demais incisos são de suma importância,[202] guardando intensa relação com o tema em estudo. Com efeito, o art. 2º, inciso I trata do reconhecimento da escala mundial da rede.

Os demais incisos cuidam ainda de fundamentar o Marco Civil da Internet na pluralidade e na diversidade (inciso III), abertura e a colaboração (inciso IV), livre iniciativa, livre concorrência e defesa do consumidor (inciso V) e finalidade social da rede (inciso VI).

Os princípios da disciplina da internet no Brasil, elencados no art. 3º da Lei n. 12.965 guardam total correspondência com os fundamentos que a embasam, fazendo-se mister a transcrição na íntegra:

> Art. 3º A disciplina do uso da internet no Brasil tem os seguintes princípios:
>
> I — garantia da liberdade de expressão, comunicação e manifestação de pensamento, nos termos da Constituição Federal;
>
> II — proteção da privacidade;
>
> III — proteção dos dados pessoais, na forma da lei;
>
> IV — preservação e garantia da neutralidade de rede;
>
> V — preservação da estabilidade, segurança e funcionalidade da rede, por meio de medidas técnicas compatíveis com os padrões internacionais e pelo estímulo ao uso de boas práticas;
>
> VI — responsabilização dos agentes de acordo com suas atividades, nos termos da lei;
>
> VII — preservação da natureza participativa da rede;
>
> VIII — liberdade dos modelos de negócios promovidos na internet, desde que não conflitem com os demais princípios estabelecidos nesta Lei.
>
> Parágrafo único. Os princípios expressos nesta Lei não excluem outros previstos no ordenamento jurídico pátrio relacionados à matéria ou nos tratados internacionais em que a República Federativa do Brasil seja parte.

---

(202) BRASIL. *Código Civil*. Disponível em: <http://www.planalto.gov.br/ccivil_03/_ato2011-2014/2014/lei/l12965.htm>. Acesso em: 20 nov. 2017. Art. 2º A disciplina do uso da internet no Brasil tem como fundamento o respeito à liberdade de expressão, bem como: I — o reconhecimento da escala mundial da rede; II — os direitos humanos, o desenvolvimento da personalidade e o exercício da cidadania em meios digitais; III — a pluralidade e a diversidade; IV — a abertura e a colaboração; V — a livre iniciativa, a livre concorrência e a defesa do consumidor; e VI — a finalidade social da rede.

Inobstante a importância capital de todos os incisos do art. 3º, para efeitos do presente estudo destaque especial para o inciso I, que reverberando valores constantes do art. 5º da Carta Maior, elenca como princípio a garantia da liberdade de expressão, comunicação e manifestação de pensamento.

Nota-se que para o amplo cumprimento de seu escopo, os princípios relacionados pela Lei n. 12.965/2014 podem ser complementados pela legislação nacional mediante diálogo com outras fontes do direito, ou por meio de tratados internacionais ratificados pelo Brasil.

O objeto perseguido pelo legislador, nos termos do art. 4º da Lei n. 12.965/2014, é a promoção do direito de acesso à internet a todos (inciso I); acesso à informação, ao conhecimento e à participação na vida cultural e na condução dos assuntos públicos (inciso II); a inovação e o fomento à ampla divulgação de novas tecnologias e modelos de uso e acesso (inciso III); e a adesão a padrões tecnológicos abertos que permitam a comunicação, acessibilidade e a interoperabilidade entre aplicações e a base de dados (inciso IV).

O escopo da lei, por evidente, deve ser combinado aos seus fundamentos, de modo que se pode dizer que o Marco Civil da Internet tem por objeto a promoção dos itens e direitos elencados no art. 4º, garantidos os direitos relacionados no art. 3º, tendo como alicerce os direitos humanos, o desenvolvimento da personalidade, e o exercício destes direitos em ambiente virtual, em uma sociedade plúrima, diversa e que deve gozar da possibilidade ampla de conexão.

O direito à informação que está disponível na rede consta dos direitos e garantias dos usuários, consoante se extrai da redação do *caput* do art. 7º da Lei n. 12.965/2014, que disciplina que "o acesso à internet é essencial ao exercício da cidadania."

Os incisos do art. 7º do Marco Civil da Internet dispõe acerca de uma série de direitos, destacando-se para fins desta fase da presente pesquisa: inviolabilidade da intimidade e da vida privada, sua proteção e indenização pelo dano material ou moral decorrente de sua violação (inciso I); inviolabilidade e sigilo do fluxo de suas comunicações pela internet, salvo por ordem judicial, na forma da lei (inciso II); inviolabilidade e sigilo de suas comunicações privadas armazenadas, salvo por ordem judicial (inciso III).[203]

---

(203) Art. 7º O acesso à internet é essencial ao exercício da cidadania, e ao usuário são asseguradas os seguintes direitos: I — inviolabilidade da intimidade e da vida privada, sua proteção e indenização pelo dano material ou moral decorrente de sua violação; II — inviolabilidade e sigilo do fluxo de suas comunicações pela internet, salvo por ordem judicial, na forma da lei; III — inviolabilidade e sigilo de suas comunicações privadas armazenadas, salvo por ordem judicial; IV — não suspensão da conexão à internet, salvo por débito diretamente decorrente de sua utilização; V — manutenção da qualidade contratada da conexão à internet; VI — informações claras e completas constantes dos contratos de prestação de serviços, com detalhamento sobre o regime de proteção aos registros de conexão e aos registros de acesso a aplicações de internet, bem como sobre práticas de gerenciamento da

A preocupação do legislador ordinário é tamanha — com razão de ser — que o art. 8º da Lei n. 12.965/2014 torna a tratar da garantia do direito à privacidade e à liberdade de expressão nas comunicações, como condição para o pleno exercício do direito de acesso à internet.[204]

O art. 9º que diz respeito à neutralidade da rede, em seu § 3º volta a tutelar a privacidade na rede, preocupando-se com a preservação dos conteúdos, ao determinar que "na provisão de conexão à internet, onerosa ou gratuita, bem como na transmissão, comutação ou roteamento, é vedado bloquear, monitorar, filtrar ou analisar o conteúdo dos pacotes de dados, respeitado o disposto neste artigo."

Veja-se que a Lei n. 12.965/2014, reverberando valores constitucionais, em sua essência tutela a liberdade da expressão de pensamento, entretanto, inexiste direito absoluto, de modo que no capítulo 6 se fará proposição de conformação desse direito, mediante regramento empresarial, e no capítulo 7 se apresentará proposta de projeto de lei para regrar o tema no que tange à relação empregado/empregador.

3.3. Impacto do Ambiente Virtual

O alimento passa a ser a informação conectada e a participação em todas as discussões. A falta de informação gera angústia, o prato de comida, pois, convive e é substituído por um aparelho móvel que tem o enganoso propósito de alimentar a alma.

---

rede que possam afetar sua qualidade; VII — não fornecimento a terceiros de seus dados pessoais, inclusive registros de conexão, e de acesso a aplicações de internet, salvo mediante consentimento livre, expresso e informado ou nas hipóteses previstas em lei; VIII — informações claras e completas sobre coleta, uso, armazenamento, tratamento e proteção de seus dados pessoais, que somente poderão ser utilizados para finalidades que: a) justifiquem sua coleta; b) não sejam vedadas pela legislação; e c) estejam especificadas nos contratos de prestação de serviços ou em termos de uso de aplicações de internet; IX — consentimento expresso sobre coleta, uso, armazenamento e tratamento de dados pessoais, que deverá ocorrer de forma destacada das demais cláusulas contratuais; X — exclusão definitiva dos dados pessoais que tiver fornecido a determinada aplicação de internet, a seu requerimento, ao término da relação entre as partes, ressalvadas as hipóteses de guarda obrigatória de registros previstas nesta Lei; XI — publicidade e clareza de eventuais políticas de uso dos provedores de conexão à internet e de aplicações de internet; XII — acessibilidade, consideradas as características físico-motoras, perceptivas, sensoriais, intelectuais e mentais do usuário, nos termos da lei; e XIII — aplicação das normas de proteção e defesa do consumidor nas relações de consumo realizadas na internet.
(204) Art. 8º A garantia do direito à privacidade e à liberdade de expressão nas comunicações é condição para o pleno exercício do direito de acesso à internet. Parágrafo único. São nulas de pleno direito as cláusulas contratuais que violem o disposto no *caput*, tais como aquelas que: I — impliquem ofensa à inviolabilidade e ao sigilo das comunicações privadas, pela internet; ou II — em contrato de adesão, não ofereçam como alternativa ao contratante a adoção do foro brasileiro para solução de controvérsias decorrentes de serviços prestados no Brasil.

No entanto, a tecnologia não existe — pelo menos assim será durante um tempo — sem o homem. Logo, não pode o homem ser aprisionado pela tecnologia que lhe permite estar em espaços diversos, compartilhando o mundo físico e o virtual.

Essa tecnologia que, ao invés de servir ao homem, o faz trabalhar mais horas, não permitindo a desconexão das atividades laborais, é chamada por Massimo Marchiori de "la coperta torta":

> "La confortevole coperta del progresso ha portato l'uomo a sconvilarsi dal bello o cattivo tempo, dai problemi dele stagioni e dalla luce del sole, certo, ma ha anche lasciato un lato scoperto: ha fato si che próprio per questo in generale oggi si lavori di più che in passato."[205]

A sociedade conectada está levando a dúvidas sobre a própria identidade, invadindo a privacidade das pessoas, alterando os conceitos de pertencimento, e mesmo de propriedade. Um jovem da geração Z habituado à participação em uma rede social, se sente afetado em seu direito de personalidade se o seu responsável lhe aplica uma reprimenda, tomando-lhe o celular.

As relações se dão com cada vez mais intensidade no ambiente virtual, chegando a parecer que as novas gerações estão esquecendo do mundo físico. O fato é que os mais jovens precisam lutar consigo mesmo para dar atenção a outros seres humanos em conversa presencial, sem descuidar os olhos do sempre aparente aparelho móvel.

Já há um fenômeno denominado *phubbing*, que combina os vocábulos *snubbing* (esnobar) e *phone* (telefone) para a conduta da pessoa que, em meio a uma conversa, saca o celular como se o interlocutor não existisse.

Nesse contexto, é claro que as dificuldades de relacionamento se ampliam, mas, o fato objetivo aqui a ser tratado é a conformação dos interesses da geração que atuará durante a Quarta Revolução Industrial e as regras empresariais, respeitando-se o direito ao lazer e descanso.

Exemplos e números já apresentados nesta pesquisa demonstram o impacto das tecnologias na sociedade atual. A questão é que isso deverá ser potencializado ainda mais, já que nessa fusão de mundos virtual e físico, fica um pouco difícil uma clara separação entre trabalho e lazer.

O avanço das tecnologias ao invés de permitir mais tempo para a vida privada, tem consumido o tempo de lazer e descanso, ou mesmo interrompido, provocando uma conexão constante ao trabalho. "Nosso cérebro, ligado aos ins-

---

(205) MARCHIORI, p. 186. Em tradução livre: A confortável manta de progresso levou o homem a ficar mimado pelo mau tempo, pelos problemas das estações e pela luz do sol, é claro, mas também deixa um lado descoberto: o destino é que, hoje em dia, você trabalha mais do que no passado.

trumentos digitais que nos conectam 24 horas por dia, corre o risco de se tornar uma máquina de movimento perpétuo que requer um frenesi incessante",[206] levando à exaustão.

Mesmo o trabalhador *workaholic*, que deseja de tudo participar, deve ter o momento de livre gozo do descanso e lazer, afinal, o trabalho, ao mesmo tempo que alimenta e dignifica, pode, a contrassenso, também retirar a dignidade do homem, quando se avança sobre aspectos da vida privada e intimidade, privando-o do lazer, descanso e desligamento (ao menos formal) das suas atividades diuturnas de labor.[207]

Diz-se desligamento formal, pois não se olvida da dificuldade de desconexão plena das questões de labor, mesmo nos períodos fora do trabalho. Ou seja, o empregado sai da empresa, mas o trabalho o persegue em casa, na praia, ou aonde for, ao menos em sua mente. Com as novas tecnologias, essa perseguição pode se tornar implacável, fazendo o trabalhador prisioneiro das informações.

> "Releva notar que se a tecnologia proporciona ao homem uma possibilidade quase infinita de se informar e de estar atualizado com seu tempo, de outro lado, é esta mesma tecnologia que, também, escraviza o homem aos meios de informação, vez que o prazer da informação transforma-se em uma necessidade de estar informado, para não perder espaço no mercado de trabalho."[208]

A informação globalizada torna o homem escravo da atualização, requerendo um constante processo de conexão a fim de não perder a informação mais nova, com o escopo de manter-se constantemente por dentro de um novo artigo relevante a ser estudado, um novo livro, ou o mais recente processo de produção.

Vive-se em um mundo acelerado, em que tudo é dinâmico e imediato, gerando um processo vertiginoso de informações e demandas, em que a pessoa está a desenvolver uma atividade já com a mente voltada para o passo seguinte, ou pior, preocupada com o que não está tendo condições de fazer.

Pesquisa do Fórum Econômico Mundial[209] aponta que 82% dos entrevistados acredita que até o ano de 2025 estará disponível no mercado o primeiro telefone celular implantável. Ora, como exercer o direito de desconexão do trabalho com um telefone celular implantado no corpo?

---
(206) SCHWAB, p. 104.
(207) OLIVEIRA NETO, Célio Pereira. *Direito de Desconexão frente às novas tecnologias no âmbito das relações de emprego*. Arquivos do Instituto Brasileiro de Direito Social Cesarino Júnior, v. 39, 2015. p. 79 e ss.
(208) SOUTO MAIOR, Jorge Luiz. *Direito à desconexão do trabalho*. Disponível em: <http://nucleo-trabalhistacalvet.com.br/artigos/Do%20Direito%20%C3%A0%20Desconex%C3%A3o%20do%20Trabalho%20%20Jorge%20 Luiz%20Souto%20Maior.pdf>. Acesso em: 29 abr. 2017.
(209) SCHWAB, p. 115.

Não se está aqui nem a tratar do desejo ou não de a pessoa implantar o dispositivo, partindo do pressuposto de que só o farão os que desejarem, mas, e estes aficcionados por tecnologia e/ou trabalho poderão usufruir do direito de desligamento do trabalho, ou sofrerão as mais diversas interrupções nos seus momentos de lazer e descanso? Imagine-se a invasão do ambiente profissional na vida pessoal e mesmo na intimidade do empregado, independente do escalão.

Como fica a privacidade daquele que se dispuser a implantar um celular no próprio corpo, considerando o risco de invasão por hacker? O pior é que o implante tenderá a se tornar moda, olvidando que um smartphone possui mais tecnologia embarcada do que a primeira nave que levou o homem à lua,[210] expondo os momentos mais íntimos da privacidade daquele que realizar a "aquisição".

O ser humano não é um robô, e a tal não pode ser equiparado. Logo, nunca se pode perder de vista o princípio maior da Constituição Federal de 1988, e que representa a base fundadora de todas as constituições contemporâneas democráticas, representado pelo princípio da dignidade da pessoa humana.

Portanto, seja qual for a condição do empregado — alto escalão, manutenção, ou outro — o fato é que este não poderá estar conectado ao trabalho como se fosse uma máquina, levando o trabalho consigo para onde for. A tecnologia deve servir ao homem, e não escravizá-lo. Não se pode abrir mão do tempo livre.

3.4. Direito de Desconexão

Compreender, gerir e ampliar o grau de informação representa a fundamental característica da sociedade atual, que armazena cada vez mais dados, os gere, e os aumenta exponencialmente. *"La cosa stupenda e terribile allo stesso tempo è che avremo sempre cose nuove da scoprite, da ascoltare, da sapere, da leggere, da inventare, e non avremo mai finito"*.[211] Nesse cenário, fica mais complexo o desligamento do trabalho.

O primeiro fundamento do direito de desconexão, no plano internacional é a **Declaração Universal dos Direitos do Homem**, de 1948, que enuncia, em seu art. 24, "todo ser humano tem direito a repouso e lazer, inclusive à limitação razoável das horas de trabalho e a férias remuneradas periódicas".

A Declaração Universal dos Direitos do Homem[212] possui outras disposições que também emprestam fundamento ao direito de desconexão, de que são

---

(210) Informação veiculada no Programa Domingo Espetacular 60 Minutes, de 7 de agosto de 2016, na Rede SBT.
(211) MARCHIORI, p. 5. Em tradução livre: O maravilhoso ao mesmo tempo é que sempre teremos coisas novas para descobrir, ouvir, saber, ler, inventar e nunca teremos terminado.
(212) BRASIL. UNICEF. Disponível em: <https://www.unicef.org/brazil/pt/resources_10133.htm>. Acesso em: 10 nov. 2017.

exemplos maiores: o art. 25 que, dentre outros, trata do direito ao bem-estar;[213] e o art. 29 que se refere aos deveres do ser humano para com a comunidade, na qual o livre e pleno desenvolvimento da personalidade é possível.[214]

O direito de desconexão nada mais representa do que o direito ao lazer e descanso, em oposição ao trabalho, de forma livre, privada, sem qualquer interferência.[215] Trata-se, pois, do momento em que o empregado desliga-se de suas atividades laborais para dedicar-se ao lazer e descanso, tal como o período do descanso semanal, do gozo dos intervalos, e o pleno exercício do direito de férias.

No **Brasil**, o direito de desconexão não está expressamente positivado. Todavia tal não significa que o direito inexista. Seu fundamento é constitucional, e detém valor de direito fundamental, até porque fundado no direito social ao lazer e descanso.

Tal como visto, a dignidade da pessoa humana prevista pelo art. 1º, inciso III da Carta Maior informa todo o ordenamento jurídico brasileiro, sendo que não se pode pensar em dignidade sem o gozo dos direitos de lazer e descanso, acima de tudo com liberdade.

Ainda no campo constitucional, fundam o direito de desconexão o direito à saúde, vida social, intimidade, privacidade e liberdade. Também o art. 217, § 3º da CF, ao dispor que "o Poder Público incentivará o lazer, como forma de promoção social", e o art. 227 da CF que trata dos direitos da criança, adolescente e jovem, elencando dentre outros, o direito ao lazer.

Visando o resguardo do direito ao descanso, o constituinte expressamente fez constar o direito à jornada diária de 8h e jornada semanal de 44h (art. 7º, XIII), jornada de 6h para o labor em turnos ininterruptos de revezamento (art. 7º, XIV), repouso semanal remunerado (art. 7º, XV), direito ao lazer (art. 6º), e o direito à redução dos riscos inerentes ao trabalho, por meio de normas de saúde, higiene

---

[213] **Art. 25.** 1. Todo ser humano tem direito a um padrão de vida capaz de assegurar a si e à sua família saúde, bem-estar, inclusive alimentação, vestuário, habitação, cuidados médicos e os serviços sociais indispensáveis e direito à segurança em caso de desemprego, doença invalidez, viuvez, velhice ou outros casos de perda dos meios de subsistência em circunstâncias fora de seu controle. 2. A maternidade e a infância têm direito a cuidados e assistência especiais. Todas as crianças, nascidas dentro ou fora do matrimônio, gozarão da mesma proteção social.
[214] **Art. 29.** 1. Todo ser humano tem deveres para com a comunidade, na qual o livre e pleno desenvolvimento de sua personalidade é possível. 2. No exercício de seus direitos e liberdades, todo ser humano estará sujeito apenas às limitações determinadas pela lei, exclusivamente com o fim de assegurar o devido reconhecimento e respeito dos direitos e liberdades de outrem e de satisfazer as justas exigências da moral, da ordem pública e do bem-estar de uma sociedade democrática. 3. Esses direitos e liberdades não podem, em hipótese alguma, ser exercidos contrariamente aos objetivos e princípios das Nações Unidas.
[215] FOGLIA, Sandra Regina Pavani. *Lazer e Trabalho*: um enfoque sob a ótica dos direitos fundamentais. São Paulo: LTr, 2013. p. 101-105.

e segurança (art. 7º, XXIV) — dispositivos estes que devem ser combinados com o princípio da solidariedade (art. 3º, I), que prevê o homem como destinatário da norma.

No campo infraconstitucional, a título geral e exemplificativo, a norma consolidada trabalhista prevê o respeito aos intervalos intrajornada (art. 71), interjornadas (art. 66), o gozo do descanso semanal de 35h (11h de intervalo interjornadas + 24h de descanso remunerado), e as férias remuneradas (art. 142).

Já o direito ao lazer deve ser entendido não só como oposição ao trabalho, mas no sentido de completa libertação das obrigações, a fim de permitir o amplo desenvolvimento da personalidade, em conformidade com o estilo de vida pessoal e social escolhido.[216]

Seu fundamento implícito remonta à busca da felicidade — "pursuit of hapiness" — inspirada na Declaração de Independência dos Estados Unidos da América de 1776, que enuncia: "... **certain unaliebable Rights**, that among these are life, Liberty and the **pursuit of Happiness**".[217]

A exemplo do descanso, o direito ao lazer também está embasado no direito à vida sadia e a liberdade previstos na Carta Maior, acrescendo-se o direito à felicidade, e podendo-se enumerar diversos dispositivos de ordem constitucional.

Com efeito, o direito ao lazer consta expressamente do rol de direitos sociais enunciado pelo art. 6º da Carta Magna. O art. 7º da CF é expresso, ao garantir ao menos em tese, o salário mínimo capaz de atender às necessidades básicas do trabalhador e de sua família, propiciando dentre outros direitos, o direito ao lazer.

Aliás, o direito ao repouso semanal remunerado (art. 7º, XV) tem por escopo permitir o gozo do lazer e descanso, assim como o já mencionado art. 217, § 3º da CF, prevê que o poder público incentivará o lazer. De igual modo, o art. 227 da CF, prevê o direito ao lazer da criança, que não se dissocia, por evidente, do gozo desse direito em companhia de seus pais.

Dentre outras previsões que abarcam o direito ao lazer, no campo constitucional, pode-se citar os direitos à participação em cultos e crenças (art. 5º, VI), à livre expressão intelectual e artística (art. 5º, IX), e a inviolabilidade da casa (art. 5º, XI).

Mas, a exemplo do Brasil, o cenário estrangeiro não é diferente, em regra inexistindo regulamentação a tutelar o direito de desconexão, limitando-se a iniciativas esparsas no campo privado e sindical, ressalvada recente legislação francesa.

---

(216) FOGLIA, p. 101.
(217) Em tradução lvire: Certos direitos são inalienáveis, como aqueles que dizem respeito à vida, à liberdade e à busca da felicidade.

Em Colômbia, a Lei n. 1.221, em seu art. 6º (5) determina que as tarefas repassadas aos trabalhadores deverão ser cumpridas de maneira que se garanta o direito ao descanso de caráter criativo, recreativo e cultural.[218]

O Código do Trabalho de Portugal, em seu art. 170 (1) prevê que o empregador deve respeitar os tempos de descanso e repouso do teletrabalhador.[219]

Na Alemanha, em 2010, a Deutsche Telekom se comprometeu a não solicitar a contínua disponibilidade de seus empregados. Em 2013, o Ministério do Trabalho alemão firmou acordo a fim de respeitar o tempo livre de seus servidores, que só poderiam ser acionados em situações excepcionais.[220]

Em 2014, ainda em terras germânicas, a Volkswagen implementou regras de modo a impor a desconexão de parte de seu quadro de empregados, bloqueando o acesso de e-mails via celular, entre 18h15min e 7h.[221] A medida, ao início, era destinada a 1.000 dos 255.000 empregados do grupo, e três anos após foi ampliada para 5.000 empregados.[222]

Partindo do dado que 12% dos trabalhadores franceses sofrem em razão de esgotamento provocado pelo trabalho, conhecido como síndrome de *burnout*, em 2014 as federações patronais francesas dos setores de engenharia, informática, consultoria e estudos de mercado pactuaram com os principais sindicatos representantes dos trabalhadores acerca do direito de os trabalhadores se desconectarem das ferramentas de comunicação à distância, durante os períodos legalmente previstos para descanso.[223]

Desde o início de 2017, o Código do Trabalho francês determina que toda empresa com mais de 50 empregados, negocie com estes um acordo sobre o direito de desconexão, estabelecendo regras quanto aos horários de encaminhamento, resposta de e-mail, WhatsApp, e outras formas de contato virtual à distância. Caso

---

(218) 5. La asignación de tareas para los teletrabajadores deberá hacerse de manera que se garantice su derecho a contar con un descanso de carácter creativo, recreativo y cultural. COLOMBIA. *Gobierno*. Disponível em: <https://www.mintic.gov.co/portal/604/articles-3703_documento.pdf>. Acesso em: 20 nov. 2017.
(219) Art. 170º Privacidade de trabalhador em regime de teletrabalho 1 — O empregador deve respeitar a privacidade do trabalhador e os tempos de descanso e de repouso da família deste, bem como proporcionar-lhe boas condições de trabalho, tanto do ponto de vista físico como psíquico. PORTUGAL. *Governo*. Disponível em: <http://cite.gov.pt/asstscite/downloads/legislacao/CT25092017.pdf#page=64>. Acesso em: 15 nov. 2017.
(220) BRASIL. *Direito de desconexão*. Disponível em: <https://br.noticias.yahoo.com/direito-%-C3%A0-desconex%C3%A3o-ao-fim-expediente-ganha-for%C3%A7a-185802394.html>. Acesso em: 24 nov. 2017.
(221) BRASIL. Disponível em: <https://brasil.elpais.com/brasil/2017/01/03/economia/1483440318_216051.html>. Acesso em: 16 nov. 2017.
(222) Disponível em: <https://br.noticias.yahoo.com/direito-%C3%A0-desconex%C3%A3o-ao-fim--expediente-ganha-for%C3%A7a-185802394.html>. Acesso em: 24 nov. 2017.
(223) BRASIL. Disponível em: <https://www.publico.pt/2017/01/06/economia/noticia/devemos-ter-o-direito-a-desligar-do-trabalho-governo-abre-debate-1757288>. Acesso em: 24 nov. 2017.

não haja consenso, a própria empresa deverá elaborar um código de boas práticas, estabelecendo a forma de exercício do direito de desconexão.

A legislação francesa confere ampla autonomia negocial às partes, que devem se autorregulamentar. Nesse sentido, a explicação do advogado trabalhista francês Patrick Thiébart: "não há determinações concretas para sua aplicação. Cada empresa deve encontrar as suas próprias soluções."[224]

Em Portugal, no início de 2017, a Santa Casa de Misericórdia do Porto reconheceu o direito de desconexão de seus empregados, ao permitir que estes se mantivessem *off line*, sem responder e-mails ou responder telefonemas fora do horário de trabalho.[225]

O Ministro Vieira da Silva, que responde pelo Ministério do Trabalho e da Segurança Social, ao ser questionado se o direito de desconexão consta da pauta a ser encaminhada à Comissão Permanente de Concertação Social, e a respeito da intenção em alterar a legislação lusitana no particular, respondeu que o tema deve ser ajustado em sede de negociação coletiva.[226]

O trabalhador, independentemente de o regime ser presencial ou à distância, diante dos instrumentos da tecnologia presentes em sua vida, pode ter o seu direito ao lazer e descanso violado por meio de correspondências eletrônicas, redes sociais e outros dispositivos eletrônicos de uso da sociedade da informação.

Como se sabe, em ambiente virtual a tecnologia acompanha o trabalhador durante as férias, tornando complexa a tarefa de se desvencilhar da leitura dos e-mails quando se está com o celular à mão, ou mesmo deixar de se remeter ao trabalho quando navegando nas redes sociais. A própria informação encontrada na rede social, seja de um cliente, seja da empresa, colegas ou o mercado, já tem força suficiente para encaminhar a mente do trabalhador diretamente ao trabalho.

O mundo está em um click, os smartphones, e-mails e outras formas contemporâneas de comunicação estão fazendo com que a sociedade da informação trabalhe mais do que os antepassados, e pior, sem a desconexão com o trabalho, gerando prejuízo direto à saúde, além de diversas patologias modernas, do que a depressão, e especialmente a ansiedade representam formas típicas.

Não se pode permitir que a tecnologia piore a vida do homem, deve ocorrer o contrário. Nesse sentido, a Quarta Revolução Industrial deve vir acompanhada

---

(224) Disponível em: <https://brasil.elpais.com/brasil/2017/01/03/economia/1483440318_216051.html>. Acesso em: 16 nov. 2017.
(225) BRASIL. Disponível em: <http://quartarepublica.blogspot.com.br/2017/02/o-caminho-do-direito-desconexao.html>. Acesso em: 24 nov. 2017.
(226) Disponível em: <https://www.publico.pt/2017/01/06/economia/noticia/devemos-ter-o-direito-a-desligar-do-trabalho-governo-abre-debate-1757288>. Acesso em: 24 nov. 2017.

da evolução do direito visando a preservação dos direitos fundamentais dos trabalhadores.

Dessume-se, pois, que o direito de desconexão não pode ser vilipendiado pelas novas ferramentas comunicacionais que permitem trabalho móvel em qualquer lugar do planeta.

3.5. Dano Existencial

A violação ao direito de desconexão, ou seja, do direito ao lazer e descanso, pode levar ao dano existencial, entendido como tal espécie de dano imaterial que lesiona a vítima, a impossibilitando de executar, dar prosseguimento ou reconstituir o seu projeto de vida, de modo parcial ou totalmente, e a dificuldade de retomar sua vida de relação, comparando-se com a situação anterior.[227]

Trata-se de dano que "abrange todo conhecimento que incide, negativamente, sobre o complexo de afazeres da pessoa, sendo suscetível de repercutir-se, de maneira consistente — temporária ou permanentemente — sobre sua existência".[228]

Os elementos do dano existencial são danos ao projeto de vida, ou danos à vida de relações. Sem que haja violação a um destes direitos não se cogita de dano existencial.

Quanto ao projeto de vida, a lesão não pode ter sido causada pela escolha do trabalhador, mas sim atingir a própria liberdade de alternativas, voltada à sua autorrealização.[229] Trata-se de alterações substanciais, injustas e arbitrárias que o impedem de manter, ou retomar, o curso de vida escolhido, privando-o de suas aspirações e vocações, provocando frustração.

Diante da lesão ao projeto de vida, a pessoa é obrigada a conformar-se, sofrendo frustração na dimensão familiar, afetiva, sexual, profissional, artística, desportiva, educacional, religiosa, dentre outras.

Já os elementos que compõe danos à vida de relações são representados, como o próprio nome pronuncia, pelos prejuízos nos relacionamentos, privando o lesado do convívio e das experiências humanas, impedindo-o de compartilhar pensamentos, sentimentos, emoções, ou mesmo discutir ideologias e opiniões.[230]

---

(227) OLIVEIRA NETO, Célio Pereira. *Direito de desconexão frente as novas tecnologias no âmbito das relações de emprego*. Arquivos do Instituto Brasileiro de Direito Social Cesarino Junior. V. 39, 2015. p. 79-84.
(228) SOARES, Flaviana Rampazzo. *Responsabilidade civil por dano existencial*. Porto Alegre: Livraria do Advogado, 2009. p. 44.
(229) ALMEIDA NETO, Amaro Alves de. Dano existencial: a tutela da dignidade da pessoa humana. *Revista dos Tribunais*, São Paulo, v. 6, n. 24, p. 48, out./dez. 2005.
(230) OLIVEIRA NETO, Célio Pereira. *Direito de desconexão frente as novas tecnologias no âmbito das relações de emprego*. Arquivos do Instituto Brasileiro de Direito Social Cesarino Junior. V. 39, 2015. p. 79 e ss.

Há impedimento quanto à realização de hábitos e comportamentos, privação de participação em atividades culturais, religiosas, desportivas, recreativas, dentre outras, ocorrendo dano em dimensão familiar, profissional ou social.

A necessidade de interação humana é salutar, sem o que não se cogita de vida de relação ou projeto de vida, haja vista que o ser humano, por sua natureza, só se realiza em sociedade.

Destarte, o dano existencial decorre da violação ao projeto de vida ou à vida de relações, em razão de abusiva privação, portanto involuntária, que usurpa a felicidade ou a paz de espírito do lesado. A violação possui caráter não patrimonial e independe de lesão física ou psíquica.

Embora tenha a mesma natureza extrapatrimonial do dano moral, com este não se confunde. Com efeito, enquanto o dano existencial se dá no exterior da pessoa, na sua vida de relações ou projeto de vida, o dano moral se dá no íntimo de cada indivíduo.[231] A constatação do dano moral é de dimensão subjetiva, pressuposta, ao passo que o dano existencial se consta de modo objetivo, porque "os elementos que o constituem são plenamente factíveis e adequados à realidade, mormente se a compreensão for feita à luz dos ideais constitucionais."[232]

O dano existencial tem origem na privação de fazer, decorrente de renúncia involuntária, que impede a pessoa de agir de outra forma, ocorrendo o dano em ambiente externo ao labor, causado pela ausência de gozo do direito ao lazer e descanso, como oposição ao trabalho.

Antes de chegar à esfera trabalhista, o dano existencial foi reconhecido no âmbito penal, decorrente de precedentes de cortes internacionais. Caso marcante foi Cantoral Benavides *vs* Peru,[233] em que Luis Alberto Cantoral Benevides foi preso aos 20 anos de idade, confundido com o seu irmão procurado pela polícia antiterrorista. O acusado ficou quatro anos encarcerado, de forma ilegal, quando ainda estudante de biologia, sofrendo abuso físico e psicológico, o que lhe ocasionou problema psiquiátrico, levando-o a refugiar-se no Brasil após a soltura.

Outra questão foi julgada na Corte de Apelação de Gênova, que analisou o caso de Daniele Barillà,[234] acusado de tráfico de drogas, ficando 7 anos

---

(231) OLIVEIRA NETO, Célio Pereira. *Direito de desconexão frente as novas tecnologias no âmbito das relações de emprego*. Arquivos do Instituto Brasileiro de Direito Social Cesarino Junior. V. 39, 2015. p. 79 e ss.
(232) MIKOS, Nádia Regina de Carvalho. *Desjudicialização do dano extrapatrimonial laboral*. Curitiba: Juruá, 2018.
(233) Disponível em: <http://www.corteidh.or.cr/docs/casos/articulos/Seriec_69_esp.pdf>. Acesso em: 20 jul. 2017.
(234) ITALIA, La Repubblica. *Archivio*. Brasillà, um inocente in cárcere la sua storia diventa uma fiction. Disponível em: <http://ricerca.repubblica.it/repubblica/archivio/repubblica/2005/02/18/barilla-un-innocente-in-carcere-la-sua.html>. Acesso em: 20 jul. 2017.

injustamente preso, sendo privado do convívio da família e da noiva, renunciando aos hábitos que tinha na vida, sofrendo privações e preconceito como suposto traficante de drogas.

No campo juslaboral, o dano existencial:

> [...] "decorre da conduta patronal que impossibilita o empregado de se relacionar e de conviver em sociedade por meio de atividades recreativas, afetivas, espirituais, culturais, esportivas, sociais e de descanso, que lhe trarão bem estar físico e psíquico e, por consequência, felicidade; ou que impede de executar, de prosseguir ou mesmo recomeçar os seus projetos de vida, que serão, por sua vez, responsáveis pelo seu crescimento ou realização profissional, social e pessoal".[235]

Tal se dá mediante imposição de volume excessivo de trabalho ao empregado (jornadas extenuantes) que o impossibilita de ter uma vida social, familiar, afetiva, recreativa, o privando de seus projetos de vida nas esferas pessoal, profissional e social. Não é qualquer jornada, mas aquela suficiente para gerar uma lesão de monta ao lazer ou substancial ao direito de descanso.

Assim, a prestação de horas extras, ainda que habitual, não tem o condão de gerar o dano existencial, se não atingido o projeto de vida ou a vida de relações. Nesse sentido a jurisprudência se posiciona.[236]

Surge, no entanto, o direito ao dano existencial, quando a jornada cumprida se revela sequencialmente extensa a ponto de não permitir ao trabalhador outra vida além da laboral, tal como no cumprimento de jornada de 2ª à 6ª feira, das 7h30min às 20h, com 40min de intervalo.[237]

---

(235) BOUCINHAS FILHO, Jorge Cavalcanti. *O Dano Existencial e o Direito do Trabalho*. Disponível em: <http://www.lex.com.br/doutrina_24160224_O_DANO_EXISTENCIAL_E_O_DIREITO_DO>. Acesso em: 29 abr. 2017.
(236) DANO EXISTENCIAL — LABOR EM HORAS EXTRAS — AUSÊNCIA DOS REQUISITOS — INDENIZAÇÃO INDEVIDA — "Indenização. Danos existenciais. Labor em horas extras. Não caracterização. O dano existencial é espécie de dano imaterial, que, como o próprio nome sugere, refere-se ao impacto gerado pelo ato ou omissão que provoca um vazio existencial no indivíduo pela perda do sentido da vida. Nessa espécie de dano, sua existência não se apresenta como dano in re ipsa, devendo haver comprovação do dano alegado. Ademais, o não cumprimento da legislação trabalhista decorrente da prestação de jornada extraordinária enseja tão somente o pagamento da verba, não repercutindo em ofensa à honra, à imagem ou à sua dignidade profissional asseguradas pelos incisos V e X do art. 5º da Constituição Federal, capaz de justificar a condenação do empregador ao pagamento da indenização por dano existencial. Recurso não provido." (TRT 24ª R. — RO 575-88.2012.5.24.0003 — Rel. Des. Ricardo G. M. Zandona — DJe 27.11.2012 — p. 22)
(237) DANOS EXISTENCIAIS. JORNADA EXTENUANTE. DEVER DE INDENIZAR. ARBITRAMENTO DO VALOR. Para que se caracterize o dano existencial, o ato ilícito deve implicar prejuízos ao projeto de vida ou à vida de relações da vítima. Dois aspectos fundamentais devem ser considerados: primeiro, quando a pessoa tem inviabilizada a possibilidade de realizar seus projetos de vida, de desenvolver suas aspirações e vocações em diversas áreas quanto ao desenvolvimento pessoal, profissional e social, quando a liberdade de escolha para direcionar suas ações encontra-se tolhida e a vítima tem

Caracteriza-se quando o empregado passa quase o tempo todo dedicado ao trabalho, sem tempo livre. Caso típico de dano existencial decorre de jornada de 12h por dia, de 2ª à sábado, inclusive feriados, e três dias da semana jornada de 14h, sempre com 30min de intervalo.[238]

Tal como exposto, no entanto, a renúncia deve ser involuntária, de sorte que vale observar decisão que indeferiu pleito de executiva que escolheu a ascensão profissional e o conforto financeiro ao invés do direito ao lazer e descanso.[239]

---

impedida a sua autorrealização, o que gera frustrações; e segundo, quando as relações interpessoais da vítima são atingidas e ela se vê impedida de se relacionar em diversos ambientes e contextos, notadamente o convívio social e familiar, seja em atividades culturais, espirituais, recreativas, afetivas, esportivas, o que afeta sua vida pública e íntima, causa isolamento social e obsta que se desenvolva de forma socialmente saudável. Ao se reconhecer o cumprimento de jornada extenuante de forma contínua (a exemplo da reconhecida em juízo, "de segunda à sexta-feira das 7h30 às 20h00, já computado o tempo gasto nas atividades desenvolvidas em casa, com 40 minutos de intervalo intra-jornada) é imperativo reconhecer, também, que o empregador impõe ao trabalhador ônus excessivo o de prestar trabalho além dos limites de suportabilidade humana e de suas horas extras permitido em lei. A conduta do empregador, nessas condições, implica impor condição indigna de vida ao trabalhador e provocar dano existencial por ter inviabilizado projetos de vida e atingido a vida de relações deste. Há danos imateriais, tanto morais em sentido estrito, como existenciais, o que implica o dever de indenizar. A gravidade do dano, o tempo que perdurou a ofensa, o grau de comprometimento à vítima e a condição econômica do empregador devem ser considerados no valor a ser arbitrado. Provimento que se dá ao recurso da autora para deferir indenização por danos existenciais. (TRT-PR-15204-2014-012-09-00-0-ACO-05286-2017. 2ª Turma. Relatora: Marlene Teresinha Fuverki Suguimatsu. Publicado no DET em 21.02.2017)

(238) JORNADAS DE TRABALHO EXAUSTIVAS — DANO EXISTENCIAL — INDENIZAÇÃO — A realização pelo empregado, por longos períodos, de jornadas de trabalho exaustivas acarreta limitações em relação à sua vida fora do ambiente de trabalho e viola direitos fundamentais, configurando o chamado dano existencial. Hipótese em que restou reconhecida a unicidade do contrato de emprego mantido entre o reclamante e a primeira reclamada no período de 02.07.2001 a 19.12.2010, tendo sido também confirmada a decisão de primeiro grau que acolheu a jornada de trabalho apontada na petição inicial: de segunda-feira a sábado, inclusive em feriados, das 6h às 18h, e até as 20h em três dias da semana — Segunda, quarta e sexta-feira — , sempre com 30 minutos de intervalo. Sentença mantida no aspecto. (TRT 04ª R. — RO 0000620-36.2011.5.04.0019 — 5ª T. — Relª Juíza Conv. Brígida Joaquina Charão Barcelos Toschi — DJe 13.12.2013)v105.

(239) DANO EXISTENCIAL — ASCENSÃO PROFISSIONAL — AUSÊNCIA DE CONSTRANGIMENTO — INDENIZAÇÃO INDEVIDA — "Indenização por danos existenciais. Caso em que resta inviável o deferimento de indenização por danos existenciais à reclamante, já que ela teve ascensão profissional na empresa em que laborava. Na análise do contexto de projeto de vida da autora, deve ser levada em consideração não só a redução do tempo destinado ao lazer e ao convívio social que a demandante teve, mas também a ascensão profissional pela qual ela passou. **A realização profissional também integra o projeto de vida de quem vive do trabalho**. Ocorre que, em muitas vezes, **a escolha por um projeto acaba relativizando a realização de outros**. No caso, a reclamada não pode ser responsabilizada por esta relativização, já que a reclamante não foi obrigada, nem coagida a exercer função de confiança. Indenização por dano moral. Assédio moral. Caso em que o contexto da prova documental e testemunhal produzida evidencia que a reclamante foi vítima de agressão verbal praticada por superior hierárquico, em um contexto de cobrança excessiva por metas, conduta que afronta os arts. 1º, III e IV, 5º, III e X, e 170, todos da Constituição Federal." (TRT 04ª R. — RO 0001137-87.2010.5.04.0015 — 7ª T. — Rel. Des. Marcelo Gonçalves de Oliveira — DJe 19.07.2012).

O dano existencial não se presume, estando sujeito à demonstração da existência do abalo concreto ao projeto de vida e à vida de relações, tal como a prova da impossibilidade de convívio com a família e com os amigos.[240]

A realização de horas extras, pois, acima do limite máximo permitido ou outras violações de direitos de lazer e descanso não representa, por si só o reconhecimento do dano. Necessária, pois, a prova do ato ilícito do empregador, do dano efetivo, e do nexo de causalidade.[241]

O dano existencial encontrou a sua positivação, ainda que tímida no direito brasileiro, por força da Lei n. 13.467/2017, que inseriu a letra "B" na redação do art. 223 da CLT, com a seguinte redação:

> Art. 223-B. Causa dano de natureza extrapatrimonial a ação ou omissão que ofenda a esfera moral ou existencial da pessoa física ou jurídica, as quais são as titulares exclusivas do direito à reparação.

Em sendo cabível o direito à indenização por dano existencial, duas poderão ser as posições do julgador. Uma é a aplicação do recém criado título II-A, arts. 223-A a 223-G da CLT, fruto da Lei n. 13.467/2017, que prevê o tabelamento do dano extrapatrimonial, em valores que variam de 3 vezes a 50 vezes o último salário contratual do empregado[242], podendo chegar ao dobro em caso reincidência[243] das mesmas partes; a outra é a declaração incidental de inconstitucionalidade da nova lei por violação ao princípio da dignidade da pessoa humana, vez que a pessoa não pode ter os seus valores tarifados, devendo o juiz avaliar as circunstâncias de cada caso para aplicar a indenização que entender justificável à espécie.

---

(240) OLIVEIRA NETO, Célio Pereira. *Instituto...*, p. 79 e ss.
(241) DANO EXISTENCIAL — LABOR EM HORAS EXTRAS — AUSÊNCIA DOS REQUISITOS — INDENIZAÇÃO INDEVIDA — "Indenização. Danos existenciais. Labor em horas extras. Não caracterização. O dano existencial é espécie de dano imaterial, que, como o próprio nome sugere, refere-se ao impacto gerado pelo ato ou omissão que provoca um vazio existencial no indivíduo pela perda do sentido da vida. Nessa espécie de dano, sua existência não se apresenta como dano in re ipsa, devendo haver comprovação do dano alegado. Ademais, o não cumprimento da legislação trabalhista decorrente da prestação de jornada extraordinária enseja tão somente o pagamento da verba, não repercutindo em ofensa à honra, à imagem ou à sua dignidade profissional asseguradas pelos incisos V e X do art. 5º da Constituição Federal, capaz de justificar a condenação do empregador ao pagamento da indenização por dano existencial. Recurso não provido." (TRT 24ª R. — RO 57588.2012.5.24.0003 — Rel. Des. Ricardo G. M. Zandona — DJe 27.11.2012 — p. 22)
(242) Art. 223-G, § 1º. Se julgar procedente o pedido, o juízo fixará a indenização a ser paga, a cada um dos ofendidos, em um dos seguintes parâmetros, vedada a acumulação: I — ofensa de natureza leve, até três vezes o último salário contratual do ofendido; II — ofensa de natureza média, até cinco vezes o último salário contratual do ofendido; III — ofensa de natureza grave, até vinte vezes o último salário contratual do ofendido; IV — ofensa de natureza gravíssima, até cinquenta vezes o último salário contratual do ofendido.
(243) Art. 223-G, § 3º. Na reincidência entre partes idênticas, o juiz poderá elevar ao dobro o valor da indenização.

4. TELETRABALHO

Tele significa distância, de modo que a tradução literal é trabalho à distância. No Brasil, também costumeiramente é utilizada a denominação *home office*, que não é necessariamente teletrabalho.

Teletrabalho até pode se misturar com o conceito mais moderno de *home office*, desde que o domicílio seja o local escolhido para prestar o labor a ser entregue mediante uso de equipamentos de informática e comunicação (telemática).

Ou seja, o teletrabalho é sempre prestado à distância, de modo que o *home office* só é enquadrado no teletrabalho quando entregue mediante o uso da temática.

O trabalho em domicílio,[244] em sua nomenclatura, sem o título americanizado, historicamente remete ao trabalho manufatureiro, tendo como exemplo clássico a atividade das costureiras em prol da indústria têxtil, principalmente no curso da Segunda Revolução Industrial, ao passo que o *home office* passa a ideia de um trabalho mais intelectualizado.

Contudo, por evidente que o trabalho em domicílio, quando prestado mediante o uso de recursos informáticos e de comunicação se configura como teletrabalho. Nos ensinamentos de Mauricio Godinho Delgado:[245]

> [...] 1) o tradicional trabalho no domicílio, há tempos existente na vida social, sendo comum a certos segmentos profissionais, como as costureiras, as cerzideiras, os trabalhadores no setor de calçados, as doceiras etc.; b.2) o novo trabalho no domicílio, chamado home-office, à base da informática, dos novos meios de comunicação e de equipamentos convergentes; b.3) o teletrabalho, que pode se jungir ao home-office, mas pode também se concretizar em distintos locais de

---

(244) Por trabalho em domicílio, segundo o art. 1º, item "a", da Convenção n. 177 da OIT, entenda-se aquele realizado por uma pessoa em seu domicílio ou em outros locais de sua escolha, que, em troca de remuneração, elabora um produto ou presta um serviço, conforme as especificações do empregador, independentemente de quem proporcione material, equipamentos ou outros elementos necessários para esse trabalho, a menos que essa pessoa tenha grau de autonomia e independência necessários para ser considerado autônomo, dada a legislação nacional ou decisões judiciais. Tal convenção não foi ratificada pelo Brasil, de sorte que não tem efeito vinculativo, servindo como mero subsídio de aplicação.
(245) DELGADO, Mauricio Godinho. *Curso de Direito do Trabalho*. 16. ed. São Paulo: LTr, 2017. p. 1023.

utilização dos equipamentos eletrônicos hoje consagrados (informática, internet, telefonia celular etc.).

Com menor frequência, utiliza-se do vocábulo trabalho remoto, ou mesmo trabalho em ambiente virtual, sendo este último mais amplo abarcando todas as atividades realizadas em ciberespaço.

4.1. Aspectos Conceituais

O teletrabalho pode ser conceituado como trabalho prestado, ao menos em parte à distância, fora da sede da organização empresarial, mediante o uso da telemática, com flexibilidade de jornada, e ausência de fiscalização direta, empoderando o teletrabalhador diante da auto-organização e autonomia de gestão do tempo, e em certa medida de suas atividades.

Jack Nilles conceitua o teletrabalho como:

> "Qualquer forma de substituição de deslocamentos relacionados com a atividade econômica por tecnologias da informação, ou a possibilidade de enviar o trabalho ao trabalhador, no lugar de enviar o trabalhador ao trabalho".[246]

Para Domenico de Masi, trata-se de:

> [...] "um trabalho realizado longe dos escritórios empresariais e dos colegas de trabalho, com comunicação independente com a sede central do trabalho e com outras sedes, através de um uso intensivo das tecnologias da comunicação e da informação, mas que não são necessariamente sempre de natureza informática".[247]

Essa modalidade se diferencia, pois, do trabalho prestado no âmbito interno da empresa, especialmente pela inexistência de controle físico e contato direto, pessoal e contínuo com o empregador, implicando na adoção de jornada e horários flexíveis.[248]

As inovações tecnológicas podem estar levando o trabalho de volta aos lares, ou a outros pontos descentralizados da sede da empresa. Exemplo disso é que:

> [...] "muitos dos velhos prédios de bolsa de valores — como o Palais de la Bourse, em Paris — literalmente tornaram-se museus. A Bolsa de Valores de Nova York ainda tem uma atividade fervilhante até a hora

---

(246) NILLES, Jack M. *Fazendo do Teletrabalho uma realidade*. São Paulo: Futura, 1997. p. 15.
(247) DE MASI, p. 204.
(248) OLIVEIRA NETO, Célio Pereira. *Direito de desconexão frente as novas tecnologias no âmbito das relações de emprego*. Arquivos do Instituto Brasileiro de Direito Social Cesarino Junior, n. 39, 2015. p. 79 e ss.

do fechamento, mas o ciberespaço furtivamente substituiu a Wall Street como a nova capital do capital."[249]

Nos dizeres de Domenico de Masi:

> [...] "estamos às vésperas de uma revolução nova e, igualmente drástica: a da reorganização informática, graças ao teletrabalho e ao comércio eletrônico, que trarão de volta o trabalho para dentro dos lares e, assim, nos obrigarão a rever toda a organização prática da nossa existência."[250]

A partir do momento em que o trabalho está na nuvem, podendo ser acessado de qualquer lugar, não há necessidade de deslocamento para a sede da empresa a fim de executar as atividades, nem o mesmo controle rígido que marcou as anteriores revoluções industriais.

A OIT conceitua teletrabalho como *"forma de trabalho efetuada em lugar distante do escritório central e/ou do centro de produção, que permita a separação física e que implique o uso de uma nova tecnologia facilitadora da comunicação."*[251]

Já a Fundação Europeia para a Melhoria das Condições de Vida e de Trabalho define o teletrabalho como:

> [...] qualquer forma de trabalho desenvolvida por conta de um empresário ou de um cliente, por um trabalhador dependente, um trabalhador autônomo ou um trabalhador em domicílio, efetuada regularmente e durante uma parte importante do tempo de trabalho de um ou mais lugares distintos do ponto de trabalho tradicional, utilizando tecnologia de informática e/ou telecomunicações."[252]

O direito lusitano trata da conceituação do teletrabalho, nos termos do art. 165 do Código do Trabalho.

> "Considera-se teletrabalho a prestação laboral realizada com subordinação jurídica, habitualmente fora da empresa e através do recurso a tecnologias de informação e de comunicação."[253]

---

(249) SILVA TOSE, Marilia de Gonzaga Lima e. *Teletrabalho*: a prática do trabalho e a organização subjetiva dos seus agentes. Tese de Doutorado apresentada à Pontifícia Universidade Católica de São Paulo, 2005.
(250) DE MASI, p. 62.
(251) BRASIL. *Organização Internacional do Trabalho*. Disponível em: <www.ilo.org>. Acesso em: 20 nov. 2017.
(252) Veja-se, desde logo, que o teletrabalho pode ser realizado por empregado, autônomo, ou empresário, o que o caracteriza é a realização à distância, por meio da telemática.
(253) PORTUGAL. *Código do Trabalho*. Disponível em: <http://cite.gov.pt/asstscite/downloads/legislacao/CT25092017.pdf#page=64>. Acesso em: 15 nov. 2017.

Na Itália, o teletrabalho está conceituado na Lei n. 191, relativa aos serviços na administração pública.

> "Prestação de trabalho, realizada por trabalhador de um lugar considerado idôneo, localizado fora da empresa, onde a prestação seja tecnicamente possível, e com o suporte de uma tecnologia da informação e da comunicação que permita a união com a administração que depender".

Em França, o teletrabalho encontra a sua definição no art. 1.222-9, do Código do Trabalho.

> "Toda forma de organização do trabalho em que o trabalho que também poderia ter sido realizado nas instalações do empregador, é desempenhado por um empregado fora dessas instalações de forma regular e voluntária, utilizando tecnologias de informação e comunicação, no âmbito de um contrato de trabalho ou relativo a este."[254]

A Colômbia, por meio do art. 2º da Lei n. 1.221, de 2008, define teletrabalho como

> "... uma forma de organização laboral, que consiste no desempenho de atividades remuneradas ou prestação de serviços a terceiros utilizando como suporte as tecnologias da informação e a comunicação — TIC para o contato entre o trabalhador e a empresa, sem a necessidade da presença física do trabalhador na sede da empresa."[255]

Nos Estados Unidos da América, conhecido como telework, surgiu a partir da crise do petróleo. Após uma breve queda no índice de sua utilização, a edição do *Clean Air Act* (em 1994) não obrigou as empresas a incrementarem o sistema de teletrabalho, mas recomendou a diminuição da circulação dos carros, incentivando a utilização do teletrabalho como alternativa para atingimento das metas estabelecidas na medida.[256]

---

[254] *Article L-1222-9 du code de travail:* Toute forme d'organisation du travail dans laquelle un travail qui aurait également pu être exécuté dans les locaux de l'employeur est effectué par un salarié hors de ces locaux de façon régulière et volontaire en utilisant les technologies de l'information et de la communication dans le cadre d'un contrat de travail ou d'un avenant à celui-ci. FRANÇA. Disponível em: <https://www.entreprises.cci-paris-idf.fr/web/reglementation/developpement-entreprise/droit-social/le-teletravail>. Acesso em: 24 nov. 2017.

[255] *Teletrabajo. Es una forma de organización laboral, que consiste en el desempeño de actividades remuneradas o prestación de servicios a terceros utilizando como soporte las tecnologías de la información y la comunicación — TIC para el contacto entre el trabajador y la empresa, sin requerirse la presencia física del trabajador en un sitio específico de trabajo.* Disponível em: <https://www.mintic.gov.co/portal/604/articles-3703_documento.pdf>.

[256] JARDIM, Carla Carrara da Silva. *O teletrabalho e suas atuais modalidades*. São Paulo: LTr, Biblioteca Digital, 2004. p. 33.

No Brasil, o teletrabalho está conceituado no art. 75-B da CLT, fruto da Lei n. 13.467/2017, conhecida como Reforma Trabalhista,[257] nos seguintes termos: "Considera-se teletrabalho a prestação de serviços preponderantemente fora das dependências do empregador, com a utilização de tecnologias de informação e comunicação que, por sua natureza, não se constituam como trabalho externo."

Rotineiramente, o teletrabalho é prestado mediante o uso de internet e/ou telefone, tal como expressamente previsto no Código do Trabalho francês, embora possam ser utilizadas outras tecnologias, desde que se enquadrem no conceito de trabalho à distância entregue por meio da telemática.

Cabe, pois, ser oferecido a partir de diversos locais, dentre os quais merecem destaque: a) domicílio; b) telecentros públicos ou privados; c) oficinais satélites; d) móvel, onde se enquadram, *v. g.*, hotéis, aeroportos, ônibus,[258] aviões, trens, clientes; e) nômade, representado pela maior parte do tempo fora da empresa; f) misto, onde coexiste a combinação de dois ou mais métodos.

Na recém editada legislação trabalhista brasileira que disciplina a matéria, não se considera regime de teletrabalho quando em organização descentralizada montada e gerida pelo empregador, nem em atividade externa, assim como na hipótese de regime misto, consoante bem se poderá observar no item 4.3 relativo ao enquadramento legal.

4.2. Origem e Desenvolvimento

A origem remota do teletrabalho aponta para o ano de 1857, quando a empresa *Pennsylvania Railroad Company*, proprietária da estrada de ferro *Pennsylvania Railroad* geriu equipes de trabalho à distância, fazendo uso do sistema de telégrafo. Tem-se notícia ainda que no ano de 1950, um arquiteto, a partir da Europa, supervisionou a construção de imóvel nos Estados Unidos, mediante o uso do aparelho de fac-símile.[259]

A ideia de trazer o trabalho para casa, ao invés de o trabalhador deslocar-se para o trabalho ganhou força somente com a crise do petróleo em 1970. Jack Niles, apontado como o pai do teletrabalho, foi bastante influente com a sua obra "Fazendo do teletrabalho uma realidade".

---

(257) BRASIL. *Lei n. 13.467/2017*. Altera a Consolidação das Leis do Trabalho (CLT), aprovada pelo Decreto-Lei n. 5.452, de 1º de maio de 1943, e as Leis ns. 6.019, de 3 de janeiro de 1974, 8.036, de 11 de maio de 1990, e 8.212, de 24 de julho de 1991, a fim de adequar a legislação às novas relações de trabalho.
(258) Domenico de Masi dá o exemplo de ônibus de equipe de políticos durante a disputa eleitoral. In: DE MASI, p. 221.
(259) PINEL, M. Fatima de L. *Teletrabalhador*. Disponível em: <http://www.teletrabalhador.com/origem.html>. Acesso em: 15 nov. 2017.

Na década de 1980, ao tratar da mudança do local de trabalho da fábrica ou escritório para os lares, Alvin Toffer apresentou uma série de objeções que teriam de ser enfrentadas, tais como:

> [...] as pessoas não gostam de trabalhar em casa, mesmo que pudessem. Vejam todas as mulheres que lutam para sair de casa e ir para um emprego! "Como se pode fazer qualquer trabalho com crianças correndo em redor da gente? As pessoas não ficarão motivadas se não houver um chefe a vigiá-las. As pessoas precisam de contato face a face uns com os outros, para desenvolverem a segurança e a confiança necessárias para trabalharem juntas. A arquitetura da casa mediana não oferece condições para uso".[260]

Na mesma década de 1980, com as novas tecnologias da época, o gerente industrial Dar Howard, já havia estimado que a grande fábrica da Hewlett Packard, de Colorado Springs, poderia ter de 35% a 50% da sua força de trabalho atuando em casa.[261]

Desde então, de modo crescente, o uso das novas tecnologias de telemática proporcionaram diversificação do lugar de trabalho, mediante descentralização produtiva e novas formas de trabalhos atípicos, dos quais é exemplo a contratação de trabalhadores de partes longínquas do mundo para a realização e entrega da atividade em tempo real, tal como nas contratações de indianos da área de tecnologia por empresas americanas e de outras partes do mundo.

O teletrabalho permite também o manejo do fuso horário como aliado da produção e fator competitivo, de que é exemplo a contratação de profissionais de talento no Soho de Londres, na pós-produção de vídeos e filmes sediados em Hollywood. Isso porque, em razão do fuso de 9h, ao final de um dia de trabalho de filmagens, as cenas são encaminhadas para Londres, aonde os experts trabalham em seus lares à luz do dia, enquanto Los Angeles dorme. Ao iniciar o novo dia de trabalho, Hollywood já tem o material do dia anterior editado.[262]

Nota-se, pois, que se o capital pode vagar livre e migrar em um clique, o trabalho também não precisa fixar-se. Por meio da telemática, o trabalho pode igualmente viajar e viver ignorando as fronteiras da distância, desestruturando os conceitos de tempo e espaço.

Modelo clássico de teletrabalho, e que faz parte do cotidiano da sociedade já fazem largos anos, é o prestado por correspondentes de jornais e revistas em diferentes locais do mundo, especialmente nas principais capitais e metrópoles.

---

(260) TOFFLER, p. 200.
(261) TOFFLER, p. 201.
(262) MITCHELL, p. 162-163.

Nos Estados Unidos da América — berço do teletrabalho — em 1990 havia 3 milhões de teletrabalhadores. Esse número subiu para 10 milhões em 1997, ganhando ainda forte impulso após 11 de setembro de 2001. No dia seguinte aos atestados, grande parte das empresas já estavam atendendo aos seus clientes, por meio da instituição do regime de teletrabalho.

Atualmente, nos estados norte-americanos, estima-se que mais de 70 milhões de pessoas trabalhem ao menos uma parte do tempo em regime de teletrabalho, com índice de crescimento significativo em poucos anos, de 39% em 2013 para 43% em 2016.[263]

A multinacional AT&T indicou que possui 35.000 teletrabalhadores, ao passo que a IBM italiana transformou 3.500 de seus postos em trabalho à distância por meio da telemática.[264]

Segundo a Associação Brasileira de Recursos Humanos, Seção Rio de Janeiro (ABRH/RJ), até o final do ano de 2000, 15% da força de trabalho nacional estaria laborando em regime de teletrabalho. De acordo com estimativa da Sociedade Brasileira de Teletrabalho e Teleatividades (SOBRATT), em 2008 o número de teletrabalhadores no Brasil deve ter atingido a casa dos 10.600.000, tendo-se atualmente 15 milhões de teletrabalhadores.[265]

Em maio de 2016, a SOBRATT divulgou pesquisa que revelou que 68% das empresas já praticam alguma modalidade de teletrabalho no Brasil.[266] Das que praticam o *home office*, entendido como tal o trabalho à distância por meio da telemática, a maior parte está nos setores de serviços e indústria de transformação assim como no setor de tecnologia da informação e telecom. Parte menor ainda se divide nas atividades química, petroquímica e agroquímica, nos setores de serviços de suporte e provimento, bens de consumo e nas atividades de máquinas/ equipamentos e automação.[267]

4.3. Enquadramento Legal

Teletrabalhador é aquele que exerce o trabalho à distância com o uso prevalente das ferramentas da telemática. Com as informações até aqui passadas,

---

(263) ESTADOS UNIDOS DA AMÉRICA. *5 Reasons remote work is most definitelt on the rise*. Disponível em: <https://www.flexjobs.com/blog/post/reasons-remote-work-is-not-in-decline/>. Acesso em: 20 jul. 2017.
(264) DE MASI, p. 197.
(265) BRASIL. *Sociedade Brasileira de Teletrabalho* — SOBRATT. Disponível em: <http://www.sobratt.org.br/index.php/15032017-pl-678716-reforma-trabalhista-brasilia-df/>. Acesso em: 20 nov. 2017.
(266) BRASIL. *Sociedade Brasileira de Teletrabalho*. — SOBRATT. Disponível em: <http://www.sobratt.org.br/site2015/wp-content/uploads/2016/05/Estudo_Home Office_Consolidado_2016.pdf>. Acesso em: 24 ago. 2017.
(267) BRASIL. SOBRATT.

já é possível traçar as primeiras linhas para o enquadramento do teletrabalhador, na condição de empresário, autônomo e empregado.

O **teletrabalhador empresário** detém a propriedade dos meios telemáticos, assim como dos demais instrumentos e meios utilizados na execução dos trabalhos, além de gozar do poder ilimitado de auto-organização e assunção integral dos riscos do negócio. A prestação do serviço é realizada por si ou por meio de seus empregados, parceiros ou colaboradores, à sua livre escolha e gerência.

O **teletrabalhador autônomo** realiza as atividades de modo pessoal, embora com autonomia. Pode servir a vários tomadores, utilizando-se de *software* próprio, não estando sujeito à fiscalização do *modus operandi*, mas somente a entrega do resultado final ou etapas contratadas.

Em regra, o autônomo elege o programa com o qual vai trabalhar — ressalvada eventual contratação que preveja determinada plataforma — e sem conexão direta com os tomadores, ou seja em conexão *off line*, assumindo integralmente os riscos do negócio.

Normalmente não possui exclusividade, estando livre para recusar clientes e estabelecer/negociar livremente os prazos de entrega dos serviços, observadas evidentemente as regras de mercado, sob pena de ficar sem cliente. Insere-se, pois, nos termos do art. 442-B da CLT, que conceitua autônomo, afastando-se da aplicação do art. 3º da CLT.

Aqui pede-se vênia para dizer que muito se falou no sentido de que as disposições do art. 442-B da CLT representariam o fim do direito do trabalho, e que todos seriam autônomos daqui por diante. Entretanto, basta uma leitura atenta e sistêmica, para se perceber que não é nada disso.

O dispositivo legal analisando diz que na contratação de autônomo devem ser cumpridas todas as formalidades legais, com ou sem exclusividade, de forma contínua ou não, e que se assim for afasta-se a qualidade de empregado.

Ora, fazendo-se um diálogo das diferentes fontes do direito, bem se percebe que o art. 4º, letra "c" da Lei n. 5.890/1973 conceitua segurado autônomo como o que:

> [...] exerce habitualmente, e por **conta própria**, atividade profissional remunerada; o que presta serviços a diversos empresas, agrupado ou não em sindicato, inclusive os estivadores, conferentes e assemelhados; o que presta, **sem relação de emprego, serviços de caráter eventual a uma ou mais empresas**; o que presta serviço remunerado mediante recibo, em caráter eventual, seja qual for a duração da tarefa.[268]

---

(268) BRASIL. *Lei n. 5.890*, de 8 de junho de 1973. Ementa: Altera a legislação de previdência social e dá outras providências

Portanto, como se nota, autônomo é aquele que detém o ônus da atividade, sem relação de emprego. Não se entra no mérito se a Reforma Trabalhista é boa ou ruim, o fato é que autônomo continua sendo autônomo, e, para o jurista, nada mudou, aplicando-se as regras do art. 3º da CLT, combinadas doravante com o art. 442-B da CLT e art. 4º do Regulamento Geral da Previdência Social.

Destarte, para o teletrabalhador valem as mesmas regras, para efeito de verificação da existência ou não de relação empregatícia, quando da contratação de trabalhador na qualidade de autônomo.

Assim, **teletrabalhador empregado** é o que presta serviços de modo habitual, pessoal, subordinado e mediante contraprestação pecuniária, nos exatos termos dos arts. 2º e 3º da CLT, somente com a característica até então não usual de laborar em local descentralizado da sede da empresa ou escritório central, mediante uso de instrumentos de telemática. A subsmissão ao poder direito, na espécie, toma a denominação de telessubordinação.

Para a análise da existência ou não de vínculo empregatício, deve-se partir do caso concreto, verificando os aspectos fáticos da relação em atenção ao princípio da primazia da realidade. A questão do ônus da atividade deve, pois, começar a ser perquirida por meio da apuração da existência ou não de dependência tecnológica do teletrabalhador.

Todavia, a propriedade do *software* é só um elemento para corroborar a prova, devendo ser conjugada com outros elementos a serem apreciados pelo julgador. Nesse particular, nota-se que existem trabalhadores especializados em programas que não são de sua propriedade, mas licenciados por outras empresas, cujo contratante figura como usuário.

Aliás, a Convenção n. 177 da OIT — não ratificada pelo Brasil, servindo como mero subsídio no plano nacional — embora se refira à trabalho em domicílio, não leva em consideração quem detém a propriedade dos equipamentos necessários para a realização das atividades, para efeito de relação de emprego. Ou seja, segue uma linha ainda mais ampliativa para não elidir a relação de emprego, no sentido de que não é porque o empregado detém os equipamentos tecnológicos para a produção que não se formará a relação de emprego.

Para a apreciação da subordinação, além das tradicionais ordens e controle do empregador, em se tratando de teletrabalho deve-se verificar a existência ou não de monitoramento, o tipo de conexão adotada e a existência ou não de intranet e pauta indicativa de atividades.

Com efeito, como o trabalho à distância tem por característica a entrega das informações por meio da telemática, o tipo da conexão que se estabelece pode ser decisivo na hora de reconhecer a existência de uma relação de emprego ou outros tipos de relação de trabalho.

Nesse sentido, importante ter em mente que o teletrabalho *off line* não possui qualquer conexão eletrônica; ao passo que o denominado teletrabalho *one way line* é realizado mediante o uso de *software* de suporte, e o resultado entregue mediante correio eletrônico; e o teletrabalho *on line* possui característica bidirecional, ou seja, ocorre a conexão permanente entre a base e o computador central.

No que tange ao monitoramento, mister salientar que, nos dias de hoje, a telemática permite aferir em tempo real o número de toques no teclado, a produção e produtividade, a realização ou não do serviço, a emissão de relatórios e o oferecimento de instruções, embora se deva considerar que dificilmente a ferramenta permitirá controle sobre o trabalho, quanto menos sequer próximo ao regime presencial.

Possibilita ainda a verificação da entrada e saída de dados, os horários de uso do sistema e dos programas, assim como o último acesso ao teclado. Tais aspectos serão relevantes para o julgador apreciar o tipo de relação estabelecida entre tomador dos serviços e teletrabalhador.

Insta observar que havendo a prestação de serviços, sempre será ônus do tomador a produção da prova, caso a relação não seja de emprego — consequência da regra do art. 373 do CPC, que impõe o ônus a quem alega fato modificativo, extintivo ou modificativo do direito vindicado, combinado com o art. 818 da CLT.

Em nível pátrio, a primeira disciplina legal do teletrabalho foi a da Lei n. 12.551, de 15 de dezembro de 2011, que deu a seguinte redação ao art. 6º da CLT:

> "Art. 6º. Não se distingue entre o trabalho realizado no estabelecimento do empregador, o executado no domicílio do empregado e o realizado a distância, desde que estejam caracterizados os pressupostos da relação de emprego.
>
> Parágrafo único. Os meios telemáticos e informatizados de comando, controle e supervisão se equiparam, para fins de subordinação jurídica, aos meios pessoais e diretos de comando, controle e supervisão do trabalho alheio."

Na prática juslaboralista, nada se modificou — somente se deixou clara a aplicação da regra legal. Trabalho subordinado, prestado mediante contraprestação pecuniária, de modo habitual e não eventual, implica em relação de emprego, seja qual for o meio tecnológico utilizado.

Tanto assim o é que a jurisprudência já reconhecia há tempos o vínculo de emprego em uma relação de teletrabalho, quando preenchidos os requisitos do art. 3º da CLT.[269]

---

(269) 114000003196 JCLT.3 — RELAÇÃO DE EMPREGO — A prestação de serviços na residência do empregado não constitui empecilho ao reconhecimento da relação de emprego, quando presentes

O art. 83 da CLT trata do pagamento do salário mínimo legal ao trabalhador em domicílio, hipótese que não trata necessariamente do teletrabalho, só podendo assim ser considerado se o trabalho for realizado mediante o uso da telemática.

Mais recentemente, a Lei n. 13.467/2017 inseriu os arts. 75-A a 75-E da CLT. O primeiro deles[270] remete o regime de cumprimento do teletrabalho às disposições legais constantes do Capítulo II-A do Teletrabalho, inserido no título II da CLT — o que de início já demonstra que as regras estabelecidas nos arts. 75-A a 75-E da CLT devem prevalecer sobre outras, quando relativas à mesma matéria.

A seu turno, e consoante já exposto, o art. 75-B da CLT[271] considera teletrabalho a prestação de serviços preponderantemente fora das dependências do empregador, mediante uso de tecnologias de informação e comunicação, não se confundindo, todavia, com o trabalho externo.

Por força do parágrafo único do art. 75-B da CLT,[272] o comparecimento do empregado às dependências do empregador para realizar atividades específicas, que exijam a sua presença física, não descaracteriza o regime de teletrabalho — o que é salutar para diminuir o sentimento de isolamento do trabalhador à distância, gerando maior integração.

Nota-se que tanto o parágrafo único, quanto o *caput* do art. 75-B, se referem às dependências do empregador. Logo, em tal conceito ficam enquadradas não só a sede, mas as filiais e qualquer unidade de negócio, produção, apoio ou similar.

Tal alerta é importante para dizer que à luz dos dispositivos analisados, se o empregador montar uma unidade de teletrabalho descentralizada, esta não será

---

os pressupostos exigidos pelo art. 3º da CLT, visto que a hipótese apenas evidencia trabalho em domicílio. Aliás, considerando que a empresa forneceu equipamentos para o desenvolvimento da atividade, como linha telefônica, computador, impressora e móveis, considero caracterizada hipótese de teletrabalho, visto que o ajuste envolvia execução de atividade especializada com o auxílio da informática e da telecomunicação. (TRT 03ª R. — RO 977/2009-129-03-00.7 — Rel. Juiz Conv. Jesse Claudio Franco de Alencar — DJe 26.11.2009 — p. 97)
107001376 — CONTRATO DE EMPREGO — TRABALHO NO DOMICÍLIO — TELETRABALHO — É empregado e não trabalhador autônomo o técnico em contabilidade que trabalha, com habitualidade e mediante remuneração, em seu próprio domicílio (teletrabalho) e nos estabelecimentos da empresa. (TRT 08ª R. — RO 1208/2002 — 3ª T. — Rel. Juiz José Maria Quadros de Alencar — J. 24.04.2002) art. 75-B.
(270) Art. 75-A. A prestação de serviços pelo empregado em regime de teletrabalho observará o disposto neste Capítulo.
(271) Art. 75-B. Considera-se teletrabalho a prestação de serviços preponderantemente fora das dependências do empregador, com a utilização de tecnologias de informação e comunicação que, por sua natureza, não se constituam como trabalho externo.
(272) Art.75-B. Parágrafo Único. O comparecimento às dependências do empregador para a realização de atividades específicas que exigem a presença do empregado no estabelecimento não descaracteriza o regime de teletrabalho.

considerada como apta a inserir o trabalhador no regime de exceção do teletrabalho, haja vista que poderá ser considerada como dependência do empregador.

Não que o empresário fique tolhido de montar oficinas de teletrabalho — de forma alguma — mas, tais unidades deverão ser consideradas como dependências do empregador, e, nessa condição, os empregados que ali laboram farão jus aos direitos do capítulo II da CLT, que trata da duração do trabalho, na íntegra, de sorte a serem devidas, se realizadas, horas extras, adicional noturno, e horas por supressão de intervalos.

4.4. Vantagens e Desvantagens

O teletrabalho traz inúmeras vantagens ao teletrabalhador e às empresas. Todavia, também emergem desvantagens tanto para o teletrabalhador quanto para as empresas. Este tópico tem por objetivo, pois, fazer considerações no que tange às vantagens e desvantagens para empresa e empregado, lançando as primeiras luzes sobre as contundentes vantagens para a sociedade, e mesmo para os partícipes da relação de emprego.

O **empregado** goza da comodidade de não se deslocar para o trabalho, e de se auto-organizar com os horários de acordo com o seu biorritmo. Em geral, é senhor da sua agenda. Se possui maior adaptação ao trabalho noturno, exerce as suas atividades à noite; se prefere o dia, assim o faz.

Detém também autonomia dos tempos e métodos, organizando o trabalho de acordo com a sua conveniência e oportunidade, observadas as suas particularidades e hábitos pessoais. Se aprecia um café a cada 50 minutos, assim o faz; se gosta de dar uma pausa para colocar as redes sociais em dia, procede deste modo.

A autonomia é do trabalhador à quem cabe a gerência das atividades, sem perder de vista, por evidente, a responsabilidade para com a realização dos trabalhos objeto da contratação. Essa é uma característica marcante do teletrabalhador, que é possibilitada em razão do amplo avanço da tecnologia e da informação, combinados com o maior empoderamento do trabalhador no que tange à mitigação da subordinação se comparada aos modelos de produção taylorista, fordista ou mesmo toyotista.

Em regra, é o teletrabalhador quem faz as suas escolhas, mormente quanto às horas e intensidade do trabalho, poupando-se de longas horas de congestionamentos, especialmente nos maiores centros urbanos, livrando-se do *stress* causado pelo trânsito cotidiano, e minimizando os efeitos da violência urbana — situações que por si só já têm o condão de melhorar sensivelmente a qualidade de vida do teletrabalhador.

Está desatrelado, em regra, do relógio da empresa ou da sociedade, distribuindo os seus horários com liberdade. Com isso, pode melhor utilizar o seu tempo em prol de atividades com a família, aproveitando momentos com filhos, esposa ou demais parentes, ou mesmo gozar de lazer e saúde individual, praticando atividades físicas — situações parte das vezes impensáveis quando se gasta de 1h a 4h diárias nos percursos de ida e retorno ao trabalho, mormente nas grandes cidades.[273]

Não só o teletrabalho, mas a combinação do ambiente virtual como um todo, acaba reduzindo a quantidade de viagens para reuniões, que passam a ser realizadas cada vez mais por meio de teleconferências. Isso sem mencionar a economia gerada pela diminuição de gastos com combustíveis e transporte, além da minimização de risco de acidentes no trajeto casa/trabalho/casa. Relevante notar que no ano de 2014, mais de 100.000 trabalhadores sofreram alguma espécie de acidente no trajeto de ida ou retorno para o trabalho.[274]

A própria qualidade da alimentação pode melhorar, se o teletrabalhador em domicílio tiver o cuidado de manter uma nutrição saudável ante a facilidade de caminhar à cozinha e pegar algo, de acordo com o seu relógio biológico e tipo de alimentação que escolheu.

Nessa autogestão do tempo, com flexibilidade, o teletrabalhador pode reservar parte do seu tempo para afazeres que lhe deem prazer, mesmo em horários ordinariamente dedicados às atividades laborativas, ou ainda durante os períodos usualmente dedicados ao percurso de ida ou retorno à sede da empresa.

Soma-se a possibilidade de labor à distância, após as licenças maternidade e paternidade, gerando maior convívio com o recém-nascido, e aumentando o período de amamentação.

Nesse particular, o teletrabalho se revela como instrumento hábil a consertar injustiça histórica quanto à inserção da mulher no mercado de trabalho, mormente em postos de maior hierarquia. Com efeito, se as primeiras revoluções industriais deixaram a mulher em casa dependente do homem, a atual permite o reequilíbrio desse desvio de tratamento de gênero no mercado de trabalho, possibilitando inclusive o elasticimento do tempo de dedicação da genitora ou adotante ao recém-nascido ou adotado.

Acresça-se que o regime de trabalho em domicílio, por meio da telemática, facilita a vida daqueles que são responsáveis por cuidar de um familiar enfermo

---

(273) Segundo dados do Instituto de Pesquisas Econômicas Aplicadas — IPEA, todos os dias um morador da capital paulista gasta, em média 42,4 min, no trânsito, no percurso casa/trabalho. Disponível em: <http://www.ipea.gov.br/portal/>. Acesso em: 30 ago. 2017.
(274) Segundo dados da *Revista Você S.A.* RH, edição 35, p. 64, dez. 2014/jan. 2015.

ou de idade avançada, podendo fazê-lo sem prejuízo das atividades laborais, a partir da própria residência.

O teletrabalho também permite a maior inserção no mercado de trabalho, quando se trata de pessoas com dificuldade de locomoção, em razão da desnecessidade de deslocamento. Tal vantagem consta dos considerandos de regulamentações estrangeiras, tal como o Decreto 37695-MPT-MTSS, da Costa Rica.[275] Permite também diminuir o fluxo migratório decorrente de transferências de sede de trabalho, propiciando ao trabalhador manter-se onde tem as suas raízes fixadas, afinal o que migra é a informação, por meio virtual.

Outro ponto bastante interessante que enseja reflexão é que o teletrabalho tem o condão de gerar a redução do *overtime*,[276] entendido como tal o tempo em que o trabalhador permanece na empresa após o horário quase que somente para não ser taxado, ou mesmo sentir-se como o empregado que só cumpre a jornada contratual. O tema tem origem cultural, regido pela crença de que quanto maior a permanência no local de trabalho, mais se produzirá.[277]

Por evidente que tal cultura é perniciosa, e não gera o resultado que se acredita, até porque a forma da execução de boa parte dos trabalhos mudou, não é mais repetitiva, porém pensante, de sorte que se faz mister que o trabalhador esteja com a mente limpa para a produção de ideias.

Ademais, esse tempo não é cobrado das empresas, especialmente quando se trata de empregados de confiança que ficam a mais em seus locais de trabalho em detrimento do convívio familiar, muitas vezes sem necessidade.

Já em regime de teletrabalho pode-se até estimular o encerramento antecipado do labor, diante do cumprimento das atividades, até porque estima-se que a produção em regime não presencial — sem as interrupções próprias da sede empresarial — seja superior, o que enseja maior tempo livre.

Segundo Domenico de Masi, "as tarefas que na empresa requerem de oito a dez horas para serem realizadas, em casa se realizam, comodamente, na metade do tempo: de quatro a cinco horas, no máximo."[278]

---

(275) X — *Que la implementación del Teletrabajo como organización innovadora del trabajo, aumenta la posibilidad de inclusión en la esfera laboral del sector público, de personas con alguna condición especial de discapacidad, mujeres jefes de familia, adultos mayores activos laboralmente, entre otros, los cuales por alguna razón no pueden estar lejos de sus lugares de domicilio por tiempo prolongado.* Disponível em: <http://www.ilo.org/dyn/natlex/docs/ELECTRONIC/94875/111506/F313548990/CRI94875.pdf>. Acesso em: 14 nov. 2017.
(276) Tradução livre: além do tempo.
(277) DE MASI, p. 179.
(278) DE MASI, p. 180.

Diante das condições favoráveis apontadas, o teletrabalho tem a condição de melhorar as condições de vida do trabalhador, propiciando maior felicidade, cumprindo o objetivo maior de elevar a dignidade da pessoa humana, afinal o que mais esperar da vida senão a felicidade, cujo objetivo está inserido na Declaração de Independência dos Estados Unidos da América — *pursuit of happiness*[279], tal como já mencionado.

Todavia, não se pense que tal modalidade só gera situações agradáveis. Há diversas dificuldades que terão de ser enfrentadas pelos teletrabalhadores. Com efeito, o teletrabalhador pode ser tomado por sentimento de isolamento, como se estivesse sozinho no trabalho e no mundo, sem ninguém para ajudar no cumprimento das tarefas, e sem a visão global da empresa.

Há uma máxima cultural: "quem não é visto, não é lembrado", que aumenta o sentimento de isolamento, reduz as chances de promoção e ascensão na carreira, conduzindo em não raros casos à discriminação do teletrabalhador.

Soma-se que parte dos trabalhadores não possui o perfil necessário para atuar em regime de teletrabalho, pois passa a confundir o papel de trabalhador com o que desempenha em família, deixando de ter horário para atender familiares e/ou trabalhar, misturando as atividades de modo a manter-se alerta 24 horas como trabalhador e na qualidade de pai/mãe de família, o que acaba por trazer um desgaste emocional incomparável devido ao sentimento de que não cumpriu de modo satisfatório qualquer dos papéis a que se propôs.

Há os que trabalharão incessantemente durante todo o tempo, como se não houvesse amanhã, em total desrespeito às necessidades decorrentes da personalidade, tais como lazer, convívio familiar e saúde no ambiente de trabalho, bem como aqueles que, quando do labor em casa, verão a "sessão da tarde", e a cada meia hora buscarão algo para beliscar acrescendo o número de obesos no cenário nacional, criando problemas de saúde para si e aumentando as já enormes dificuldades de gestão da saúde pública.

O trabalho repetitivo, a inadequação ergonômica, as doenças da visão decorrentes de horas de uso do computador são temas de extrema relevância, dada a preocupação que se deve ter com as condições em que o trabalho será realizado à distância, a fim de evitar que o teletrabalhador adoeça em decorrência da atividade profissional, ou mesmo pelo sentimento de isolamento.

---

(279) *We hold these truths to be self-evident, that all men are created equal, that they are endowed by their Creator with certain unalienable Rights, that among these are Life, Liberty and the pursuit of Happiness*. Disponível em: <http://www.ushistory.org/declaration/document/>. Acesso em: 10 out. 2017. Tradução livre: Nós acreditamos que essas verdades sejam óbvias, que todos os homens são criados igualmente, que todos sejam dotados pelo seu criador com certos direitos inalienáveis, e que dentre eles está a vida, a liberdade e a busca pela felicidade.

Tanto assim o é que a Reforma Trabalhista traz preocupação manifesta, na forma da redação do art. 75-E da CLT, que prevê orientação expressa e ostensiva pelo empregador a fim de prevenir doenças do trabalho.

Ainda na linha das desvantagens ao teletrabalhador, figura a precarização da organização sindical, haja vista o distanciamento com os demais colegas e o sindicato.

Todos os temas aqui apontados como desvantagem têm soluções de maior ou menor complexidade, consoante será abordado no capítulo 6, que trata das políticas de prevenção empresarial em ambiente virtual.

As **empresas**, a seu turno, têm redução dos custos de infraestrutura, economizando com salas, mobiliário, luz e outras despesas de ordem administrativa, além da aquisição ou locação de sede, já que no mínimo diminui a quantidade de espaço necessário para o desenvolvimento da atividade.

Na ordem administrativa, no que se refere à redução de despesas menores pode-se citar a minimização dos gastos com cafezinho e água, e até mesmo despesas maiores como o uso do telefone e a refeição oferecida no local de trabalho.

Com isso, diminui-se o custo de produtos e serviços, e mesmo da mão de obra necessária para manutenção do ambiente de trabalho, além de gastos com o transporte dos trabalhadores ao local de trabalho e de retorno ao final do expediente.

Soma-se a minimização de riscos de acidentes de trajetos — acidentes estes que, afora a degradação humana, têm diminuído quantidade considerável de horas de labor de trabalhadores brasileiros,[280] fazendo com que o empregador perca força produtiva durante determinado tempo, que, quando superior a 15 dias, implica em estabilidade provisória de 12 meses pós-retorno ao trabalho, e ainda impõe ao empregador a responsabilidade de pagar pelos 15 primeiros dias de afastamento.

A contratação de trabalhadores em qualquer local do mundo também permite às empresas contarem com talentos até então distantes, sem arcar com elevado custo de transporte, hospedagem e alocação de recursos. Parte das empresas, inclusive, acaba utilizando essa facilidade para contratar mão de obra mais barata em países onde os salários são bem menores e a qualidade acentuada.

E esse trabalho é entregue em tempo real, como se tivesse sido prestado na sala ao lado do gestor que o solicitou. As vantagens até então postas já mexem

---

(280) Consoante já mencionado, o número de acidentes de trajeto foi superior a 100.000 no ano de 2014.

com a organização empresarial, a tal ponto que o teletrabalho é crescente em todo o mundo.

Boa parte dos autores que abordam o tema também mencionam a redução do trabalho ocioso e do absenteísmo, bem como aumento da produtividade e criatividade. Nesse sentido, pesquisa na modalidade de *home office*, realizada no Brasil no ano de 2016, apontou aumento da produtividade, crescimento da satisfação e engajamento do teletrabalhador.[281]

Nota-se o diferencial competitivo que o teletrabalho representa quando se trata da retenção de talentos, dada a maior flexibilidade e demais vantagens que o regime oferece.

Se o trabalho for menos pesado e propiciar algum prazer, dada a maior liberdade de gestão de tempos e métodos, combinada com ampliação do engajamento, é de se esperar maior motivação, e por consequência incremento da produtividade. Logo, em tese, produz-se mais e com maior eficácia, entregando resultados melhores ao empregador.

A maior produtividade no plano objetivo está diretamente atrelada à minimização das interrupções próprias do ambiente de trabalho, dentre outros fatores como a autogestão dos métodos e tempos. Pensa-se, contudo, que o acréscimo de produtividade não é certo, pois depende da adaptação e do perfil do trabalhador. O teletrabalho, principalmente em tempo integral, não é para qualquer um.[282]

Os gestores de recursos humanos devem buscar profissionais com o perfil adequado para trabalhar sem fiscalização direta, com elevada capacidade de concentração e pouco desvio de atenção, pois caso contrário, o teletrabalhador poderá se envolver em tarefas domésticas, ou mesmo divagar na sua produção, diminuindo o resultado final, no que tange à qualidade e produtividade do trabalho. Nesse sentido, a Lei n. 13.467/2017 permite o retorno ao ambiente físico, no prazo de 15 dias após a convocação do empregador.[283]

No que se refere às desvantagens com elevado potencial de dano, cita-se a ampliação do risco de invasão de segredos do negócio e divulgação de informações confidenciais atinentes às políticas estratégicas, de gestão das empresas, ou mesmo relativas ao *know how*.

Igualmente complexa é a tarefa de fiscalizar o cumprimento das regras de ergonomia no ambiente de trabalho, mormente quando o teletrabalhador desenvolve as suas atividades em domicílio. Dá-se aqui o conflito entre o direito do empregado ao meio ambiente do trabalho seguro e saudável somado ao dever do

---

(281) SOBRATT, s/p.
(282) OLIVEIRA NETO, Célio Pereira, IBDSCJ, p. 79-84.
(283) Nos termos do art. 75-C, § 2º da CLT.

empregador de fiscalização em contraponto aos direitos da personalidade, aqui representados pelo direito à privacidade e à intimidade.

Pode-se mencionar ainda a perniciosa destruição do sentido de coletividade face o distanciamento do teletrabalhador dos demais colegas, o que causa a falta de visão global da empresa.

A **sociedade** tem as maiores vantagens no regime de teletrabalho, diante da diminuição do fluxo de pessoas e veículos nas ruas, avenidas e estradas, especialmente nas grandes cidades; seja para possibilitar maior mobilidade urbana, seja pela diminuição do gasto de fontes não renováveis de energia; seja para minorar a poluição do meio ambiente para níveis aceitáveis — obtendo como resultado melhora da qualidade de vida para as gerações presentes e futuras.

Isso sem falar na minimização de risco de acidente de trajeto, já mencionado como vantagem também para empregado e empregador. Tomando por base o ano de 2013, os cofres da Previdência Social despenderam quase 2,3 bilhões de reais somente com o pagamento do auxílio decorrente de acidentes de trajeto casa/trabalho/casa.[284]

Considere-se ainda que, só com internações o custo é de 200 milhões de reais, sem mencionar danos físicos e materiais decorrentes dos acidentes. Pior do que isso, em decorrência do aumento do tráfego urbano, os números de acidentes são crescentes, tanto que aumentaram em 5% do ano de 2012 para o ano de 2013.[285]

Aliás, o número de lesionados no trânsito vem aumentando ano após ano, consoante dados do SUS que indicam 95.160 pessoas feridas no trânsito em 2008 contra 170.800 em 2013.[286]

Tal qual mencionado na forma de vantagem ao teletrabalhador, por evidente a sociedade também ganha com a maior inserção das pessoas com deficiência física.

Se invertida a operação, ou seja, se o trabalho for levado às pessoas, pode-se obter melhor organização do território, propiciando desenvolvimento de regiões desfavorecidas ou de cidades satélites. Para tanto, os governos podem criar telecentros comunitários de trabalho, ou os empresários têm condições de unir forças formando telecentros compartilhados.

---

[284] Conforme consta no sitio oficial da Previdencia Social. Disponível em: <http://www1.previdencia.gov.br/aeps2006/15_01_03_01.asp>. Acesso em: 3 dez. 2017.
[285] BRASIL. *Revista Proteção*. Anuário Brasileiro de Proteção. Disponível em: <http://www.protecao.com.br/materias/anuario_brasileiro_de_p_r_o_t_e_c_a_o_2015/brasil/AJyAAA>. Acesso em: 14 nov. 2017.
[286] Segundo dados da *Revista Você S.A.* RH, edição 35, p. 64, dez. 2014/jan. 2015.

Nada disso é utópico. A questão é ter a política estratégica definida e as empresas, a seu turno, possuírem programas claros de gestão envolvendo o trabalho em ambiente virtual.

Pois bem, em um cenário de profundas transformações nas relações de trabalho, em que o trabalhador já não possui o mesmo grau de subordinação do passado, atuando com maior liberdade, bem se percebe que o teletrabalho representa uma das maneiras de permitir ao trabalhador a auto-gestão das suas atividades, assim como ganhos de produtividade e redução de custos para as empresas, combinadas com grandes vantagens para a sociedade.

No âmbito dos **tribunais, na esfera administrativa**, o teletrabalho já ganhou o reconhecimento de que representa ferramenta de gestão com potencial para melhora da qualidade de vida dos servidores, aumento da produtividade e evolução sócio-ambiental.

Segundo nota da Anajustra — Associação Nacional dos Servidores da Justiça do Trabalho, o teletrabalho é uma realidade crescente nos tribunais, havendo relatos de significativo aumento da produtividade dos servidores que atuam em diversos tribunais nessa modalidade de trabalho.[287]

A Anajustra cita o Tribunal Regional Federal da 4ª Região que iniciou o programa em 2013 com limite de 30% da lotação efetiva de servidores por unidade, mas, devido aos bons resultados, ampliou o percentual para 40% por meio da Resolução 53/2015 — número que ainda pode ser majorado quando apresentado plano de gestão e demonstração, por escrito, de que a medida não comprometerá o funcionamento da unidade.

O TRF-4 estabelece meta ao teletrabalhador de desempenho igual ou superior a 10% da meta estipulada aos demais servidores em regime presencial, e ainda permite o teletrabalho *part time*, de que é exemplo o trabalho à distância em dois dias na semana.

A Anajustra menciona ainda o exemplo do Tribunal de Justiça de Pernambuco, cujo teletrabalho foi regulamentado pela Instrução Normativa TJPE número 06, e fixa condições e metas de produtividade. No regime de trabalho à distância *full time*, o servidor deve incrementar a produtividade em no mínimo 30% da meta, ao passo que em se tratando de teletrabalho *part time* (durante 2 ou 3 dias na semana), a meta é 10% mais elevada que a presencial.

O Tribunal Superior do Trabalho, em âmbito interno, editou a Resolução Administrativa 1.499/12, apresentando considerandos que merecem ser reproduzidos pela pertinência com o tema em estudo, o que se faz na forma que segue:

---

(287) BRASIL. ANAJUSTRA. Associação Nacional dos Servidores da Justiça do Trabalho. Disponível em: <https://www.anajustra.org.br/noticia/11482/19/Normatizado-ha-um-ano-teletrabalho-agrada tribunaise-servidores>. Acesso em: 30 out. 2017.

> "CONSIDERANDO que motivar e comprometer as pessoas, bem como buscar a melhoria contínua do clima organizacional e da qualidade de vida são objetivos estratégicos a serem perseguidos pelo TST, a teor do Plano Estratégico 2010-2014;
>
> CONSIDERANDO que o avanço tecnológico, notadamente com a implantação do sistema de processo eletrônico, possibilita o trabalho remoto ou à distância;
>
> CONSIDERANDO a necessidade de regulamentar o teletrabalho no âmbito do TST, de modo a definir critérios e requisitos para a sua prestação, mediante controle de acesso e avaliação permanente do desempenho e das condições de trabalho;
>
> CONSIDERANDO as vantagens e benefícios diretos e indiretos advindos do teletrabalho para a administração, para o servidor e para a sociedade;
>
> CONSIDERANDO que a Lei n. 12.551/2011 vem de reconhecer tais vantagens em relação aos trabalhadores que prestam serviço sob vínculo empregatício;
>
> CONSIDERANDO o trabalho realizado pela Comissão instituída pelo ATO.TST.GP. N. 346/2011, com o objetivo de realizar estudos e propor medidas destinadas ao aperfeiçoamento do modelo de Gestão de Pessoas do TST."

Conforme considerandos apresentados, dessume-se que o TST reconhece que: a) o regime de teletrabalho tem o potencial de motivar e comprometer as pessoas, além de melhorar o clima organizacional e a qualidade de vida; b) o avanço tecnológico permite o trabalho à distância; c) o regime de teletrabalho atribui vantagens para a administração, servidor e sociedade — o que pode ser transposto para a inciativa privada, no sentido de que há vantagens para empresa, trabalhador e sociedade.

O art. 1º dispõe que as atividades dos seus servidores podem ser executadas fora do TST, na forma de teletrabalho, observadas as disposições contidas no corpo da Resolução Administrativa n. 1.499/2012.

O art. 2º faculta o regime de teletrabalho ao interesse do servidor, vinculado à apreciação do gestor, que considerará a possibilidade de as tarefas serem cumpridas à distância, mensurando objetivamente o desempenho do servidor, que deverá, nos termos do art. 3º ter metas diárias, semanais e/ou mensais de desempenho.

Tais metas, assim como os prazos devem ser, sempre que possível, firmados em consenso com o servidor, o que de fato empodera o servidor que executará as tarefas tornando-o mais senhor da gestão de seu tempo, observando que o art. 4º estabelece que "a meta de desempenho do servidor em regime de teletrabalho será, no mínimo, 15% (quinze por cento) superior à estipulada para os servidores que executarem as mesmas atividades nas dependências do TST", facultando-se, nos termos do parágrafo único, ao servidor sempre que entender conveniente, executar as mesmas atividades nas dependências do TST.

Para o servidor do TST, pois, figura como requisito obrigatório a entrega de maior produtividade em regime de teletrabalho, o que no mínimo demonstra que administrativamente, a Corte Superior Trabalhista reconhece a maior produtividade própria do regime de trabalho à distância.

O resultado positivo das experiências de tribunais, dentre os quais nomeadamente TST, CSJT e TRF4, levou o Conselho Nacional da Justiça (CNJ) à edição da Resolução n. 227, de 15 de junho de 2016, com o objetivo de regulamentar o teletrabalho no âmbito do Poder Judiciário e dar outras providênicas.

Em meio aos considerandos apresentados pelo CNJ, destaques para a vinculação do teletrabalho ao princípio da eficiência para a Administração Pública (art. 37, CF), e ao aprimoramento da gestão de pessoas, compreendendo a necessidade de motivar e comprometer as pessoas, buscando a melhoria do clima organizacional e da qualidade de vida das pessoas.

O art. 1º da Resolução n. 227 autoriza a execução das atividades pelos servidores fora das dependências dos órgãos do Poder Judiciário, de forma remota, sob a denominação de teletrabalho, de acordo com as diretrizes e condições contidas na própria resolução.

O art. 3º elenca, dentre os objetivos do teletrabalho: aumento da produtividade e qualidade do trabalho (inciso I); economizar tempo e reduzir custos de deslocamento para o trabalho (inciso III); contribuir para a melhoria de programas socioambientais (inciso IV); ampliar a possibilidade de trabalho aos servidores com dificuldade de deslocamento (inciso V); aumentar a qualidade de vida dos servidores (inciso VI); respeitar a diversidade dos servidores (inciso IX).

O art. 5º da Resolução n. 227 do CNJ, estabelece que compete ao gestor da unidade indicar, entre os servidores interessados, os que atuarão em regime de teletrabalho, observada série de diretrizes de que tratam os incisos I a V. Toma-se a liberdade de destacar o seguinte: a) verificada a adequação do perfil, a preferência para os servidores com deficiência, ou que tenham filhos, cônjuge ou dependentes com deficiência; gestantes e lactantes; b) a preferência pelos que demonstrarem comprometimento e habilidades de autogerenciamento do tempo e organização; c) a preocupação de que o regime não deve obstruir o convívio social e laboral, a cooperação, a integração e a participação, incluída a pessoa com deficiência, nem represente embaraço do tempo livre do teletrabalhador.

O art. 6º, *caput*, estabelece como requisito para início dos trabalhos, a estipulação de metas de desempenho diárias, semanais ou mensais, assim como plano de trabalho individualizado para cada servidor, sendo que o § 2º determina que a meta será sempre superior à dos servidores que executam a mesma atividade nas dependências do órgão.

Vê-se, pois, que o CNJ também reconhece a prática do regime de teletrabalho como fator de ampliação da qualidade de vida do trabalhador, maior produtividade para o Poder Judiciário e condições socioambientais mais satisfatórias em prol da sociedade.

5. FORMALIDADES E PRÁTICA DO TELETRABALHO

5.1. Aspectos Formais

O art. 75-C da CLT[288] disciplina que o regime de teletrabalho deve constar expressamente do contrato de trabalho, especificando as atividades que serão realizadas pelo empregado. Ou seja, não basta a previsão contratual de labor em regime de teletrabalho, faz-se cogente a indicação das atividades que serão prestadas pelo trabalhador.[289]

Na falta da indicação das atividades em regime de teletrabalho, dois poderão ser os caminhos. O primeiro deles, e que parece mais adequado, ante a aplicação do princípio da primazia da verdade sobre os fatos, é que o vício possa ser sanado mediante a prova de que as atividades contratadas eram passíveis, e de fato o eram realizadas à distância mediante o uso da telemática — ônus que competirá à empresa contratante demonstrar, na hipótese de demanda trabalhista.

A segunda conjetura é de que a ausência de cumprimento do requisito legal invalidaria o regime de exceção de teletrabalho, e por consequência, não se aplicariam as regras dos arts. 75-A a 75-E da CLT, fazendo uso na íntegra do capítulo II da CLT.

O art. 75-E da CLT[290] trata da obrigação de o empregador instruir os empregados, de maneira expressa e ostensiva, quanto às precauções para evitar doenças e acidentes de trabalho, colhendo inclusive a assinatura do empregado — na forma

---

(288) Art. 75-C. A prestação de serviços na modalidade de teletrabalho deverá constar expressamente no contrato individual de trabalho, que especificará as atividades que serão realizadas pelo empregado.
(289) A Recomendação n. 184 da OIT, no item 7 prevê a entrega ao trabalhador de cópia do registro destinado ao controle do teletrabalho aonde constam, dentre outras informações, a fixação de prazo para a realização do trabalho, o valor ajustado, os custos assumidos pelo trabalhador em domicílio e os reembolsos correspondentes, além das deduções efetuadas com base na legislação nacional.
(290) Art. 75-E. O empregador deverá instruir os empregados, de maneira expressa e ostensiva, quanto às precauções a tomar a fim de evitar doenças e acidentes de trabalho. Parágrafo único. O empregado deverá assinar termo de responsabilidade comprometendo-se a seguir as instruções fornecidas pelo empregador.

do disciplinado em seu parágrafo único — em termo de responsabilidade pelo qual o teletrabalhador se compromete ao cumprimento das instruções recebidas.

Tal regra deriva da obrigação constitucional do empregador de redução dos riscos inerentes ao trabalho, conforme previsão do art. 7º, inciso II, que deve ser combinado com o art. 225, *caput*, que trata do direito ao meio ambiente equilibrado e art. 200, inciso VIII que cuida da proteção do meio ambiente, nele compreendido o do trabalho.

O vetor de aplicabilidade no ordenamento infraconstitucional se encontra no capítulo V da CLT — Da Segurança e Medicina do Trabalho — em especial no art. 157 da norma consolidada e seus incisos, que preveem que cabe às empresas:

I — cumprir e fazer cumprir as normas de segurança e medicina do trabalho;

II — instruir os empregados, através de ordens de serviço, quanto às precauções a tomar no sentido de evitar acidentes do trabalho ou doenças ocupacionais;

III — adotar as medidas que lhes sejam determinadas pelo órgão regional competente;

IV — facilitar o exercício da fiscalização pela autoridade competente.

Dentre as normas de saúde e segurança, destaque para as Normas Regulamentadoras do Ministério do Trabalho e Emprego, em especial a NR-17 que trata da ergonomia, tema crítico quando se trata de teletrabalho.

5.2. Mudança de Regime e Reversibilidade

O trabalhador presencial pode passar a laborar em regime de teletrabalho, somente se firmado termo aditivo, por mútuo acordo, não se admitindo a imposição pelo empregador, nos termos do art. 75-C, § 1º da CLT.[291] Tal disposição obedece a regra do art. 468 da CLT, que não permite a alteração unilateral do contrato de trabalho em prejuízo do empregado.

Esclareça-se, quando se aborda a aplicação do art. 468 da CLT que não há ambiguidade com as alegações de que o teletrabalho traz uma série de benefícios, pois não são todas as pessoas que têm fácil adaptação ao regime de trabalho à distância, ou mesmo que dispõe de espaço físico compatível para a realização das atividades com saúde e segurança.

Portanto, não se encontra dentro do poder diretivo do empregador a imposição de que o empregado já contratado presencialmente, passe a laborar em regime de teletrabalho, fazendo-se mister a concordância expressa do empregado, a ser firmada mediante termo aditivo.

---

(291) Art. 75-C, § 1º. Poderá ser realizada a alteração do regime de teletrabalho para o presencial por determinação do empregador, garantido prazo de transição mínimo de quinze dias, com correspondente registro em aditivo contratual.

Por outro lado, não há qualquer direito de manutenção na condição de teletrabalho, caso a empresa deseje ou necessite trazer o teletrabalhador novamente para o seio da sede, bastando que seja firmado aditivo, dando-se prazo de 15 dias para que o labor passe a ser prestado de modo presencial, consoante art. 75-C, § 2º da CLT.[292]

O raciocínio aqui, quando se trata de convocação para retorno ao regime presencial não obedece a mesma regra de limitação do poder diretivo, dados os termos do dispositivo legal em comento. Isso porque o ordinário é o trabalho em regime presencial, sendo o teletrabalho regime de exceção, de sorte que faz parte do pacto laboral o exercício das atividades junto ao empregador, sob sua fiscalização e controle, até mesmo por uma questão histórica, conforme já abordado.

Contudo, a regra de sujeição do teletrabalhador de retorno ao regime presencial pode ser alterada, se a contratação já tiver sido levada a efeito no modelo de exceção do teletrabalho, ou mesmo se o termo aditivo trouxer a expressa garantia de manutenção do regime de trabalho à distância — hipóteses de aplicação da regra do art. 468 da CLT.

Como se sabe, as partes podem negociar individualmente condições de trabalho, de forma a manter ou alargar os direitos legalmente previstos, portanto, se o contrato de trabalho trouxer disposição ampliativa diversa da legal, aplica-se o contrato, de modo a garantir a manutenção do regime de teletrabalho, especificamente na conjetura desenhada.

De toda sorte, é recomendável que o regime de teletrabalho seja ajustado mediante cláusula de reversibilidade, a fim de verificar as condições de adaptação também do trabalhador.

Nessa esteira, em âmbito interno, a Resolução Administrativa n. 1.499/2012 do TST, em seus arts. 13 e 14 permite a reversibilidade do teletrabalho para o presencial a qualquer tempo, no interesse da administração ou do servidor, sem a necessidade de concordância mútua.

Na mesma linha, a Resolução n. 227 do CNJ, por força dos arts. 15 e 16, permite o retorno do servidor, ou o cancelamento do regime de teletrabalho, a qualquer tempo, por vontade de uma das partes.

O *PROPET — Programa de Promocion del Empleo en Teletrabajo* de adesão voluntária das empresas argentinas[293] também prevê a reversibilidade a qualquer tempo.

---

(292) Art. 75-C, § 2º. Poderá ser realizada a alteração do regime de teletrabalho para o presencial por determinação do empregador, garantido prazo de transição mínimo de quinze dias, com correspondente registro em aditivo contratual.
(293) ARGENTINA. *Manual de Buenas Práticas em Teletrabajo*. Tal programa, criado em 2007, gerou inclusive o *Manual de Buenas Práticas en Teletrabajo*. Disponível em: <trabajo.gob.ar/downloads/teletrabajo/manual_buenas_practicas_2011.pdf>. Acesso em: 20 jul. 2017.

No mesmo sentido, a legislação colombiana, que prevê a voluntariedade ao regime de teletrabalho, tanto para o empregador, quanto para o empregado, garantindo ao teletrabalhador o direito de retornar ao trabalho presencial a qualquer momento.[294]

O Decreto n. 3.7695-MPT-MTSS, em Costa Rica, prevê a voluntariedade do servidor em aderir ao regime, cabendo à instituição pública o oferecimento do regime e posterior revogação (se for caso), podendo o trabalhador solicitar o retorno ao trabalho presencial em qualquer tempo.[295]

Em Portugal, há uma limitação ao período de 3 anos para os trabalhadores presenciais que passarem a atuar em regime de teletrabalho, sendo possível a reversão a pedido de qualquer das partes nos 30 primeiros dias de execução do trabalho à distância.[296]

5.3. Ônus da Atividade

O art. 75-D da CLT[297] outorga às partes contratantes estabelecer condições para aquisição, manutenção ou fornecimento da tecnologia e infraestrutura necessárias para o desenvolvimento do teletrabalho. Não impõe diretamente tal obrigação ao empregador.

---

(294) 10. *La vinculación através del teletrabajo es voluntaria, tanto para el empleador como para el trabajador. Los trabajadores que actualmente realicen su trabajo en las instalaciones del empleador, y pasen a ser teletrabajadores, conservan el derecho de solicitar en cualquier momento, volver a la actividad laboral convencional.* Disponível em: <https://www.mintic.gov.co/portal/604/articles-3703_documento.pdf>. Acesso em: 20 jul. 2017.
(295) e) *La incorporación a la modalidad del teletrabajo es voluntaria por parte del servidor. La institución tiene la potestad para otorgar y revocar la modalidad de teletrabajo, cuando así lo considere conveniente y con fundamento en las políticas y lineamientos emitidos al efecto. El teletrabajador, siempre y cuando se siga un procedimiento elaborado al efecto, tiene el derecho para solicitar la restitución a su condición laboral habitual.* Disponível em: <http://www.ilo.org/dyn/natlex/docs/ELECTRONIC/94875/111506/F313548990/CRI94875.pdf>. Acesso em: 20 jul. 2017.
(296) PORTUGAL. *Codigo do Trabalho*. Art. 167º Regime no caso de trabalhador anteriormente vinculado ao empregador. 1 — No caso de trabalhador anteriormente vinculado ao empregador, a duração inicial do contrato para prestação subordinada de teletrabalho não pode exceder três anos, ou o prazo estabelecido em instrumento de regulamentação coletiva de trabalho. 2 — Qualquer das partes pode denunciar o contrato referido no número anterior durante os primeiros 30 dias da sua execução. 3 — Cessando o contrato para prestação subordinada de teletrabalho, o trabalhador retoma a prestação de trabalho, nos termos acordados ou nos previstos em instrumento de regulamentação coletiva de trabalho. 4 — Constitui contraordenação grave a violação do disposto no número anterior. Disponível em: <http://cite.gov.pt/asstscite/downloads/legislacao/CT25092017.pdf#page=64>. Acesso em: 15 nov. 2017.
(297) Art. 75-D. As disposições relativas à responsabilidade pela aquisição, manutenção, ou fornecimento dos equipamentos tecnológicos e da infraestrutura necessária e adequada à prestação do trabalho remoto, bem como ao reembolso das despesas arcadas pelo empregado, serão previstas em contrato escrito.

Nesse sentido, o pensamento de Mauricio Godinho Delgado, que leciona "relativamente ao teletrabalho e despesas usuais correspondentes (aquisição de aparelhos tecnológicos e instalações de suporte; assinatura de telefonia e/ou internet etc.), a nova Lei estabelece regra algo imprecisa."[298]

Na mesma esteira de raciocínio, Homero Batista Mateus da Silva aponta:

> "d) o art. 75-D toca num ponto bastante sensível do teletrabalho — de quem são os custos dos equipamentos e, sobretudo, da manutenção dos insumos, como a conta de energia elétrica e da rede de dados — mas ficou longe de apresentar uma solução: apenas prevê a necessidade de ajuste escrito a respeito e, caso o empregador concorra com as despesas, os bens corpóreos e incorpóreos não assumem natureza salarial; essa solução já constava do art. 458, § 2º, I, da CLT, desde 2001."[299]

Seguindo as regras mais comezinhas do direito do trabalho, para que não haja transferência do ônus da atividade, se revela adequado que o empregador arque com o fornecimento de *hardware*, *software* e demais gastos com implementação e manutenção do posto de trabalho.

Nessa linha, ainda que sem efetivo vinculativo, o Enunciado 70 da 2ª Jornada de Direito Material e Processual do Trabalho da Anamatra[300] e o Enunciado 25 da Comissão 3 do XIX Conamat[301].

A Recomendação 184 da OIT[302] é nesse sentido, consoante parte VI, número 16 prevendo que os trabalhadores em domicílio (não necessariamente em regime de teletrabalho) devem ser reparados pelos gastos relacionados ao trabalho, tais como consumo de energia e água, comunicações e manutenção

---

(298) DELGADO, Mauricio Godinho; DELGADO, Gabriela Neves. *A Reforma Trabalhista no Brasil com os comentários à Lei n. 13.467/2017*. 1. ed. São Paulo: LTr, 2017. p. 139.
(299) SILVA, Homero Batista Mateus da. *Comentários à reforma trabalhista* (livro eletrônico). 1. ed. São Paulo: Revista dos Tribunais, 2017, s/p.
(300) Enunciado 70: **TELETRABALHO: CUSTEIO DE EQUIPAMENTOS**. O CONTRATO DE TRABALHO DEVE DISPOR SOBRE A ESTRUTURA E SOBRE A FORMA DE REEMBOLSO DE DESPESAS DO TELETRABALHO, MAS NÃO PODE TRANSFERIR PARA O EMPREGADO SEUS CUSTOS, QUE DEVEM SER SUPORTADOS EXCLUSIVAMENTE PELO EMPREGADOR. INTERPRETAÇÃO SISTEMÁTICA DOS ARTS. 75-D E 2º DA CLT À LUZ DOS ARTS. 1º, IV, 5º, XIII E 170 DA CONSTITUIÇÃO DA REPÚBLICA E DO ART. 21 DA CONVENÇÃO N. 155 DA OIT.
(301) Enunciado 25 (Comissão 3): **25. TELETRABALHO**. A INTERPRETAÇÃO DO ART. 75-D DA CLT DEVE SER FEITA DE FORMA SISTÊMICA, SENDO QUE O CONTRATO ESCRITO PODE DISPOR SOBRE A FORMA DE CUSTEIO DOS EQUIPAMENTOS E DA INFRAESTRUTURA NECESSÁRIOS AO LABOR PELO EMPREGADOR, BEM COMO SOBRE A FORMA DE REEMBOLSO DAS DESPESAS EVENTUALMENTE FEITAS PELO EMPREGADO, NÃO SENDO POSSÍVEL TRANSFERIR AO EMPREGADO OS CUSTOS DO LABOR REALIZADO EM REGIME DE TELETRABALHO, EM ATENÇÃO AO DISPOSTO NO ART. 2º, *CAPUT*, DA CLT
(302) Observa-se que as recomendações internacionais não ensejam ratificação, até porque possuem mero efeito orientativo, não vinculando o Estado Membro.

de máquinas e equipamentos, assim como pelo tempo dedicado à manutenção das máquinas e equipamentos e outras situações similares.[303]

A Costa Rica prevê que os servidores em regime de teletrabalho devem, em regra, ter os equipamentos de trabalho propiciados pela instituição pública, salvo se o servidor voluntariamente oferecer seus próprios equipamentos e instrumentos necessários para o cumprimento das atividades contratadas, mediante acordo escrito.[304]

Portugal prevê que, inexistindo previsão contratual, presume-se que cabe ao empregador fornecer os equipamentos relativos à tecnologia da informação e da comunicação, assim como instalação, manutenção e custeamento das despesas inerentes.[305]

A Venezuela, ao tratar do trabalho em domicílio (não necessariamente em regime de teletrabalho), por meio do art. 213 da Lei Orgânica do Trabalho, prevê o ressarcimento pelos gastos relacionados com o trabalho, assim como manutenção de máquinas e equipamentos de trabalho.[306]

Seguindo a mesma esteira, na Argentina, o *PROPET — Programa de Promocion del Empleo en Teletrabajo*, também prevê a compensação de gastos em regime de teletrabalho, além da concessão de meios para a execução das atividades.[307]

---

(303) 16. *Los trabajadores a domicilio deberían percibir una compensación por: (a) los gastos relacionados con su trabajo, como los relativos al consumo de energía y de agua, las comunicaciones y el mantenimiento de máquinas y equipos; (b) el tiempo dedicado al mantenimiento de máquinas y equipos, al cambio de herramientas, a la clasificación, al embalaje y desembalaje y a otras operaciones similares.*
(304) *Corresponderá a cada institución participante, determinar las medidas necesarias para garantizar el equipamiento de trabajo, definir el ámbito de responsabilidades, y la estimación de costos, previo al inicio de los programas de teletrabajo. La obligación que recae en la institución en el suministro de equipo de trabajo, sólo podrá ser dispensada cuando voluntariamente el teletrabajador ofrezca equipo y herramientas de su propiedad para el cumplimiento de las funciones asignadas, situación que deberá quedar debidamente consignada en el acuerdo suscrito por las partes.* Disponível em: <http://www.ilo.org/dyn/natlex/docs/ELECTRONIC/94875/111506/F313548990/CRI94875.pdf>. Acesso em: 20 jul. 2017.
(305) Código do Trabalho. Art. 168º Instrumentos de trabalho em prestação subordinada de teletrabalho. 1 — Na falta de estipulação no contrato, presume-se que os instrumentos de trabalho respeitantes a tecnologias de informação e de comunicação utilizados pelo trabalhador pertencem ao empregador, que deve assegurar as respetivas instalação e manutenção e o pagamento das inerentes despesas. 2 — O trabalhador deve observar as regras de utilização e funcionamento dos instrumentos de trabalho que lhe forem disponibilizados. 3 — Salvo acordo em contrário, o trabalhador não pode dar aos instrumentos de trabalho disponibilizados pelo empregador uso diverso do inerente ao cumprimento da sua prestação de trabalho.
(306) *Artículo 213. Compensaciones por gastos conexos. El patrono o patrona deberá pagar a los trabajadores y trabajadoras a domicilio, compensaciones por los gastos relacionados con su trabajo, como los relativos a consumo de servicios* públicos *y mantenimiento de máquinas y equipos de trabajo.* Disponível em: <http://adm-asecon.com.ve/normativas/leyorganicadeltrabajo.pdf>. Acesso em: 20 jul. 2017.
(307) 9. *Compensación por gastos: "LA EMPRESA" se compromete a compensar al TELETRABAJADOR por eventuales gastos que pudiere incurrir en ocasión del Teletrabajo, el mismo será*

Também em Colômbia, a Lei n. 1.221, de 2008 prevê que cabe ao empregador prover e garantir a manutenção dos equipamentos, conexões, programas, energia, e o que for necessário para o desempenho das funções.[308]

Retornando ao Brasil, observa-se, que em sentido oposto, a Resolução n. 227 do CNJ, de âmbito interno do Poder Judiciário, dispõe no art. 13, que "o servidor é responsável por providenciar e manter estruturas física e tecnológica necessárias e adequadas à realização do teletrabalho."

O TST, anteriormente já havia, por meio da resolução interna de número 1.499/12, em seu art. 7º, determinado que os servidores públicos que desejam atuar em regime de teletrabalho arquem com os custos de instalação e manutenção dos equipamentos necessários ao desempenho da função.[309]

Embora a posição do órgão judicial trabalhista superior seja relevante, na esteira da cautela, não se recomenda a adoção de igual procedimento por parte do setor privado, ao menos não sem a ciência do risco de a questão ser interpretada de modo diverso ante o comando de que cabe ao empregador o custeamento da atividade, não podendo repassar tal ônus ao empregado.

Vê-se, aliás, que a parte final do art. 75-D da CLT trata de a possibilidade das partes pactuarem expressamente o reembolso das despesas enfrentadas pelo empregado.

Nesse diapasão, é salutar pensar no estabelecimento de regras relativas aos gastos com instalação, luz, modem, telefone, equipamentos de informática, seguro dos equipamentos, manutenção e avarias, e até mesmo na ocupação exclusiva do espaço, tomando a cautela de não lançar todos os valores juntamente com o salário, mas sim discriminá-los.

Porém, igualmente relevante regrar o uso dos equipamentos eletrônicos, deixando claro que se destinam à execução do trabalho e que o mau uso é

---

proporcional al tiempo teletrabajado en el mes. Esta compensación será asimismo actualizable en similar proporción a los aumentos salariales colectivamente acordados en el sector de actividad y/o Empresa el que resulte aplicable. Disponível em: <http://www.trabajo.gob.ar/downloads/teletrabajo/res_595-2013_PROPET.pdf>.

(308) 7. *Los empleadores deberán proveer y garantizar el mantenimiento de los equipos de los teletrabajadores, conexiones, programas, valor de la energía, desplazamientos ordenados por él, necesarios para desempeñar sus funciones.* Disponível em: <https://www.mintic.gov.co/portal/604/articles-3703_documento.pdf>. Acesso em: 20 jul. 2017.

(309) **Art. 7º** Compete exclusivamente ao servidor providenciar as estruturas físicas e tecnológica necessárias à realização do teletrabalho, mediante uso de equipamentos ergonômicos e adequados. Parágrafo único. O servidor, antes do início do teletrabalho, assinará declaração expressa de que a instalação em que executará o trabalho atende às exigências do *caput*, se necessário, solicitar a avaliação técnica do Tribunal.

passível de punição — situações que inclusive reforçam a inexistência de caráter salarial da concessão dos equipamentos, nos termos do parágrafo único do art. 75-D da CLT.[310]

5.4. Controle de Jornada/Ausência

O regime de teletrabalho pode ser prestado em tempo integral fora da empresa, em parte do tempo de modo descentralizado, ou eventualmente. Daí as derivações *Teleworking* e *Telecommuting*.

Teleworking representa "qualquer forma de substituição da viagem ao local de trabalho pelas tecnologias da informação — tais como meios de telecomunicações e computadores —, movimentando-se o trabalho ao trabalhador ao invés de moverem-se os trabalhadores ao local de trabalho".[311]

Telecommuting significa "trabalho periódico realizado fora do escritório principal — durante um ou mais dias da semana — em casa do trabalhador, no local do cliente ou em um centro de teletrabalho."[312]

Usualmente se denomina teletrabalho *full time* quando prestado todo o tempo fora da empresa; teletrabalho *part time*, uma parte do tempo fora; ou teletrabalho ocasional, em situações eventuais fora da empresa.[313]

Ressalva-se que a Lei n. 13.467/2017, consoante redação dada ao art. 75-B da CLT, não autoriza o enquadramento do teletrabalho ocasional na regra do art. 62, inciso III da CLT, que nem sequer conceitua essa espécie de trabalho.

Observa-se que o texto adotado pelo art. 75-B guarda correspondência com a parte I, item (b) da Recomendação n. 184 da OIT, que dispõe que:

> [...] uma pessoa que tenha a condição de assalariado não se considerará trabalhador em domicílio para os efeitos da presente Recomendação por realizar ocasionalmente o trabalho assalariado em seu domicílio, em vez de realiza-lo em seu lugar de trabalho habitual.[314]

---

(310) Art. 75-D. Parágrafo único. As utilidades mencionadas no *caput* deste artigo não integram a remuneração do empregado.
(311) NILLES, Jack M. *Fazendo do Teletrabalho uma realidade*. São Paulo: Futura, 1997. p. 53.
(312) NILLES, p. 53.
(313) SILVA, Vitor Gustavo da; VIEIRA, Almir Martins; PEREIRA, Raquel da Silva. *A gestão do teletrabalho*: nova realidade ou mera adaptação à tecnologia? Disponível em: <http://revista.grupointegrado.br/revista/index.php/perspectivascontemporaneas/article/viewFile/1864/761>. Acesso em: 14 jul. 2017.
(314) (b) *una persona que tenga la condición de asalariado no se considerará trabajador a domicilio a los efectos de la presente Recomendación por el mero hecho de realizar ocasionalmente su trabajo como asalariado en su domicilio, en vez de realizarlo en su lugar de trabajo habitual*. Disponível em: <https://www.mintic.gov.co/portal/604/articles-3703_documento.pdf>. Acesso em: 14 jul. 2017.

No mesmo sentido, a título ilustrativo, o art. 6º (4) da Lei n. 1.221, em Colômbia, que também não reconhece como teletrabalhador aquele que realiza atividades ocasionais em seu domicílio ou em local distinto do lugar de trabalho habitual.[315]

O teletrabalho realizado em algumas oportunidades conduz à manutenção das condições de controle de jornada, devendo ser anotado o horário das atividades em folha própria e repassada ao empregador, de forma analógica ao previsto no art. 74, § 3º da CLT.

Quanto ao controle de jornada, o art. 62, inciso III da CLT é expresso ao isentar o teletrabalhador do controle de jornada, ainda que haja comparecimento na empresa. Tal teve o objetivo de não isolar o teletrabalhador, além de permitir o contato mais próximo para efeito de acompanhamento e reuniões.

É de se notar que o art. 62, inciso III da CLT possui regra diversa do inciso I do mesmo dispositivo legal, na medida em que exclui o teletrabalhador do regime do capítulo II da CLT, que trata da jornada de trabalho, independente da possibilidade de controle.[316]

Essa diferença é relevante na medida em que comparando com o art. 62, inciso I da CLT, percebe-se que este exclui o trabalhador externo do capítulo II, desde que haja impossibilidade de controle. Ou seja, para o trabalhador externo importa se há condições objetivas de controlar a jornada cumprida pelo empregado.

No entanto, para o teletrabalhador, ainda que haja possibilidade de controle de jornada, o enunciado legal conduz à inaplicabilidade do capítulo II da CLT que trata do regime de jornada de trabalho. A conclusão em uma leitura literal é de que o teletrabalhador nunca terá direito a horas extras.

Sabe-se, todavia, que um dispositivo legal não pode ser lido de modo isolado, e sim em seu conjunto, dialogando fontes, valendo-se dos princípios informadores de cada ciência jurídica para a melhor interpretação.

Com efeito, teletrabalho nada mais é do que modalidade de contrato de trabalho, e, portanto, sujeito ao princípio da primazia da realidade. Logo, se houver controle de jornada, por evidente não será aplicável o art. 62, inciso III da CLT, até porque nada impede que o empregador estabeleça controle de jornada e remunere as horas extras, já que tal representa concretização do princípio da progressividade dos direitos sociais inserido no art. 7º da CF.

A título de exemplo, em Itália, o Instituto Nazionale di Previdenza Sociale montou várias sedes descentralizadas a fim de possibilitar o acesso ao trabalho em local mais próximo dos trabalhadores, mantendo o controle sobre a atividade.[317]

---

[315] *Idem*.
[316] OLIVEIRA NETO, Celio Pereira. Lei n. 13.467/2017: flexibilidade, simplificação e outras repercussões na jornada de trabalho. In: AGUIAR, Antonio Carlos (Coord.). *Reforma Trabalhista*. Aspectos jurídicos relevantes. São Paulo: Quartier Latin, 2017. p. 59.
[317] DE MASI, p. 214.

A Colômbia, embora reconheça a ausência de direito a horas extras do trabalhador, faculta ao empregador o controle e paga destas, nos termos do art. 6º, parágrafo único.[318]

Tal hipótese, no entanto, é de fácil solução. O problema pode ser maior quando se trata da efetiva ausência de controle de jornada, combinada com a possibilidade de controle do tempo de trabalho, ainda que à distância.

Tal conjetura remeteria ao questionamento de a possibilidade de controle de jornada conduzir à inaplicabilidade do art. 62, inciso III da CLT, e por consequência deferimento de horas extras, se a jornada for extrapolada.

Vez mais, a resposta seria fácil se o dispositivo legal contivesse igual disposição ao art. 62, inciso I da CLT quanto à impossibilidade de controle de jornada. Contudo, este não é o caso, de sorte que duas conclusões se tornam possíveis.

A primeira é de que, em nenhuma hipótese se cogita do pagamento de horas extras, se não houver efetivo controle, eis que o teletrabalhador está afastado da aplicação do capítulo que trata da jornada de trabalho, e a ênfase do legislador tem a sua razão de ser, afinal como permitir o livre e autogerenciamento dos horários de trabalho se o empregador ficar sujeito a realizar a fiscalização e pagamento de horas extras.

Se o empregado resolve assistir a um jogo de futebol — Final da UEFA — no período da tarde, e trabalhar na madrugada, o empregador nem terá como manter o contato e muito menos controlar tal atividade laborativa, ainda que tenha meios de saber o horário da atividade.

Vale aqui a lição de Domenico de Masi que distingue as condições de realização do trabalho intelectual do manual, explicando que:

> [...] "ainda aplicamos ao trabalho intelectual regras que foram pensadas para o trabalho material. Mas o trabalho material, como já vimos, requer quase sempre uma unidade de tempo e lugar — a fábrica — enquanto o trabalho imaterial não exige nem copresença física, nem sincronismo."[319]

Em outro trecho, o autor tece crítica quanto ao estabelecimento de controles, mormente de horários, quando se trata de trabalho criativo, tal como o imaterial:

---

(318) PARÁGRAFO. *Cuando el teletrabajo sea ejecutado donde sea verificable la jornada laboral, y el teletrabajador a petición del empleador se mantiene en la jornada laboral mas de lo previsto en el artículo 161 del Código Sustantivo del Trabajo y de la Seguridad Social, o le asigna más trabajo del normal, el pago de horas extras, dominicales y festivos se le dará el mismo tratamiento de cualquier otro empleado.* Disponível em: <https://www.mintic.gov.co/portal/604/articles-3703_documento.pdf>. Acesso em: 24 jul. 2017.
(319) DE MASI, p. 232.

> "Por duzentos anos a empresa manufatureira aperfeiçoou a sádica arte do controle sobre tudo e todos: hora de entrada e de saída, despesas, ritmos e biorritmos. Hoje se tenta fazer a mesma coisa com as pessoas que exercem trabalhos criativos, que, ao contrário, requerem motivação."

A flexibilidade e auto-gestão dos tempos e métodos demonstra que essa modalidade de trabalho não deve ser tratada como sujeita à controle de jornada, sob pena de perder a sua própria essência.

Em regime de teletrabalho, em regra inexiste preocupação com o tempo, mas com a entrega contratada. Não importa ao empregador o número de horas de trabalho, ainda que menor do que as usuais, na medida em que o escopo é o resultado entregue.

Nesse sentido, ao tratar das mudanças do poder de direção na sociedade da informação, Antonio Carlos Aguiar leciona:

> [...] "às empresas, atualmente, não é mais imprescindível o controle direto sobre as atividades desenvolvidas. Surge um estágio diferenciado, em que há maior autonomia e divisão de responsabilidades para confecção do que é ao final esperado: o resultado (e não mais só o processo de execução)".[320]

A gestão do tempo passa a ser muito mais qualitativa do que quantitativa, desaparecendo a necessidade de controle das horas, de modo assemelhado ao trabalho autônomo, no que se refere à auto-gestão e flexibilidade de tempos e métodos.

A preocupação do gestor, a seu turno, deve ser com o resultado, muitas vezes revelado pelo cumprimento de metas, planejamento ou projeto entabulado, e não de controle sobre o tempo, que passa a ser do teletrabalhador, a quem cabe gerenciar os horários de trabalho e os momentos de aproximação com o núcleo familiar, ou mesmo desenvolvimento de outras atividades extra-laborais, tudo de acordo com o seu ritmo.

Marilia de Gonzaga Lima e Silva Tose realizou pesquisa empírica, explorando os aspectos qualitativos e as dificuldades do regime de teletrabalho, por meio da tomada do depoimento de vinte e um teletrabalhadores que atuavam em duas empresas que adotaram o regime de teletrabalho.[321]

No que se refere à gestão do tempo nos programas em análise, a autora diagnosticou a liberdade dos teletrabalhadores, e observou que os objetivos em-

---

(320) AGUIAR, Antonio Carlos. *Negociação Coletiva de trabalho*. São Paulo: Saraiva, 2011. p. 25.
(321) SILVA TOSE, Marilia de Gonzaga Lima e. *Teletrabalho*: a prática do trabalho e a organização subjetiva dos seus agentes. Tese de Doutorado em Ciências Sociais. Pontifícia Universidade Católica de São Paulo, 2005. p. 54.

presariais quando da implantação do programa eram voltados ao reconhecimento por produtividade, redução do tempo gasto com deslocamento dos trabalhadores e das despesas daí decorrentes, assim como maior flexibilidade e administração do próprio tempo, associadas com maior autonomia, melhora da qualidade de vida e realização do trabalho de modo descentralizado.[322]

Ao avaliar o desenvolvimento do programa, durante as entrevistas dos vinte e um trabalhadores, a autora pode perceber que de fato os teletrabalhadores se tornaram senhores dos seus tempos, tendo a maioria apontado que "não há jornada fixa; parte deles diz cumprir um horário estabelecido por eles mesmos; parte diz que a atual jornada é menor e apenas um diz que é maior do que aquela exercida na empresa."[323]

Dentro desse espírito de liberdade, um dos trabalhadores entrevistados, quando questionado quanto à jornada de trabalho, diz que "não, não é fixa [a jornada de trabalho]. Tem dias que não são muito produtivos, tem dia que estou de 'saco cheio', vou tocar meu violão, vou no parquinho com meu filho."[324]

É claro que não se acredita que este teletrabalhador não exerça as suas atividades laborais em outro momento, porém de acordo com o seu ritmo, no momento em que se sente mais produtivo, e menos estafado.

Outro teletrabalhador entrevistado, ao ser questionado se trabalha menos ou mais do que na empresa, após informar que consegue laborar mais centrado em casa, com menos interrupções, explica que:

> [...] "... na hora em que começo, vai embora que você nem vê a hora passar. Mas o meu dia fica reduzido, se eu contar as horas do dia com as atividades que eu tenho pela manhã, que eu faço as atividades administrativas, coisas que não exigem muita concentração e com a minha agenda à tarde, vamos dizer que eu trabalhe duas horas pela manhã, e quatro horas à tarde."

Trabalhador diverso ainda complementa, "na maior parte das vezes a empresa nem sabe o que estou fazendo".[325] O teletrabalhador se torna, portanto, empoderado, dono do seu tempo.

Marilia de Gonzaga Lima e Silva Tose aduz que: [...] "as respostas dos teletrabalhadores levam à conclusão de que não há uma jornada fixa e de que eles têm domínio sobre esse aspecto", assim como que, "essa liberdade parece conduzir a uma melhor performance dos trabalhadores e, consequentemente, da empresa."

---

(322) SILVA TOSE, p. 54.
(323) SILVA TOSE, p. 129.
(324) SILVA TOSE, p. 129.
(325) SILVA TOSE, p. 160.

A autora, após transcrever uma série de entrevistas que demonstram até mesmo uma mistura da vida pessoal e profissional, aponta que "percebe-se, assim, a flexibilidade que o trabalho em casa permite àqueles que o exercem, pelo fato de não haver separação rígida entre trabalho pago, trabalho não pago, remunerado e lazer".[326]

O conceito é de empoderamento do trabalhador, mitigação da subordinação e autogerenciamento da atividade, de sorte que a vontade do legislador parece inequívoca quanto à ausência de aplicação dos dispositivos legais que regem a duração da jornada de trabalho.

Destarte, o deferimento de horas extras, adicional noturno ou horas decorrentes de intervalos representaria desestímulo à contratação de uma atividade que o legislador parece interessado em incitar em prol do trabalhador, das empresas e da sociedade de um modo geral.

A segunda possibilidade deriva de uma intepretação ampliativa. Com efeito, se combinados os incisos I e III do art. 62 da CLT — o que não parece uma interpretação correta — abre-se a possibilidade de aplicação do regime de jornada, e por consequência deferimento de horas extras, adicional noturno e outros, ao teletrabalhador, quando da possibilidade de controle de jornada.

É de conhecimento que tal regra é aplicada pela jurisprudência trabalhista no que se refere ao trabalho externo, porém a base é o art. 62, inciso I da CLT, que prevê expressamente a necessidade de incompatibilidade de controle de jornada como meio hábil para a aplicabilidade do regime de exceção da jornada.

Com efeito, a jurisprudência consagrou a possibilidade de controle de jornada como suficiente a ensejar a descaraterização da exceção de controle quando se trata de atividade externa, mas também por vezes para o exercente de cargo de confiança, inobstante a ausência de previsão no art. 62, inciso II da CLT.

Nessa esteira de raciocínio, é de se observar o teor do Enunciado 21 da Comissão 3 do XIX CONAMAT, que embora sem efeito vinculativo, prevê:

21. **Teletrabalho. Controle de Jornada**

REFORMA TRABALHISTA — ART. 62, INCISO III/CLT — CONTROLE EFETIVO DA JORNADA. NOS CASOS EM QUE FOR POSSÍVEL O ACOMPANHAMENTO OU CONTROLE INDIRETO DA JORNADA DE TRABALHO PELO EMPREGADOR, AINDA QUE POR MEIOS INFORMATIZADOS OU TELEMÁTICOS, O PRINCÍPIO DO CONTRATO REALIDADE IMPÕE A INTERPRETAÇÃO DO DISPOSITIVO EM EPÍGRAFE DE ACORDO COM O DISPOSTO NO ART. 7º, INCISO XIII DA CF/88, ART. 7º, "D" DO PIDESC E DO ART. 7º "G" PROTOCOLO DE SAN SALVADOR, GARANTINDO AO TRABALHADOR O DIREITO ÀS HORAS EXTRAS TRABALHADAS.

---

(326) SILVA TOSE, p. 164.

Logo, recomenda-se cautela, de sorte que havendo a possibilidade de controle de jornada — especialmente quando da existência de conexão permanente *on line* — é aconselhável que o empregador avalie a possibilidade de limitar a extensão da jornada, predeterminar os horários de trabalho, inclusive dos intervalos, se for o caso limitando acesso fora dos horários contratados, sob pena de gerar um sem número de horas extras, na hipótese de a jurisprudência se inclinar pela tese da possibilidade de controle de jornada como apta a excluir a aplicação do art. 62, inciso III da CLT.

Ademais, de forma inexorável se o empregado permanecer em regime de plantão, cabendo ser chamado a qualquer tempo, abre-se ampla possibilidade de ser caracterizada a hora de sobreaviso, nos termos da Súmula n. 428 do TST.

Já a condição é diversa quando não há possibilidade de controle da jornada do empregado, e este atua com autonomia e liberdade visando a consecução do objeto contratado, distribuindo horários ao seu bel prazer, de acordo com a sua conveniência e oportunidade.

Nesta hipótese, diante do estabelecimento de conexão *off line*, e de tarefas compatíveis com o tempo necessário para a realização dentro das 44h semanais,[327] a adoção do regime de exceção prevista pelo art. 62, inciso I da CLT já se revelava mais do que adequada (antes mesmo da inserção do inciso III da CLT), caracterizando-se à época analogicamente o labor em atividade externa não sujeita ao controle de jornada.

Em suma, com a Lei n. 13.467/2017 há a criação de dispositivo legal expresso a fim de enquadrar o teletrabalho na exceção do controle de jornada, e mais do que isso, sem a condicionante da possibilidade ou não de controle de jornada, ressalvado o risco de a jurisprudência entender que a mera condição de ser possível o controle da jornada conduza à inaplicabilidade da exceção legal.

5.5. Teletrabalho e o Direito de Desconexão

Tal como já exposto, o teletrabalho representa enormes vantagens para todos, porém não deixa de trazer alguma desvantagem ao diminuir a fronteira entre a vida privada e a profissional, o que se agrava consideravelmente se o direito de desconexão não for respeitado.

---

(327) A título de subsídio quanto às atividades serem compatíveis com a jornada ordinária, vale menção à Recomendação n. 184 da OIT, *parte VIII — 23. El plazo fijado para terminar un trabajo no debería privar al trabajador a domicilio de la posibilidad de disfrutar de un tiempo de descanso diario y semanal comparable al que tienen los otros trabajadores. 24. La legislación nacional debería fijar las condiciones en las cuales los trabajadores a domicilio deberían disfrutar de días festivos retribuidos, vacaciones anuales remuneradas y licencias de enfermedad pagadas, al igual que los otros trabajadores.*

O tema possui normativa pobre, mesmo no plano internacional. A França merece destaque ao tutelar expressamente o respeito à vida privada do teletrabalhador, dispondo que cabe ao empregador em consulta ao empregado fixar os momentos que este pode ser contatado, devendo respeitar tal ajuste.[328]

Em Colômbia a redação do art. 6º (1) da Lei n. 1.221, prevê que dada a natureza especial das atividades, não são aplicáveis as disposições sobre jornada de trabalho, horas extras e trabalho noturno, entretanto, cabe ao Ministério da Proteção Social exercer vigilância especial para garantir que os teletrabalhadores não sejam submetidos a cargas de trabalho excessivas.[329]

Não se pode deixar de observar, vez mais, que em regra é o teletrabalhador quem gerencia o seu tempo, de sorte que cabe a este zelar pelo gozo do direito de lazer e descanso, estando a empresa, na maior parte das vezes, sem a possibilidade de exercer qualquer controle nesse sentido.

Ou seja, a jornada de trabalho é cumprida em termos qualitativos, sem a fiscalização de outrora, cabendo ao teletrabalhador dimensionar o tempo e ditar os ritmos, de acordo com o seu relógio biológico e conveniência.

Nas entrevistas objeto do trabalho de Marilia de Gonzaga Lima e Silva Tose, o que se percebeu foi a existência dessa autogestão, consoante frases ou explicações do tipo:

> [...] "eu controlo a minha vida. Tem muitos casos que, às vezes, eu tenho algumas atividades a serem feitas que é dentro do horário de trabalho, eu paro para fazer o que eu tenho que fazer, que são coisas pessoais às vezes, e depois volto à atividade e compenso este tempo trabalhando. Eu me considero dono do meu tempo."[330]

---

(328) *Respect de la vie privée. L'employeur est tenu de respecter la **vie privée du télétravailleur**. A cet effet, il fixe, en concertation avec le salarié, les plages horaires durant lesquelles il peut le contacter. Si un moyen de surveillance est mis en place, il doit être pertinent et proportionné à l'objectif poursuivi et le télétravailleur doit en être informé. La mise en place, par l'employeur, de tels moyens doit faire l'objet d'une information et d'une consultation préalable du comité d'entreprise ou, à défaut, des délégués du personnel dans les entreprises qui en sont dotées.* Disponível em: <https://www.entreprises.cci-paris-idf.fr/web/reglementation/developpement-entreprise/droit-social/le-teletravail>. Acesso em: 24 nov. 2017.

(329) *1. A los teletrabajadores, dada la naturaleza especial de sus labores no les serán aplicables las disposiciones sobre jornada de trabajo, horas extraordinarias y trabajo nocturno. No obstante la anterior, el Ministerio de la Protección Social deberá adelantar una vigilancia especial para garantizar que los teletrabajadores no sean sometidos a excesivas cargas de trabajo.* Disponível em: <https://www.mintic.gov.co/portal/604/articles-3703_documento.pdf>. Acesso em: 14 jul. 2017.

(330) SILVA TOSE, p. 119.

Outro teletrabalhador diz, "eu diria que hoje está melhor nestes pontos que eu ressalto novamente. É a flexibilidade do horário, você poder dimensionar a carga de trabalho de acordo com a necessidade."[331]

Ou ainda, diverso teletrabalhador disse que:

> [...] "efetivamente, eu trabalho umas seis horas por dia. Trabalho num projeto, faço alguma coisa que renda, uma determinada documentação para a empresa, no máximo, seis horas por dia, e o restante fico estudando. Ou às vezes menos, eu trabalho quatro horas e o restante fico estudando. Depende muito do projeto que você está envolvido, não dá para especificar. Às vezes eu trabalho quinze horas; dependendo do projeto, preciso trabalhar quinze horas, mas não existe um horário fixo."[332]

Este mesmo teletrabalhador informa que consegue fazer em cinco horas o que antes demandava oito horas, apresentando um rendimento muito maior, e que procura trabalhar nas horas de maior rendimento, o que também representa menor fadiga intelectual, segundo relata.[333]

Nessa mesma linha, outro teletrabalhador diz, "nós gostamos do que fazemos e acabamos esquecendo de olhar o relógio, mas se não estamos com vontade de trabalhar [naquele momento], não trabalhamos e vamos fazer nossas coisas particulares.[334]

Em regime de trabalho à distância, cabe ao teletrabalhador, se desejar, fracionar o tempo de trabalho, tornando a atividade mais prazerosa e menos exaustiva, gerando maior saúde e bem-estar, consoante bem demonstraram os depoimentos supratranscritos.

O que se dessume é que devem ser respeitados os limites impostos pelo ordenamento jurídico, valendo a autodeterminação e liberdade do trabalhador no gozo do seu tempo de descanso e lazer, que deve ser efetivo com o teletrabalho. Ou seja, há de prevalecer a maturidade social de parte a parte, agindo-se com lealdade e boa-fé também nas relações virtuais, respeitando-se, assim, o direito de desconexão.

A geração Z já nasceu conectada, se realiza boa parte das vezes por meio das redes sociais. Ou seja, goza dos seus direitos da personalidade com bastante ênfase no ciberespaço. Por vezes, chega a se sentir infeliz e/ou frustrada se perde o contato com as redes sociais.

---

(331) SILVA TOSE, p.119.
(332) SILVA TOSE, p. 121.
(333) SILVA TOSE, p. 122 e 145.
(334) SILVA TOSE, p. 149.

Esses elementos colocam em dúvida até mesmo se existe um direito ao lazer e descanso durante o horário de trabalho, afinal como exigir que a sociedade da informação, especialmente a geração Z trabalhe 8 horas seguidas, observado o tempo para intervalo no meio da jornada, como seus antepassados.

Como visto, trata-se de uma nova era, onde tudo mudou, e essa geração não parece disposta a cumprir as mesmas regras, de sorte que se torna discutível o direito à alienação ao trabalho durante o horário de trabalho.

Com efeito, o trabalhador de hoje tem os seus direitos personalíssimos reconhecidos mesmo durante a realização do trabalho, e essa alienação durante o horário dedicado ao empregador pode ser discutida.

Vozes portentosas podem levantar e dizer: "o empregador está remunerando a hora, portanto, deve receber a dedicação integral do trabalhador". De outro lado, deve-se observar que a produção já não obedece ao cronômetro de Taylor, inserindo-se em uma nova dinâmica, de ordem criativa.

As empresas de tecnologia cada dia se preocupam menos com a jornada, e mais com o resultado, do que são paradigmas Google e Facebook. Não se está aqui a defender um mundo mágico como parece ser o trabalho naquelas empresas.

E nem teria como, pois nas mencionadas empresas trabalha-se duro, certamente mais do que nos métodos tradicionais. Todavia, de uma forma diferente, que mais se aproxima do ócio criativo.

Na teoria de Domenico de Masi:

> [...] "o futuro pertence a quem souber libertar-se da ideia tradicional do trabalho como obrigação ou dever e for capaz de apostar numa mistura de atividades, onde o trabalho se confundirá com o tempo livre, com o estudo e com o jogo, enfim, o ócio criativo."[335]

Entenda-se aqui jogo como diversão, de sorte que o ócio criativo representa a mistura e entrelaçamento do lúdico e das atividades criativas, divertidas e produtivas, de sorte a sempre se gerar um valor. Domenico de Masi sustenta que:

> [...] "quando dá uma aula ou uma entrevista, quando assiste um filme ou discute animadamente com os amigos, deve sempre existir a criação de um valor e, junto com isso, divertimento e formação."

É justamente isso que ele chama de ócio criativo, e que vem como reação ao modelo tradicional de trabalho, mormente diante da produção taylorista da 2ª Revolução Industrial, que mecanizou o trabalhador, não o permitindo pensar, tornando a atividade laborativa linear e tediosa.

---

(335) DE MASI, p. 111.

Aponta que o camponês e o artesão viviam no mesmo local onde trabalhavam, misturando as atividades, e que foi a indústria que separou o lar do trabalho, a vida das mulheres da vida dos homens e o cansaço da diversão, sustentando que "a plenitude da atividade humana é alcançada somente quando nela coincidem, se acumulam, se exaltam e se mesclam o trabalho, o estudo e o jogo... isto é quando nós trabalhamos, aprendemos e nos divertimos, tudo ao mesmo tempo."[336]

Ao distinguir o ócio criativo do ócio, o autor prega que "existe um ócio criativo, no qual a mente é muito ativa, que faz com que nos sintamos livres, fecundos, felizes e em crescimento. Existe um ócio que nos depaupera e outro que nos enriquece".[337]

Trata também da diferença de satisfação entre o trabalho intelectualizado e o repetitivo, em que na primeira hipótese o homem chega a adorar o trabalho de modo neurótico, e na segunda não vê a hora de terminar aquela atividade tediosa.[338]

O trabalho subordinado e repetitivo do chão de fábrica foi em grande parte substituído, ficando o trabalhador empoderado mediante a inserção de novos processos de gestão, de índole colaborativa, onde o trabalhador tem muito mais autonomia, relativizando a subordinação.

Fato é que, enquanto não se acelera a discussão sobre o direito à desconexão durante o horário de trabalho, na sede da empresa, o teletrabalho já oferece essa possibilidade de o empregado gerir o seu tempo, de acordo com a sua conveniência e oportunidade, entregando o resultado do trabalho, sem a mesma fiscalização de outrora, e praticando, se assim entender, o ócio criativo.

5.6. Teletrabalho e a Representação de Trabalhadores

Em regra, os sindicatos são frontalmente contra o teletrabalho, entendendo que há uma precarização do movimento sindical, todavia, já começaram a perceber que é possível organizar os trabalhadores com ainda mais eficácia por meio das redes sociais.

Os próprios trabalhadores já fizeram uma greve virtual, por meio de uma plataforma chamada Second Life, dentro da IBM italiana. O Brasil bem conheceu a força das redes sociais em meio aos protestos populares de 2015, e tantos outros que se sucederam.

---

(336) DE MASI, p. 153.
(337) DE MASI, p. 242.
(338) DE MASI, p. 327.

A Recomendação n. 184 da OIT, parte V, número 11 trata da preservação do direito de sindicalização e do direito à negociação coletiva em regime de trabalho em domicílio, podendo ser aplicada de modo mais amplo para o regime geral de teletrabalho.

Na legislação estrangeira, diversos países tutelam expressamente o direito dos teletrabalhadores ao exercício sindical, seja na constituição de sindicato, seja no que tange ao direito de associação, do que são meros exemplos a Colômbia[339] e Portugal.

O direito lusitano, por sinal, tutela inclusive o uso das tecnologias de informação e de comunicação próprias do trabalho, para efeito de reunião com as representações dos trabalhadores,[340] e o direito espanhol garante que os trabalhadores à distância poderão exercer os direitos de representação coletiva, devendo estar relacionados a um local de trabalho da empresa, consoante previsão do art. 13 (5) do Real Decreto-ley n. 3/2012.[341]

A Recomendação n. 184 da OIT,[342] número 12, representa fomento à negociação coletiva para efeito de fixar as condições de trabalho e emprego para os trabalhadores em domicílio.

O sindicato[343] representante da categoria profissional conformado à sociedade da informação deve ser voltado à proteção do próprio trabalho frente

---

(339) COLOMBIA. Lei n. 1.221, de 2008. 6. a) El derecho de los teletrabajadores a constituir o a afiliarse a las organizaciones que escojan y a participar en sus atividades. Disponível em: <https://www.mintic.gov.co/portal/604/articles-3703_documento.pdf>. Acesso em: 10 nov. 2017.
(340) Art. 171º Participação e representação coletivas de trabalhador em regime de teletrabalho. 1 — O trabalhador em regime de teletrabalho integra o número de trabalhadores da empresa para todos os efeitos relativos a estruturas de representação coletiva, podendo candidatar-se a essas estruturas. 2 — O trabalhador pode utilizar as tecnologias de informação e de comunicação afetas à prestação de trabalho para participar em reunião promovida no local de trabalho por estrutura de representação coletiva dos trabalhadores. 3 — Qualquer estrutura de representação coletiva dos trabalhadores pode utilizar as tecnologias referidas no número anterior para, no exercício da sua atividade, comunicar com o trabalhador em regime de teletrabalho, nomeadamente divulgando informações a que se refere o n. 1 do art. 465. 4 — Constitui contraordenação grave a violação do disposto nos ns. 2 ou 3. Disponível em: <http://cite.gov.pt/asstscite/downloads/legislacao/CT25092017.pdf#page=64>. Acesso em: 15 nov. 2017.
(341) 5. *Los trabajadores a distancia podrán ejercer los derechos de representación colectiva conforme a lo previsto en la presente Ley. A estos efectos dichos trabajadores deberán estar adscritos a un centro de trabajo concreto de la empresa.* Disponível em: <https://www.boe.es/buscar/act.php?id=BOE-A-2012-2076)>. Acesso em: 7 nov. 2017.
(342) *Deberían adoptarse medidas destinadas a fomentar la negociación colectiva como medio para fijar las condiciones de empleo y de trabajo de los trabajadores a domicilio.* Destaque-se que tal Recomendação que não foi ratificada pelo Brasil. Disponível em: <http://www.ilo.org/dyn/normlex/es/f?p=NORMLEXPUB:12100:0::NO:12100:P12100_INSTRUMENT_ID:312522:NO>. Acesso em: 30 jul. 2017.
(343) A reforma trabalhista não tratou da reforma sindical, o fez apenas por remendo que gerará precarização e modernização. Pode parecer bastante contraditória a posição ora externada, todavia,

às tecnologias, não de modo a ignorar a realidade atual, mas (re)qualificando o trabalhador e conformando situações.

Deve implementar programas que permitam não só a ampliação do conhecimento técnico do trabalhador, mas principalmente a capacidade de adaptação do profissional e contínuo aperfeiçoamento para laborar em ambientes diferentes e de formas diversas, atuando na formação de trabalhadores multifuncionais, que possam se manter em estado de empregabilidade frente à escalada da automação e mais recentemente da inteligência artificial.

Destarte, devem os sindicatos conectados à sociedade atual tratar de temas como: adaptação e conformação às novas tecnologias; reorganização do trabalho; jornadas flexíveis; teletrabalho; direito de desconexão; (re)qualificação do trabalhador; políticas anti-discriminação e inclusivas; participação em códigos de ética e de conduta; proteção à saúde e meio ambiente do trabalhador.[344]

A inserção social é elemento que deve representar preocupação do sindicato representante dos trabalhadores, que deve negociar políticas inclusivas. Nesse cenário, o sindicato deve lutar pela ampliação do direito ao teletrabalho, como medida de concretização dos direitos fundamentais, visando maior inclusão das pessoas com deficiência ou que residem com idosos ou pessoas que requerem cuidado especial, evidentemente, quando a atividade contratada assim o permitir.

é a visão que se permite. Com efeito, embora não previsto no PL n. 6.787, o Substitutivo apresentado no Senado, e que representa a redação do arts. 545, 578 e 579 da CLT, contemplou a extinção da compulsoriedade da contribuição sindical, o que, por evidente retira receita dos sindicatos, e levará à precarização das negociações nos setores em que os sindicatos não são representativos, olvidando dos interesses da classe.O enfraquecimento destes sindicatos no primeiro momento, pois, conduzirá à precarização das condições de trabalho negociadas. Porém, também deverá ter por efeito conduzir à futura extinção destes sindicatos. Na outra ponta, há os sindicatos que são efetivamente representativos e que não necessitam da famigerada contribuição sindical, que continuarão negociando de maneira séria visando a defesa dos interesses dos seus representados, e deverão ganhar espaço. Há uma ponta solta, contudo. Veja-se que ao mesmo tempo em que a obrigatoriedade da contribuição sindical é extinta, o sindicato continua representando todos os trabalhadores, associados ou não. A consequência é que, bem representando ou não aos seus representados, o sindicato só aufere receita de seus associados. O cenário descrito conduz à inequívoca necessidade de empoderamento do trabalhador, que deverá crescer perante o sindicato que o representa cobrando mudanças de postura e efetiva representação.

(344) Leciona Andréa Presas Rocha: "Outra função importante é a assistencial, que deve ser entendida como a atribuição conferida pela lei ou pelos estatutos para que o sindicato preste serviços aos seus associados. Nesse sentido, vejam-se os arts. 477, 500, 513, 514 e 592, da CLT, nos quais estão arroladas as diversas atividade assistenciais prestadas pelo sindicato aos seus representados, a exemplo de serviços de homologação administrativa das rescisões contratuais, de colocação no mercado de trabalho, de **qualificação profissional**, de educação, saúde, lazer e jurídicos. Trata-se, como visto, de prerrogativas que podem ser assumidas pela entidade sindical, não importando, de modo algum, deveres impostos.. In ROCHA, Andréa Presas. **Atividade sindical e abuso do direito sindical.** Disponível em: <https://jus.com.br/artigos/14905/atividade-sindical-e-abuso-do-direito-sindical>. Acesso em: 13 out. 2017.

Há fértil campo para negociação, a fim de estabelecer regras em regime de teletrabalho, a iniciar pela forma de inserção dos trabalhadores, devendo o sindicato vindicar um período interno de integração, a fim de que o teletrabalhador conheça os colegas, e tenha uma visão geral da empresa, com o escopo de diminuir o sentimento de isolamento, permitindo ao invés a sensação de pertencimento.

Conforme a Reforma Trabalhista, nos termos do previsto pelo art. 611-A da CLT, de forma exemplificativa, passam a ser negociados diversos direitos, sobre os quais fazem-se breves comentários, no que interessa ao tema deste estudo.

A possibilidade de negociação coletiva das regras de teletrabalho está expressa, nos termos do art. 611-A, inciso VIII da CLT e também se aplica ao empregado autossuficiente, nos termos do parágrafo único do art. 444 da CLT.[345]

A facilidade de ajustar plano de cargos, salários e funções sem a necessidade de validação pelo Ministério do Trabalho e Emprego, permite ao sindicato a negociação de condições especiais no planejamento de carreira nos termos do art. 611-A, inciso V da CLT, o que se aplica ao teletrabalhador, que pode pactuar particularidades do trabalho à distância.

Aliás, deve ser mantida constante atenção no que se refere à progressão da carreira profissional do trabalhador à distância, devendo ser mantidas as mesmas oportunidades do trabalhador presencial, tal como previsto no Decreto 37695-MP-MTSS em Costa Rica (art. 8º, i).[346]

A ampliação do campo negocial leva à possibilidade de avaliar quais cargos na empresa representam funções que se enquadram como cargo de confiança,[347]

---

(345) Empregado autossuficiente (possui curso superior e tem remuneração em patamar igual ou superior ao dobro do teto estabelecido pela Previdência Social, atualmente no importe de R$ 11.062,62). Art. 444. Parágrafo único. A livre estipulação a que se refere o *caput* deste artigo aplica-se às hipóteses previstas no art. 611-A desta Consolidação, com a mesma eficácia legal e preponderância sobre os instrumentos coletivos, no caso de empregado portador de diploma de nível superior e que perceba salário mensal igual ou superior a duas vezes o limite máximo dos benefícios do Regime Geral da Previdência Social."

(346) i) *Los teletrabajadores tienen el mismo acceso a la formación y a las oportunidades de desarrollo de la carrera administrativa y profesional que sus homólogos que laboran en las instalaciones de su institución empleadora.* Disponível em: <http://www.ilo.org/dyn/natlex/docs/ELECTRONIC/94875/111506/F313548990/CRI94875.pdf>. Acesso em: 30 jul. 2017.

(347) Essa ampliação conduz a duas possíveis consequências. Uma em que a autonomia negocial das partes não permitirá qualquer interferência do Poder Judiciário nos aspectos materiais negociados, se entendido que a limitação da análise da Justiça do Trabalho ao conteúdo chegar ao ponto de não avaliar se, na prática, aquele cargo é mesmo ou não de confiança — o que parece um pouco além, pois fere de morte o princípio da primazia dos fatos, olvidando que o contrato de trabalho é um contrato-realidade. A segunda possibilidade é no sentido de avaliar as atividades que se enquadram na regra do art. 62, inciso II da CLT, embora, se houver desvirtuamento caiba à Justiça do Trabalho reconhecer a inaplicabilidade no caso concreto.

consignando tal caracterização junto aos instrumentos coletivos. Tal disposição vale para o teletrabalho, afinal nada impede que um teletrabalhador exerça cargo de confiança, desde que por evidente preencha os requisitos de que trata o art. 62, inciso II da CLT, seja em sua primeira parte, seja na segunda.

A possibilidade de participação no regulamento empresarial por meio da negociação coletiva, não só confere maior segurança jurídica ao regramento da empresa, como acima de tudo, no que tange ao estudo em curso, permite ao sindicato participar da discussão e elaboração de regras para o teletrabalho.

As condições de prestação do teletrabalho são importantes para que o direito ao lazer e descanso seja respeitado, como também para o estabelecimento de diversas cláusulas, dentre as quais: sobreaviso, trabalho intermitente, remuneração por produtividade, remuneração por desempenho, pagamento de prêmios, modalidade de registro de jornada (se for o caso) e participação nos lucros e/ou resultados.

Em se tratando de desconexão em regime de teletrabalho, o sindicato pode atuar de modo a cobrar da empresa, e também conscientizar e treinar o teletrabalhador, a fim de tornar efetivo o direito ao lazer e descanso, dentro da autodeterminação própria desse regime de trabalho.

O sobreaviso em regime de teletrabalho, quando objeto de negociação, o deve ser preservando o direito ao lazer e descanso, impedindo que o empregado possa ser chamado a qualquer tempo durante os 365 dias do ano, de modo que o projeto de vida do trabalhador não seja prejudicado, e nem a sua vida de relações com amigos e familiares.

O trabalho intermitente, de igual modo aplicável ao regime de teletrabalho, é tema a ser negociado de acordo com as especificidades dos diversos setores, que vivem realidades diferentes, de modo que o sindicato possa lutar por uma remuneração mínima e o gozo do lazer e descanso, ajustando condicionantes para a inaplicabilidade da multa de que trata o art. 452-A, § 4º da CLT se o empregado não atender ao chamado.

Quanto aos resultados do teletrabalhador, por evidente, diante da ausência de fiscalização direta, e em contexto que a busca é pelo resultado, o sindicato pode vindicar o estabelecimento de políticas de reconhecimento que premiem o teletrabalhador pelo atingimento de metas e produtividade, com a cautela de que isso não seja estímulo à prorrogação da jornada de trabalho.

A remuneração por produtividade permite ao sindicato negociar políticas justas, que não fiquem ao arbítrio do empregador. O tema é central quando se trata de teletrabalho, afinal o trabalhador deve entregar o resultado, inexistindo a mesma fiscalização da atividade presencial. Portanto, aqui podem ser negociadas condições que bem observem as especificidades do labor descentralizado da sede, em ambiente virtual.

De igual modo, a remuneração por desempenho institui a possibilidade de os sindicatos negociarem a meritocracia, de modo a permitir a modernização das relações de trabalho concebendo maiores ganhos aos empregados com melhores resultados, o que se potencializa no regime de trabalho à distância, entregue por meio da telemática.

A negociação permitindo o pagamento de prêmios em bens ou serviços por parte da empresa, por meio de programas de incentivo, também se amolda muito bem ao regime de trabalho à distância, já que a maior preocupação deve ser com o resultado da entrega.

A tradicional negociação de Programa de Participação nos Lucros, Programa de Participação nos Resultados, ou Programa de Participação nos Lucros e Resultados é tema que, por evidente, pode constar da pauta da negociação em regime de teletrabalho.

A modalidade de registro de jornada pode ser negociada, cogitando-se da jornada mista, em parte controlada, quando presencial, e em parte isenta quando do teletrabalho, dando-se assim maior fôlego para a instituição do regime de trabalho à distância na modalidade *part time*, especialmente quando da execução de projetos temporários em regime de trabalho à distância.

O rol de direitos que podem ser negociados é amplo, e os itens em que a autorização está expressamente autorizada são apenas exemplificativos *(numerus apertus)*. Assim, tomando por base o direito estrangeiro, podem ser pactuadas regras tais como tempo livre modular, compensação e flexibilidade de horários, consoante paradigma da Diretiva Europeia 91/533/CE.[348]

Pode ainda, a entidade representante da classe trabalhadora negociar condições gerais que favoreçam o desenvolvimento de regiões menos favorecidas, mediante políticas de teletrabalho, com a criação de telecentros comunitários ou mesmo disponibilizados em parceria entre os sindicatos das categorias econômica e profissional.

As possibilidades de atuação do sindicato são inúmeras, na medida em que a reforma trabalhista ampliou muito a autonomia coletiva das partes, colocando nas mãos do órgão de representação sindical a enorme responsabilidade de negociar os direitos de seus representados até mesmo aquém do previsto em lei.[349]

---

(348) Disponível em: <http://www.secola.org/db/3_20/91-533-ewg-pt.pdf>. Acesso em: 11 nov. 2017.
(349) Consoante já exposto, sem o custeio da contribuição sindical compulsória, o que obrigará os sindicatos a exercerem a efetiva representação, sem o que ficarão sem fonte de recursos para a manutenção das suas atividades.

Já o rol dos direitos cuja negociação está vedada é taxativo *(numerus clausus)*, nos termos do art. 611-B da CLT, de tal arte que não só há vasto campo para a negociação coletiva ampliando as matérias objeto de expressa autorização, como se podem negociar melhores condições sobre direitos em que há proibição de retrocesso.

A maior presença da genitora de recém-nascido é tema que deve ser negociado para ampliar o regime de teletrabalho, ao menos *part time*. Tal condição é essencial para que se aumente o contato das mães com os nascituros para além dos cento e vinte dias, ampliando assim, também, o tão importante período de amamentação.

A licença paternidade de cinco dias é própria do regime fordista, quando se exigia a presença do trabalhador mecanizado, sob pena de a produção parar. Essa não é a realidade atual, quanto menos em regime de teletrabalho. Portanto, o sindicato representante da categoria profissional pode negociar significativa ampliação da presença paterna, mediante a instituição do teletrabalho, nem que seja no regime *part time*. As negociações para instituição de regime de teletrabalho pós licença maternidade e paternidade, por evidente, valem para as adoções.

Nem precisa dizer, mas a preocupação do sindicato com a saúde do trabalhador necessita ser fator essencial na conduta do órgão de representação, que deve negociar a implementação de medidas de garantia da saúde do teletrabalhador, mantendo atenção à mínima lesão ao direito à intimidade e privacidade, que necessariamente são atingidos para efeito de fiscalização do cumprimento das normas de saúde e segurança do trabalho.

As normas de saúde, higiene e segurança do trabalho devem ser negociadas, pois, de modo a ampliar o cuidado com o teletrabalhador, mormente para observância das doenças que mais acometem esse profissional, com destaque para as horas em frente à tela do computador que podem causar doenças de visão, ou mesmo as lesões por esforços repetitivos decorrentes da digitação.

O próprio direito de greve pode ganhar maior impacto, se o sindicato atuante, conseguir juntar os seus representados em ambiente virtual, tal como a greve levada a efeito pelos trabalhadores da IBM, conhecida por Second Life, como já mencionado.

Como se sabe, o sindicato tende a avaliar as necessidades setoriais, não olhando muitas vezes de modo específico para as particularidades de cada empresa. Já a comissão de trabalhadores — prevista pelo art. 11 da CF/88,[350] e

---

[350] O art. 11 da CF/88 assegura, nas empresas com mais de 200 empregados, a eleição de três representantes dos trabalhadores com o escopo de promover o entendimento direto com o empregador. A representação de que trata o art. 11 está em conformidade com a Recomendação n. 135 da OIT e representa medida destinada a valorização do trabalho e da dignidade do trabalhador como

regulamentada pelo art. 510-A e seguintes da CLT — tem maior proximidade com as condições reais e efetivas da empresa cujos empregados representa.

Assim, a comissão interna tem potencial para servir de importante ferramenta para o estabelecimento do diálogo social,[351] contribuindo significativamente para conformação das situações envolvendo o teletrabalho.

A representação interna pode participar do processo de integração, no sentido da melhor adaptação ao cenário de teletrabalho. Outrossim, por evidente, sem concorrer com o sindicato,[352] mas observada a sua maior proximidade, possui condições de tratar com maior celeridade das dificuldades decorrentes do regime de teletrabalho, inclusive propondo períodos de adaptação e integração, além de reuniões de trabalho e encontros festivos entre os trabalhadores presenciais e os que laboram à distância.

---

ser humano, que se sente valorizado por suas ideias e participações na vida da empresa — afinal, o homem moderno dedica boa parte de sua vida às suas atividades profissionais.Levando-se em consideração o fim social da empresa, também parece justo que o trabalhador possa participar da tomada de decisões ou, ao menos ser ouvido, em questões que lhe digam respeito.
(351) SIQUEIRA NETO, José Francisco. *Liberdade Sindical e Representação dos Trabalhadores nos Locais de Trabalho*. São Paulo: LTr, 2000. p. 158.
(352) A representação interna dos trabalhadores não exclui e nem colide com a representação sindical.

6. PREVENÇÃO EMPRESARIAL EM AMBIENTE VIRTUAL

É necessária a adoção de práticas empresariais visando minimizar os efeitos danosos que as relações do trabalho podem sofrer em ambiente virtual, em especial, para os propósitos deste estudo, no que se refere às seguintes situações: a) sensação de isolamento do teletrabalhador; b) confusão de papeis familiares e profissionais do teletrabalhador; c) doenças e acidentes em regime de teletrabalho; d) liberdade de expressão em ciberespaço quando atinge a higidez do ambiente de trabalho; e) proteção de *know-how* e informações sigilosas de propriedade do empregador; f) proteção de dados do trabalhador, quando virtualmente armazenados.

6.1. Política de Integração e Adaptação do Teletrabalhador

A sensação de isolamento, com perda da visão geral da empresa, pode ser atenuada, mediante a implementação de programas que façam o teletrabalhador sentir-se parte da equipe,[353] mantendo o olhar global para a empresa.

Tal preocupação deve ser ainda maior quando a contratação já ocorre em regime de trabalho à distância, na medida em que se mostra recomendável maior período de integração, a fim de que o teletrabalhador conheça a cultura da empresa, fluxos de informação e processos, setores e colegas de trabalho, com o escopo de que realmente se sinta integrado, parte da empresa, e não uma ilha isolada.

Fazendo uso do conceito de pertencimento de Zygmunt Bauman, que consiste no reconhecimento de identidades semelhantes, "significa dar abrigo longe da influência ou dominação, um sentimento de liberdade, de pertencimento que amenize a sensação de solidão ou abandono".[354]

---

[353] A título exemplificativo, na legislação portuguesa há previsão no sentido de que o empregador evite o isolamento do teletrabalhador, por meio de contatos regulares com a empresa e demais trabalhadores, consoante redação do art. 169, n. 3. — "O empregador deve evitar o isolamento do trabalhador, nomeadamente através de contactos regulares com a empresa e os demais trabalhadores". Disponível em: <http://cite.gov.pt/asstscite/downloads/legislacao/CT25092017.pdf#page=64>. Acesso em: 15 nov. 2017.
[354] BAUMAN, 2005. p. 37.

Em âmbito presencial, pois, os gestores podem valer-se de reuniões de trabalho, além de festas, eventos comemorativos e simples encontros agendados para gerar maior sinergia na equipe e sentimento de pertencimento ao teletrabalhador.

A implementação de canais internos de comunicação e bate-papo, tal como o *workplace* (espécie de facebook corporativo), além de *conference calls* e vídeo conferências, também podem contribuir para maior aproximação e sentimento de pertencimento do teletrabalhador.

É de se notar que mesmo as gerações mais antigas já aderiram às formas de comunicação virtual, o que se dirá dos jovens. Portanto, a comunicação não foge muito ao padrão já utilizado nos dias atuais nos relacionamentos com os amigos.

Na visão de Adam Schaff:

> [...] "é difícil estabelecer se uma pessoa que trabalha em casa com documentos recebidos comodamente via terminal e que se comunica livremente com outras pessoas interessadas no seu próprio trabalho encontrará mais satisfação do que experimenta hoje trabalhando em escritórios apertados e barulhentos, onde os contatos com os colegas são mais ilusórios do que reais, e se a presença de outros resulta mais num prazer que num incômodo. Deve-se acrescentar a este respeito que tal tipo de isolamento das pessoas, gerado pela tecnologia moderna, poderia ser atenuado pela extraordinária riqueza de contatos hoje impensáveis graças aos novos meios de comunicação. Trata-se, naturalmente, de um problema psicológico que só pode ser resolvido na prática."[355]

A sociedade da informação se relaciona com maior número de pessoas, e conhece mais o dia a dia de seus amigos de rede do que os seus antepassados que interagiam presencialmente em seu círculo social.

Com efeito, as relações nos dias atuais tomaram dimensão virtual, de tal arte que as amizades são eleitas, e os contatos podem ser mais frequentes e prazerosos quando mantidos com pessoas a milhares de quilômetros de distância do que com o próprio vizinho de casa, que não foi escolhido.

Hodiernamente, os meios de tecnologia permitem não só a escolha do que comprar dentro dos moldes do gosto do consumidor, como que tipo de informação consumir, quanto com quem se relacionar, adaptados os interesses, gostos e preferências que possam notabilizar aquele grupo.

As pessoas com interesses afins podem estar em qualquer lugar do mundo, inexistindo fronteiras, de sorte que talvez faça mais sentido uma amizade mantida

---

(355) SCHAFF, Adam. *A sociedade informática*: as consequências da segunda revolução industrial. Tradução Carlos Eduardo Jordão Machado e Luiz Arturo Obojes. São Paulo: Brasiliense, 2007.

a milhares de quilômetros de distância do que com o colega de escritório. E isso é ainda muito mais forte nas novas gerações, que já nasceram em meio a esse relacionamento conectado. Portanto, não parece complexo o estabelecimento de eficientes canais de comunicação virtual, de sorte que o teletrabalhador se sinta integrado à equipe.

Ao ser questionado sobre o sentido de mundo virtual, Domenico de Masi fala da sensação de reunião dos que estão interagindo como se estivessem em uma mesma sala, ainda que em diferentes cantos do mundo[356] — o que bem demonstra o quanto o ambiente virtual pode não representar tanto isolamento como se possa inferir.

No dia a dia, é de se observar que mesmo no trabalho presencial boa parte das informações são obtidas no sistema, e não mais junto ao colega de trabalho, ou sob os olhares e direção do chefe que marcaram as produções tayloristas.

Aliás, a necessidade de *feedback* do superior hierárquico é cultural, de tal arte que a empresa precisa ter o cuidado de dar retorno ao trabalhador com ainda mais ênfase em cenário de teletrabalho, a fim de não só criar, mas demonstrar a existência de condições para que o teletrabalhador possa galgar degraus na carreira dentro da organização, minimizando o sentimento de isolamento.

Nesse contexto, é importante que o teletrabalhador entenda que está na empresa, embora o ambiente agora seja virtual, diante de uma nova sistemática de produção gerada pelo avanço da tecnologia, que tem o potencial de tornar o trabalho menos penoso do que nas anteriores revoluções industriais.

Ademais, pode-se combinar a realização de trabalhos na sede da empresa, já que a Reforma Trabalhista é expressa ao prescrever que o comparecimento à sede da empresa não desvirtua a condição de exceção de controle de jornada.

Assim, é recomendável que mediante o estabelecimento de tarefas específicas, visando manter o sentido de pertencimento, que se montem grupos de trabalho com encontro presencial mensal, até mesmo para permitir a aprendizagem informal.

Em âmbito administrativo, a Resolução n. 227 do CNJ, por meio do art. 11 prevê: entrevista individual anual, no primeiro ano de realização do teletrabalho; oficina anual de capacitação e de troca de experiências; acompanhamento individual e de grupo, sempre que se fizer necessário.

---

(356) DE MASI, p. 272. "A um mundo construído com a ajuda determinante das tecnologias informáticas e que, até o momento, nenhuma outra reprodução havia proporcionado com um grau tão elevado de verossimilhança ... os interlocutores têm a impressão de estarem reunidos numa única sala e não espalhados pelos quatro cantos do planeta".

Outra alternativa é a instituição do regime de teletrabalho *part time*, cujos exemplos já são encontrados dentro do Poder Judiciário, consoante relatado no capítulo 4 que mencionou a título exemplificativo, que o TRF-4 e o TJ-PE permitem o regime de teletrabalho *part time*.[357]

Há de se verificar a adaptação, de sorte que é salutar a instituição de um programa de teletrabalho prevendo período de experiência, ao final do qual o teletrabalhador poderá verificar a sua condição de adaptação às atividades laborais fora da sede da empresa. Caso a adaptação não tenha sido boa, passada a experiência, é salutar que seja permitido ao trabalhador o retorno ao trabalho presencial.

A mesma situação de adaptação vale para a confusão de papéis da vida profissional e privada, haja vista que não são todos que terão fácil adaptação ao modelo de trabalho à distância. É de se reconhecer, todavia, que no período pré-industrial, o trabalho era desenvolvido em casa, e de certo modo havia essa mistura de papéis, o que requer um novo desenho, reconstruindo as relações durante a Quarta Revolução Industrial.

O estudo de Marília de Gonzaga Lima e Silva[358] confirmou a possibilidade de confusão de papéis, e de interferência do trabalho na vida familiar, porém de forma muito mais aguda ficou notabilizada a aproximação do núcleo familiar, diante da flexibilidade da gestão do tempo, o que permitiu aos teletrabalhadores cumprirem tarefas simples, prazerosas do dia-a-dia, que se revelavam impossíveis na rotina anterior.

No entanto, há aspectos negativos confirmados no estudo, a começar que o local de trabalho quando em casa, por vezes causa desconforto para os demais familiares. Com efeito, na empresa há um território demarcado para o trabalhador, no mínimo correspondente à sua mesa, ou nas empresas mais modernas às estações livres, ao passo que o âmbito familiar se desacostumou da presença do pai ou mãe no meio do expediente.

O teletrabalhador passa, em ocasiões, a competir com o espaço antes ocupado pelos filhos ou cônjuge, gerando necessidade de ajustes, desde o uso do computador até a hora de passar o aspirador, uso do liquidificador, ou outras tarefas do lar.

---

(357) De acordo com o abordado no capítulo III, a Lei n. 13.467/2017 não concede autorização para a isenção de controle de jornada, quando não predominantes as atividades à distância.
(358) Tal como mencionado no capítulo anterior, em sua tese de Doutorado em Ciências Sociais, Silva Tose realizou pesquisa empírica, explorando os aspectos qualitativos e as dificuldades do regime de teletrabalho, por meio do depoimento de vinte e um teletrabalhadores que atuavam em duas empresas que implementaram essa modalidade de trabalho à distância.

Os depoimentos, no entanto, revelam que em regra, os aspectos positivos superam as dificuldades, na medida em que relatam a participação maior dos teletrabalhadores na vida dos filhos, desde levar a criança para a escola, fazer uma pausa durante o horário de trabalho para dar atenção a uma situação diferenciada que venha a ser gerada pelos filhos, ou encerrar a jornada de trabalho às 18h quando do retorno da escola.

Um dos testemunhos revela interessante negociação entre pai e filho, em que o teletrabalhador combinou com a criança que quando estiver de crachá é porque está trabalhando, veja-se:

> "[...] quando ele [o filho] está em casa, ele não incomoda: eu já combinei com ele, que, quando eu ponho o crachá, é porque eu estou trabalhando, mas sempre tem um brinquedo que ele não consegue desmontar e diz: 'olha, eu deixo aqui e quando você puder você conserta.'"[359]

Outro depoimento faz notar a flexibilidade que permite a interrupção do trabalho, para participação em momentos familiares com maior intensidade — algo impensável quando se trabalha na sede da empresa.

> "Quando percebo que vale a pena interromper [o trabalho] para gerar melhor sinergia com a família, interrompo e retorno uma ou duas horas depois; caso contrário, lembro à família que estou trabalhando e solicito que resolvam a questão sozinho ou aguardem algumas horas."

As declarações também demonstram maior troca de atividades e ajuda mútua entre os cônjuges, o que por evidente gera maior aproximação e cumplicidade, fortalecendo os laços matrimoniais tão destroçados num mundo em que tudo é efêmero e se liquefaz.

Mediante a apropriação da tecnologia e reorganização do espaço e tempo, o teletrabalho, quando em domicílio, não só aproxima o homem do lar, como também tem o condão de reagrupar o núcleo familiar, afinal "a esposa, os filhos e o cachorro, antes presentes apenas na fotografia, agora estão ao vivo".[360]

Tais constatações por si só já demonstram o quanto o teletrabalho pode ser valoroso como ferramenta para concreção dos direitos fundamentais, servindo mais ao propósito de unir o núcleo familiar do que para causar dificuldades no cumprimento dos papéis de pai ou mãe e teletrabalhador.

De toda sorte, tal como já exposto, a ideia nem é que todos deixem de sair de suas casas, ou de se dirigir à sede da empresa. Essa modalidade deve ser utilizada pelos que melhor se adaptem, a fim de exercerem com ainda mais ênfase os seus direitos da personalidade.

---

(359) SILVA TOSE, p. 86.
(360) SILVA TOSE, p. 142.

Tanto assim o é, que Marília de Gonzaga Lima e Silva Tose constatou que uma das as empresas que pesquisou teve o cuidado de identificar as condições necessárias para atuação em regime de teletrabalho, preocupando-se essencialmente com a dinâmica familiar e a infraestrutura das residências.[361]

Nesse sentido, a entrevista de um dos candidatos que se tornou um teletrabalhador:

> "Foi tranquilo. Eles fizeram de uma forma muito organizada, passamos por entrevistas com psicólogas para avaliação de perfil de cada pessoa, se tínhamos realmente condições de trabalhar em casa, tivemos a visita de uma assistente social para verificar se a família gostaria, se nós teríamos realmente condições de estrutura para realizar um trabalho em casa. Eles tiveram a preocupação de oferecer toda uma infra estrutura, por exemplo, as pessoas que não tinham móveis, ganharam alguns, telefone, acesso rápido da Internet. Então, eu diria que foi bom, foi um processo tranquilo que não teve problemas."

Tal não representa uma invasão desmedida de privacidade, mas o cuidado do empregador em verificar se há condições físicas e materiais para desempenho do regime de teletrabalho naquele ambiente, seja de espaço físico e adaptações, seja no que tange ao aceite dos demais membros da residência a fim de não causar desconforto no núcleo familiar.

É recomendável, pois, que a empresa se preocupe em avaliar se há condições de realizar o teletrabalho no caso concreto, dando ênfase à verificação das questões de saúde e segurança do teletrabalhador. Igualmente relevante averiguar se o local destinado ao trabalho, quando na casa do trabalhador não romperá com o direito de lazer da própria família, ou suscitando outras controvérsias de difícil administração.

Passada a fase da verificação das condições para o exercício do teletrabalho, é salutar preparar o teletrabalhador para o processo de mudança, mormente quando se trata da migração da empresa para o lar, mediante o oferecimento de cursos e seminários sobre essa forma de trabalho, combinada com a entrega de material explicativo, abordando inclusive depoimento de teletrabalhadores, dando especial ênfase a temas como ergonomia, autonomia, auto-direção, auto-disciplina, flexibilidade e cuidados na confusão de papéis.[362]

Nesse sentido, digna de aplausos é a iniciativa do Tribunal de Justiça de Minas Gerais, que em abril de 2016, não somente iniciou projeto piloto de teletrabalho com servidores, mas o fez por meio da indicação de gestores, observados os perfis

---

(361) SILVA TOSE, p. 59-60.
(362) SILVA TOSE, p. 62 e 101.

profissionais, oferecendo curso de formação quanto à administração do tempo e orientações sobre ergonomia, dentre outros temas.[363]

Nos Estados Unidos da América, o *Telework Enhancement Act of 2010* que determina que todas as agências executivas estabeleçam e implementem política que autorize os seus empregados a atuarem em regime de teletrabalho, preconiza, dentre diversas disposições, a nomeação de alguém para o cargo de gerente do trabalho à distância *(TMO — Telework Managing Officer)*, assim como fornecimento de completo treinamento interativo aos teletrabalhadores.[364]

De toda sorte, tal como exposto no capítulo III, o art. 75-C, § 1º da CLT garante ao empregado o direito de escolha, não podendo o empregador impor o regime de teletrabalho, até porque, por mais que o regime se revele essencialmente favorável ao trabalhador, haverá situações que causarão enorme desconforto ou mesmo prejuízo, quando os aspectos subjetivos atinentes ao teletrabalho não puderem ser superados.

6.2. Política de Prevenção de Doenças e Acidentes para o Teletrabalhador

As doenças do trabalho crescem no ambiente corporativo, e podem tomar volume ainda mais danoso aos trabalhadores, empresa e sociedade em ambiente de labor à distância, fazendo-se cogente a adoção de medidas preventivas a fim de evitar a lesão por esforços repetitivos (LER), doenças osteomoleculares relacionadas ao trabalho (DORT), prejuízo à visão, ou mesmo depressão decorrente do isolamento do teletrabalhador.

Em regime de teletrabalho, é possível — ainda que de forma mitigada — que o empregador cumpra com a obrigação de fiscalizar as normas de saúde e segurança, mesmo quando em domicílio. É claro que, para tanto, há uma limitação no exercício do direito fundamental à privacidade e à intimidade.

Contudo, tal restrição tem por escopo resguardar outro direito fundamental em colisão, que diz respeito ao direito de o empregado usufruir de um meio ambiente do trabalho saudável e seguro — condição aliás que decorre de responsabilidade constitucional do empregador.

As tutelas maiores devem ser dedicadas à fiscalização no que tange à ergonomia da execução das atividades e dos equipamentos de trabalho, atentando-se ao trabalho repetitivo, ao excesso de jornada e ao número de horas em frente à tela do computador, mormente diante das dificuldades de controle.

---

(363) ANAJUSTRA, s/p.
(364) ESTADOS UNIDOS. Disponível em: <https://www.telework.gov/guidance-legislation/telework--legislation/telework-enhanc>. Acesso em: 14 nov. 2017.

Aqui é cabível, pois, mediante regras claras, e visando à preservação da saúde do empregado, que o empregador forneça mobiliário e equipamentos adequados ao desempenho das atividades, e ao empregado cabe aceitá-los até o limite em que viole de modo demasiado o seu direito à intimidade e privacidade, ou ataque outros direitos da personalidade, tal como o direito ao lazer.

Na esteira desse raciocínio, é claro que não terá sentido a colocação de uma mesa de trabalho no meio da sala onde se assiste televisão, o que violaria a intimidade e o próprio direito de lazer e descanso do empregado, quando do convívio familiar.

Na linha do cumprimento dos deveres de saúde e segurança, o empregador deve treinar e orientar quanto à postura e uso dos equipamentos que disponibilizar para o trabalho, não se eximindo da realização dos exames de admissão, periódicos e de demissão, nos termos das normas regulamentadoras em conformidade com o PMCSO e PPRA da empresa, adequados ao posto de trabalho efetivamente ocupado pelo empregado.

Essa é a linha de orientação do CNJ, em esfera administrativa, consoante art. 12 da Resolução n. 227 que prevê que os tribunais promoverão a difusão de conhecimentos relativos ao teletrabalho e de orientações para saúde e ergonomia, por meio de cursos, palestras, oficinas e outros meios.

Marília de Gonzaga Lima e Silva Tose relata os cuidados que uma das empresas objeto da investigação de suas pesquisas tomou com a saúde dos empregados, prestando esclarecimentos de como deve funcionar um escritório ergonomicamente adequado, com iluminação, ventilação, e demais medidas básicas de prevenção quanto à saúde e segurança.[365]

Os teletrabalhadores entrevistados informaram inclusive que houve visita de uma assistente social, que dentre outros aspectos, avaliou as condições para instalação da estrutura necessária para o desenvolvimento das atividades com saúde e segurança.[366]

Tais medidas aparentemente funcionaram na empresa pesquisada, pois não houve relato de trabalhadores que tenham apresentado problema de LER/DORT ou estresse relacionados ao trabalho. Pelo contrário, mencionaram inclusive uma melhora nas condições de trabalho.[367]

---

(365) SILVA TOSE, p. 60.
(366) SILVA TOSE, p. 158.
(367) "No meu caso em particular, em casa tenho condições ergonômicas até melhores do que tinha no escritório, como por exemplo pude colocar o laptop em lugar mais alto de modo a não ter que ficar curvado para olhá-lo e tenho uma cadeira com braços ajustáveis e um teclado externo. Então, na minha opinião, o fato de trabalhar em casa diminui o risco de LER/DORT." "Outro teletrabalhador ... "o fato de não ter que transportar o laptop todo o dia para o trabalho, pendurado no ombro esquerdo (em torno de 2.0 kg incluindo aí cadernos e documentos), eliminou uma dor que vinha sentindo há algum tempo no ombro esquerdo". In: SILVA TOSE, p. 61.

Em outra empresa objeto da pesquisa empírica, constatou-se a existência de uma circular interna tratando da segurança no trabalho, orientando quanto à disposição dos móveis, local arejado, instalações elétricas e iluminação.[368]

O modo como a fiscalização será exercida, seja pelo empregador, seja pelo Ministério do Trabalho e Emprego deve visar a máxima eficácia dos direitos constitucionais e ponderação de conflitos dos direitos fundamentais à privacidade, intimidade, saúde e segurança no trabalho.

A sociedade tem cedido parte do seu direito fundamental à privacidade, seja em troca de segurança, seja em câmbio pelo entretenimento nas redes sociais onde são abertos elementos pessoais e familiares. Essa exposição tende a aumentar, não só com o crescimento da rede, mas também pela oferta de produtos e de informações que, em troca de seus benefícios exigem maior exposição da privacidade mediante a entrega de dados pessoais.

Hoje é possível o oferecimento de produtos e serviços de acordo com o gosto e necessidade que o usuário manifestou historicamente em seu uso na internet, e seu comportamento como consumidor, mas bem além disso, deve ganhar espaço o crescimento do mercado de dispositivos vestíveis, que poderão monitorar a saúde do usuário, dentre outras utilidades.

Tal constatação se faz necessária para demonstrar que já há uma limitação ao direito fundamental à privacidade na forma de se relacionar na sociedade atual, e que esta limitação não só tende a aumentar, como se faz necessária para a instituição de uma política de teletrabalho.

O objeto dessa política, fundamentalmente, deve ser a tutela de outro direito fundamental do próprio trabalhador, representado pela saúde e segurança, mediante o cumprimento de normas regulamentadoras do trabalho, em especial regras de ergonomia, representadas pela NR-17 do Ministério do Trabalho e Emprego.

Claro que fica mitigada a fiscalização do trabalho em si, empoderando-se o teletrabalhador, que, na maior parte das vezes entrega o resultado, inexistindo acompanhamento ou fiscalização sobre a execução ou *modus operandi* da atividade.

No entanto, as normas de saúde e segurança devem ser cumpridas, inclusive fiscalizadas, de modo analógico ao previsto pela Recomendação n. 184 da OIT, que trata do trabalho em domicílio, estendida para o regime geral do trabalho à distância realizado por meio da telemática.

A parte III da Recomendação n. 184, no item 8, disciplina que na medida em que seja compatível com a legislação nacional e as práticas nacionais relativas

---

(368) SILVA TOSE, p. 159.

à vida privada, os inspetores do trabalho ou outros funcionários encarregados de velar pela aplicação das disposições que regem o trabalho em domicílio, deverão estar autorizados a entrar nos cômodos do domicílio ou outro local privado em que se preste o trabalho.[369]

A parte VII da Recomendação n. 184, que trata da segurança e saúde no trabalho, em seu número 19 disciplina que a autoridade competente deverá assegurar a difusão de diretrizes relativas às disposições regulamentares e às precauções que os empregadores e os trabalhadores deverão observar em matéria de segurança e saúde.[370]

O número 20 atribui aos empregadores as obrigações de: a) informar aos trabalhadores em domicílio a respeito de qualquer risco relacionado ao trabalho, que o empregador conheça ou deveria conhecer, assinalando as precauções que se façam necessárias, segundo procedimentos a serem adotados; b) garantir que as máquinas, ferramentas ou outros equipamentos que facilitem os trabalhadores em domicílio estejam providos de dispositivos de segurança adequados, assim como adotar medidas razoáveis para a correta manutenção; c) fornecer gratuitamente os equipamentos de proteção necessários aos trabalhadores em domicílio.[371]

O número 21 da Recomendação n. 184 da OIT também merece leitura, desta feita quanto às obrigações do empregado no que se refere à saúde e segurança, nos seguintes termos: "Os trabalhadores em domicílio deverão ter a obrigação de: a) respeitar as medidas prescritas em matéria de saúde e segurança; b) cuidar razoavelmente de sua segurança e saúde, assim como das outras pessoas que puderem ser afetadas por seus atos ou omissões no trabalho, incluída a correta utilização dos materiais, máquinas, ferramentas e outros equipamentos postos à sua disposição.[372]

---

(369) 8. *En la medida en que sea compatible con la legislación y la práctica nacionales relativas al respeto de la vida privada, los inspectores de trabajo u otros funcionarios encargados de velar por la aplicación de las disposiciones que rigen el trabajo a domicilio deberían estar autorizados a entrar en las partes del domicilio o de otro local privado en las que se realiza ese trabajo.*
(370) 19. *La autoridad competente debería asegurar la difusión de directrices relativas a las disposiciones reglamentarias y las precauciones que los empleadores y los trabajadores a domicilio habrán de observar en materia de seguridad y salud. Siempre que sea posible, estas directrices deberían ser traducidas a los idiomas que comprendan los trabajadores a domicilio*
(371) 20. *Los empleadores deberían tener la obligación de: (a) informar a los trabajadores a domicilio acerca de cualquier riesgo relacionado con su trabajo, que conozca o debería conocer el empleador, señalarles las precauciones que fuese necesario adoptar y, según proceda, facilitarles la formación necesaria; (b) garantizar que las máquinas, herramientas u otros equipos que faciliten a los trabajadores a domicilio estén provistos de los dispositivos de seguridad adecuados y adoptar medidas razonables con el fin de velar por que sean objeto del debido mantenimiento; (c) facilitar gratuitamente a los trabajadores a domicilio el equipo de protección personal necesario.*
(372) 21. *Los trabajadores a domicilio deberían tener la obligación de: (a) respetar las medidas prescritas en materia de seguridad y salud; (b) cuidar razonablemente de su seguridad y su salud, así como de las de otras personas que pudieran verse afectadas por sus actos u omisiones en el*

Como se nota, parte das disposições não são de aplicação geral em regime de teletrabalho, ficando mais atreladas a um trabalho manufatureiro, todavia, nem por isso deixam de merecer menção para aplicação analógica.

O número 22 (1) da Recomendação n. 184 regulamenta a negativa pelo trabalhador de realização de um trabalho que o coloque em risco, e o item (2) merece especial menção por fazer referência à presença do inspetor do trabalho ou outro encarregado da segurança no domicílio do empregado.[373]

Fazendo uso da fonte internacional, ainda que de forma mitigada é cabível a inspeção do posto de atividade do empregado em regime de teletrabalho, em prol da saúde e segurança do próprio trabalhador.

Nessa esteira, em Argentina, o *PROPET — Programa de Promocion del Empleo en Teletrabajo*, cuida da elaboração de manual básico de segurança e higiene do trabalho, assim como prevê visitas para verificação das condições do trabalho, no que se refere a estes itens.

Em Colômbia, a Lei n. 1.221, de 2008, art. 6º (9) prevê que o empregador deve tutelar o posto de trabalho do teletrabalhador em conformidade com os programas de saúde ocupacional, e ainda assim contar com uma rede de atendimento emergencial na hipótese de acidente ou enfermidade na execução do trabalho.[374]

Em Costa Rica, o Decreto n. 3.7695-MP-MTSS também prevê o acesso ao local de desenvolvimento da atividade, mesmo que na casa do servidor, para inspeções relativas à ergonomia, segurança e higiene do posto de teletrabalho, mediante prévia notificação e conhecimento do servidor.[375]

Nesse sentido, é recomendável que o programa de teletrabalho do empregador tenha disposição no sentido de que haverá inspeção quanto às condições de

---

trabajo, incluida la correcta utilización de los materiales, máquinas, herramientas y otros equipos puestos a su disposición.

(373) 22. (1) *El trabajador a domicilio que se niegue a realizar un trabajo respecto del cual tenga motivos razonables para considerar que presenta un peligro inminente y grave para su seguridad o su salud, debería ser protegido de las consecuencias indebidas de un modo compatible con la legislación y las condiciones nacionales. El trabajador debería informar cuanto antes al empleador acerca de la situación. (2) En caso de peligro inminente y grave para la seguridad o la salud del trabajador a domicilio, de su familia o del público, constatado por un inspector del trabajo u otro funcionario encargado de la seguridad, debería prohibirse la continuación del trabajo hasta que se adopten las medidas apropiadas para remediar la situación.*

(374) 9. *El empleador, debe contemplar el puesto de trabajo del teletrabajador dentro de los planes y programas de salud ocupacional, así mismo debe contar con una red de atención de urgencias en caso de presentarse un accidente o enfermedad del teletrabajador cuando esté trabajando.* Disponível em: <https://www.mintic.gov.co/portal/604/articles-3703_documento.pdf>. Acesso em: 14 nov. 2017.

(375) Disponível em: <http://www.ilo.org/dyn/natlex/docs/ELECTRONIC/94875/111506/F313548990/CRI94875.pdf>. Acesso em: 14 nov. 2017.

saúde e segurança no local em que o trabalho será desenvolvido, cumulada a determinação de exames ocupacionais semestrais no que tange às doenças que mais acometem os que laboram mediante o uso intensivo do computador, tais como lesão por esforços repetitivos, doenças osteomoleculares relacionadas ao trabalho e doenças da visão.

Por evidente, de modo preventivo, antes do início dos trabalhos à distância, e também em reciclagem anual, o teletrabalhador deve ser orientado e treinado quanto aos cuidados a serem tomados para manter a saúde física e mental.

6.3. Política de Uso das Redes Sociais

A observância dos direitos da personalidade não significa que estes adquiram caráter absoluto perante outro direito fundamental ou de âmbito constitucional, até porque com as redes sociais verifica-se interessante fenômeno que exige que tanto o empregado quanto o empregador limitem o grau de exposição de seus conhecimentos e opiniões, a fim de não causar lesão ao patrimônio material ou imaterial do outro.

Mesmo as liberdades protegidas não são definitivas, afinal inexistem direitos absolutos. Ou seja, as liberdades devem ser exercidas sem abuso, pois de modo contrário passam a representar o exercício de um não direito, que muitas vezes frustra o direito de outro.

Seguindo nessa esteira de raciocínio, observa-se o teor do Enunciado 139 da III Jornada de Direito Civil, que ao tratar da limitação dos direitos da personalidade, disciplina que "os direitos da personalidade podem sofrer limitações, ainda que não especificamente previstas em lei, não podendo ser exercidos com abuso de direito de seu titular, contrariamente à boa-fé objetiva e aos bons costumes."[376]

Como acréscimo de subsídio de argumento quanto à limitação dos direitos da personalidade, vale registrar o teor do Enunciado 274 da IV Jornada de Direito Civil

> Os direitos da personalidade, regulados de maneira não-exaustiva pelo Código Civil, são expressões da cláusula geral de tutela da pessoa humana, contida no art. 1º, inc. III, da Constituição (princípio da dignidade da pessoa humana). Em caso de colisão entre eles, como nenhum pode sobrelevar os demais, deve-se aplicar a técnica da ponderação.

Aqui é necessário um diálogo entre as diferentes fontes do direito. Com efeito, na hipótese em concreto de que se está a tratar, fazendo uso analógico da

---

(376) BRASIL. *Conselho da Justiça Federal*. Disponível em: <http://www.cjf.jus.br/enunciados/pesquisa/resultado>. Acesso em: 3 dez. 2017.

teoria do diálogo das fontes,[377] deve-se combinar as fontes do direito civil, penal e do trabalho, de forma sistêmica e complementar, visando a máxima efetividade do direito ao tempo da sua aplicação, observados os valores da Carta Magna.

No crescente uso das redes sociais, a sociedade da informação precisa se dar conta das diferenças entre expor uma opinião para um amigo, e divulgá-la em uma rede social.

Quando se trata da expressão de opinião com caráter difamatório, injurioso ou calunioso, a questão é de fácil resolução, já que tais condutas são inaceitáveis, existindo previsão de punição, consoante arts. 138 a 140 do Código Penal Brasileiro. De igual modo, o diploma penal criminaliza a violação de segredo de empresa, nos termos do art. 154.

Fica, pois, vedada a exposição de opiniões pelo empregado ou empregador que representem as violações apontadas.

O cenário se torna um pouco mais complexo quando se trata de opiniões expressadas pelos empregados nas redes socais sem conteúdo de difamação, injúria ou calúnia, e nem relativa à violação de segredos de negócio ou de empresa.

Para Cristiane Maria Freitas de Mello,

> [...] "não se pode negar, ao amparo do texto constitucional, que o trabalhador possa discutir as condições de trabalho, inclusive expressando críticas, nos limites do respeito da verdade objetiva, sempre atentando para não gerar danos econômicos à empresa."[378]

Pede-se vênia, no entanto, para incluir na limitação do direito de expressão, não somente a questão do dano econômico, mas também o dano extrapatrimonial, aí incluso o dano ao meio ambiente do trabalho.

A título meramente exemplificativo, há o caso de empregado de empresa de consultoria que criou blog com as perguntas mais idiotas do dia.[379] E ainda de empregado que criou comunidade no Orkut, designando a empresa como "manicômio" e "a mais porcaria do Brasil."[380] Neste último, o TRT da 2ª Região condenou o empregado a indenização por danos morais, por ato atentatório à

---

(377) MARQUES, Cláudia Lima (Coord.). *Diálogo das fontes.* Do conflito à coordenação de normas do direito brasileiro. São Paulo: Revista Tribunais, 2012. p. 29.
(378) MELLO, Cristiane Maria Freitas de. *A liberdade de expressão nas redes sociais*: Direito de crítica do empregado x Imagem e honra do empregador. Tese de Mestrado em Direito do Trabalho, Pontifícia Universidade Católica de São Paulo, São Paulo, 2014. p. 103.
(379) BRASIL. *Mau uso da internet gera ação judicial.* In: Boletim da Ordem dos Advogados do Brasil — Seccional de São Paulo. Disponível em: <http://www.oabsp.org.br/subs/santoanastacio/institucional/artigos/mau-uso-da-internet-gera-acao-judicial>. Acesso em: 30 jul. 2017.
(380) MELLO, p. 114.

imagem da empresa, dadas as publicações ofensivas e depreciativas,[381] ou seja em manifesto abuso do direito de manifestação.

Ora, tal situação deixa bem claro que o uso da liberdade de expressão não pode ser ilimitado, pois é vedado que macule a imagem ou direitos de terceiros, sendo evidente o prejuízo extrapatrimonial do empregador quando o cliente se depara com um blog onde constam as perguntas mais idiotas do dia, mormente se um questionamento que fez estiver lançado no blog. Nessa hipótese, não parece crível que o cliente se preocupe em separar o que é opinião pessoal e o que tem cunho institucional.

Ademais, quando se trata da manutenção do saudável meio ambiente do trabalho, não é difícil pensar em hipóteses que possam gerar prejuízos à higidez do local, como o empregado que posta comentários maliciosos sobre um(a) colega de trabalho, ou manifesta opiniões sobre a opção sexual de um par de trabalho.

Essa manifestação é contrária às regras mais elementares do direito, e representa abuso do direito de expressão, devendo, por corolário lógico, ser restringida. Dado o efeito dessa exposição no ambiente de trabalho, o empregador não deve se manter inerte.

Assim, o direito de expressão do empregado, em regra, não sofre nenhuma limitação com relação às suas relações pessoais, salvo no que tange às relações do trabalho, quando cause dano ao saudável meio ambiente do trabalho, ou prejuízo ao empregador.

Nessas hipóteses de abuso de direito, por evidente, a liberdade de expressão deve ser mitigada. Com efeito, se de um lado o empregado tem o direito à manifestação do pensamento; de outro o empregador possui o direito à preservação da sua imagem, reputação, e preservação do saudável ambiente de trabalho, com ainda mais ênfase nos ambientes virtuais dada a amplitude alcançada pela informação postada.

Conforme lição de Alexandre Agra Belmonte, "cuida-se da atuação dos princípios do juízo de ponderação e da dimensão de peso e importância."[382] A antinomia

---

(381) DANO MORAL CONTRA PESSOA JURÍDICA — PUBLICAÇÃO EM REDE SOCIAL, POR EX-EMPREGADA DENEGRINDO A IMAGEM DA EX-EMPREGADORA — POSSIBILIDADE — SÚMULA N. 227, DO C. STJ. É cabível a indenização por danos morais, em favor de pessoa jurídica, por ato atentatório à sua imagem, praticado por ex-empregada, em decorrência de publicações ofensivas e depreciativas em rede social — Orkut. In: BRASIL. Tribunal Regional do Trabalho. 2ª Região. 15ª Turma. RO 20244820105020 SP 00020244820105020461 A28. Relator Jonas Santana de Brito. São Paulo, SP. Julgamento: 08.08.2013. Publicação: 20.08.2013.
(382) BELMONTE, Alexandre Agra. *O monitoramento da correspondência eletrônica nas relações de trabalho*. São Paulo: LTr, 2009. p. 77.

jurídica ou colisão de direitos torna necessária a aplicação do juízo de ponderação, de modo a impor o mínimo sacrifício aos direitos violados e máxima eficácia do direito protegido.

Acresça-se a obrigação de o empregador preservar o ambiente de trabalho seguro e hígido, e a responsabilidade pelos atos de seus prepostos nos termos do art. 932 do CC, sendo inócua qualquer cláusula de isenção de responsabilidade. Por outro lado, o art. 52 do CC também determina a aplicação dos direitos da personalidade, no que couber, à pessoa jurídica, e a Lei n. 13.467/2017 inclui o art. 223-G da CLT, que trata do dano à pessoa jurídica.

Políticas preventivas têm o condão de estabelecer regras que podem alcançar momentos em que o trabalho não está sendo prestado, no que tange à possível limitação dos direitos de expressão do empregado até o necessário à proteção dos direitos do empregador, e à manutenção do saudável meio ambiente do trabalho, sem que isso represente ferir o núcleo essencial dos direitos da personalidade do empregado.

Portanto, não se limitam ao horário de trabalho, alcançando, com supedâneo nas cláusulas gerais da boa-fé objetiva e função social do contrato, não só os períodos em que o labor não está sendo prestado, como até mesmo o momento *post pactum finitum*.

Observadas tais disposições, deve o empregador implementar política de uso das redes sociais vedando o desrespeito entre colegas, e na mesma política tratar das regras de civilidade, urbanidade e respeito entre todos, tais como nas relações com o empregador, fornecedores, parceiros e clientes.

A política de uso das redes sociais deve ser clara no sentido de que o empregado tem a liberdade de se manifestar nas redes sociais, como e quando quiser, cabendo observar os direitos de terceiros, e não causar mácula ao ambiente de trabalho, evitando comentários que possam ser prejudiciais ao empregador ou contrários às regras de uso das redes sociais estabelecidas pelo empregador.

Nessa linha, afora as condutas já tipificadas, a opinião pessoal do empregado pode ser cerceada, se vinculada aos clientes, ao empregador, ou a matérias relativas ao negócio, mormente quando passível de causar dano direto ou indireto ao empregador. De igual modo, a limitação deve ocorrer se passível de gerar violação ao saudável meio ambiente do trabalho. Para tanto, imperioso que o empregado seja orientado e capacitado.

6.4. Política de Uso de Recursos Eletrônicos

O estabelecimento de regras empresariais é crucial para o negócio, e amplamente justificado, para prevenir a ocorrência de violações de direito, tais como: ofensas a clientes, fornecedores ou parceiros; abusos sexuais e discriminação;

danos morais e materiais a terceiros; proteção de informações confidenciais e o próprio *know how* do negócio; prevenção de fraudes; disseminação de vírus e congestionamento da rede interna — que podem ser violados com maior facilidade em ambiente virtual.

Como mero exemplo, menciona-se o *case* do técnico americano de 40 anos que contratou por 1/5 do seu salário trabalhadores chineses para desenvolver a sua atividade, e passava o dia navegando na internet. Tal conduta só foi descoberta quando se rastreou a origem do vazamento de informações confidenciais da empresa.[383]

O ocorrido dá a dimensão da necessidade de implementação de políticas claras, regulamentando o uso dos recursos eletrônicos. O empregador, tem, pois, o direito de resguardar informações privadas que digam respeito ao seu *know how*, tais como lista de clientes, política de preços, planos de marketing, transações e dados comerciais, estratégias do negócio, segredos de indústria e de negócios, fórmulas e técnicas de produção, novos inventos e métodos de fabricação, além de informações pessoais de clientes.

É mister que a política de uso de recursos eletrônicos informe que os equipamentos eletrônicos são fornecidos para a execução do trabalho, prevendo a segurança das informações e preservação de segredos, bem como o expresso cumprimento dos demais deveres atinentes à lealdade, boa-fé e função social do contrato, afinal o empregado é responsável pela guarda das informações recebidas do empregador, não podendo divulgá-las ou valer-se delas em proveito próprio ou de terceiro.

Deve, pois, ficar igualmente expressa, de modo indene de dúvidas, a possibilidade de monitoramento formal e material dos correios eletrônicos e demais dispositivos de comunicação, quando corporativos, assim como o monitoramento formal quando do uso de equipamentos da empresa em correios pessoais.

---

(383) "PROGRAMADOR DE SOFTWARE AMERICANO TERCEIRIZA TRABALHO NA CHINA.
Rio — Um programador de software americano foi demitido após a empresa em que trabalhava ter descoberto que ele 'terceirizava' seu trabalho na China. O funcionário, com pouco mais de 40 anos, estaria pagando menos de um quinto de seu salário a programadores baseados na cidade chinesa de Shenyang para que fizessem seu trabalho. Segundo a empresa, em vez de trabalhar, ele passava os dias assistindo a vídeos no YouTube e surfando na internet, principalmente em sites como Reddit e eBay. A notícia virou piada na internet com a imagem acima onde se lê: "terceirizar trabalho para a China". A farsa foi descoberta após a companhia pedir uma auditoria a uma empresa de segurança de telecomunicações Verizon, para investigar suspeitas de que seus sistemas estavam sendo vítimas de hackers da China. Análises mais aprofundadas no computador do empregado revelaram centenas de documentos com faturas para o pagamento do trabalho terceirizado. Conforme os investigadores, o empregado era 'inofensivo e calado', mas apontado como programador talentoso capaz em várias linguagens de programação e que gastava menos de um quinto de seu alto salário para pagar uma firma chinesa para fazer o trabalho para ele". (Jornal "O Dia"). Disponível em: <http://odia.ig.com.br/portal/economia/programador-de-software-americano-terceiriza-trabalho-na-china-1.537338>. Acesso em: 4 nov. 2017.

O correio corporativo pode ser comparado a um papel timbrado da empresa, já que o empregado está fazendo uso de equipamentos fornecidos para o trabalho, de propriedade do empregador, no horário de trabalho, mediante custeamento da energia pelo empregador.

Nesse sentido, quando do uso do correio corporativo, o empregado não tem expectativa de privacidade, até porque e-mail e redes sociais corporativos não se equiparam ao conceito constitucional de correspondência, de tal sorte que não se cogita de violação ao direito de sigilo das correspondências.[384]

---

(384) Nesse sentido, célebre caso que ofereceu contornos à jurisprudência trabalhista, envolvendo demissão por justa causa de empregado do HSBC, cuja ementa foi de lavra do Ministro João Oreste Dalazen: PROVA ILÍCITA — E-MAIL CORPORATIVO — JUSTA CAUSA — DIVULGAÇÃO DE MATERIAL PORNOGRÁFICO — 1. Os sacrossantos direitos do cidadão à privacidade e ao sigilo de correspondência, constitucionalmente assegurados, concernem à comunicação estritamente pessoal, ainda que virtual (e-mail particular). Assim, apenas o e-mail pessoal ou particular do empregado, socorrendo-se de provedor próprio, desfruta da proteção constitucional e legal de inviolabilidade. 2. Solução diversa impõe-se em se tratando do chamado e-mail corporativo, instrumento de comunicação virtual mediante o qual o empregado louva-se de terminal de computador e de provedor da empresa, bem assim do próprio endereço eletrônico que lhe é disponibilizado igualmente pela empresa. Destina-se este a que nele trafeguem mensagens de cunho estritamente profissional. Em princípio, é de uso corporativo, salvo consentimento do empregador. Ostenta, pois, natureza jurídica equivalente à de uma ferramenta de trabalho proporcionada pelo empregador ao empregado para a consecução do serviço. 3. A estreita e cada vez mais intensa vinculação que passou a existir, de uns tempos a esta parte, entre Internet e/ou correspondência eletrônica e justa causa e/ou crime exige muita parcimônia dos órgãos jurisdicionais na qualificação da ilicitude da prova referente ao desvio de finalidade na utilização dessa tecnologia, tomando-se em conta, inclusive, o princípio da proporcionalidade e, pois, os diversos valores jurídicos tutelados pela lei e pela Constituição Federal. A experiência subministrada ao magistrado pela observação do que ordinariamente acontece revela que, notadamente o e-mail corporativo, não raro sofre acentuado desvio de finalidade, mediante a utilização abusiva ou ilegal, de que é exemplo o envio de fotos pornográficas. Constitui, assim, em última análise, expediente pelo qual o empregado pode provocar expressivo prejuízo ao empregador. 4. Se se cuida de e-mail corporativo, declaradamente destinado somente para assuntos e matérias afetas ao serviço, o que está em jogo, antes de tudo, é o exercício do direito de propriedade do empregador sobre o computador capaz de acessar à Internet e sobre o próprio provedor. Insta ter presente também a responsabilidade do empregador, perante terceiros, pelos atos de seus empregados em serviço (Código Civil, art. 932, inciso III), bem como que está em xeque o direito à imagem do empregador, igualmente merecedor de tutela constitucional. Sobretudo, imperativo considerar que o empregado, ao receber uma caixa de e-mail de seu empregador para uso corporativo, mediante ciência prévia de que nele somente podem transitar mensagens profissionais, não tem razoável expectativa de privacidade quanto a esta, como se vem entendendo no Direito Comparado (EUA e Reino Unido). 5. Pode o empregador monitorar e rastrear a atividade do empregado no ambiente de trabalho, em e-mail corporativo, isto é, checar suas mensagens, tanto do ponto de vista formal quanto sob o ângulo material ou de conteúdo. Não é ilícita a prova assim obtida, visando a demonstrar justa causa para a despedida decorrente do envio de material pornográfico a colega de trabalho. Inexistência de afronta ao art. 5º, incisos X, XII e LVI, da Constituição Federal. 6. Agravo de Instrumento do Reclamante a que se nega provimento. (TST — RR 613/00.7/10ª R. — 1ª T. — Rel. Min. João Oreste Dalazen — DJU 10.06.2005 — p. 901) JCF.5 JCF.5.X JCF.5.XII JCF.5.LVI. Extraído do repositório eletrônico autorizado Juris Síntese IOB.

Isso não quer dizer que o empregador tenha livre e desmedido acesso ao conteúdo dos correios corporativos, na medida em que a fiscalização material deve ser geral e impessoal, exercida de preferência por meio de palavras-chave.

A empresa deve exercer o poder de vigilância e fiscalização, de modo generalizado e impessoal, somente fazendo uso da verificação de conteúdo em caso de necessidade de acesso a determinada informação institucional na ausência do empregado, ou em razão de fundadas suspeitas de má utilização.[385]

Já o uso do correio pessoal, mesmo no ambiente de trabalho mediante recursos do empregador, não está sujeito ao monitoramento material, somente formal. Pode-se até punir, se proibido o uso, mas ao conteúdo das mensagens o empregador não terá acesso direto, na medida em que o correio pessoal só pode ser vasculhado mediante autorização judicial ou inequívoca autorização do empregado.

Após o estabelecimento das regras, estas devem ser objeto de palestras educativas apresentando os problemas, as medidas, casos práticos, a posição da doutrina e do judiciário, com o que não só se orienta o empregado, como também este se sente parte do processo, na medida em que inserido no meio.

6.5. Política de Proteção de Dados do Trabalhador

Em se tratando de políticas de gestão, as empresas também devem inserir programa de proteção e privacidade dos dados pessoais, que recebem do empregado, afinal estes dizem respeito à própria intimidade e vida privada do trabalhador.

Em cenário no qual tudo está armazenado na rede, a proteção dos dados pessoais do empregado merece tutela, desde o momento em que se candidata ao emprego, quanto no desenvolvimento do trabalho, como também no desligamento e após o contrato de emprego.

Nesse sentido, a Diretiva 95/46/CE do **Parlamento Europeu** e do Conselho, de 24.10.1995, tutela o tratamento de dados pessoais e a circulação desses dados. No mesmo sentido, a Diretiva 97/66/CE que diz respeito ao tratamento de dados pessoais e à proteção da privacidade no setor de telecomunicações.

Vale ainda meção à Carta dos Direitos Fundamentais da União Europeia, que em seu art. 8º enuncia

> "1. Todas as pessoas têm direito à proteção de dados de carácter pessoal que lhes digam respeito.

---

(385) BELMONTE, Alexandre Agra. *O Monitoramento da Correspondência eletrônica nas relações de Trabalho*. São Paulo: LTr, 2009. p. 86.

2. Esses dados devem ser objecto de um tratamento leal, para fins específicos e com o consentimento da pessoa interessada ou com outro fundamento legítimo previsto por lei. Todas as pessoas têm o direito de aceder aos dados coligidos que lhes digam respeito e de obter a respectiva rectificação.

3. O cumprimento destas regras fica sujeito a fiscalização por parte de uma autoridade independente."[386]

A Recomendação n. 89 (2) do Conselho da Europa,[387] ainda que sem caráter vinculativo aos estados-membro, trata dos dados pessoais do empregado no ambiente de trabalho, indicando uma série de cuidados, que se iniciam com a orientação de que o empregador deve informar os trabalhadores acerca dos dados da vida privada destes a serem inseridos em sistemas informatizados.

Recomenda também que as informações devem ser obtidas preferencialmente junto ao trabalhador, e que, se assim não for possível por justificados e fundados motivos, o trabalhador deverá ser informado acerca dos dados colhidos.[388]

A informação relativa ao trabalhador fica restrita ao uso interno e voltada a atender ao interesse pela qual foi colhida, não podendo ocorrer desvirtuamento. Em se tratando de encaminhamento externo, os dados do trabalhador só podem ser enviados aos organismos públicos para atender ao escopo pelo qual foram solicitados, salvo se houver aquiescência do trabalhador ou mesmo o ato estiver baseado em direito próprio do estado-membro.

A Recomendação 89 também é no sentido de que o trabalhador deverá ter acesso às informações que constam em seu nome, podendo verificar a correção destas.

Vale observar o art. 8º da Lei de Informática e Liberdades, em **França**, no que se refere aos dados sujeitos à proteção, elencando os que dizem respeito às origens raciais, étnicas, opiniões políticas, filosófica, religiosas, associação sindical, relativos à saúde ou vida sexual.[389]

O Código do Trabalho francês trata da proteção de dados do trabalhador, dispondo que as informações solicitadas de candidatos só podem ter por finalidade a ocupação do posto oferecido, assim como possuir relação direta com este, assim como determina que as empresas com mais de cinquenta empregados devem preservar o anonimato de seus empregados em seus arquivos.[390]

---

(386) Disponível em: <http://www.europarl.europa.eu/charter/pdf/text_pt.pdf>. Acesso em: 12 nov. 2017.
(387) ITALIA. *Raccomandazione*. Disponível em: <http://194.242.234.211/documents/10160/10704/Consiglio+UE+Raccomandazione+%2889%29+2.pdf>. Acesso em: 30 jul. 2017.
(388) IMPERIALI, Rosario; IMPERIALI, Riccardo. *Controlli sul lavoratore tecnologie*. Milano: Giuffrè Editore, 2012. p. 14-15.
(389) WEINSCHENKER, Marina Santoro Franco. *A vida laboral e extralaboral do empregado*: a privacidade no contexto das novas tecnologias e dos direitos fundamentais. São Paulo: LTr, 2013. p. 72.
(390) WEINSCHENKER, p. 79.

A Constituição da República de **Portugal**, por meio de seu art. 35º, relativo à utilização da informática, confere o direito de acesso a dados informatizados a todos os cidadãos, cujos dados lhes digam respeito, assim como o direito de conhecer a finalidade à que se destinam.[391]

O Código do Trabalho de Portugal, em seu art. 17º prevê a proteção específica de dados pessoais do empregado, e determina que o acesso a informações privadas só se justifica em casos excepcionais, quando absolutamente necessário para o exercício da atividade profissional, e ainda assim mediante apresentação de justificação por escrito.[392]

Arion Sayão Romita aponta diversos dispositivos no direito estrangeiro que regulam o direito à proteção dos dados do empregado, de onde se extraem alguns exemplos: Lei n. 477, de 08.06.2001, da Finlândia dispõe sobre a proteção da integridade no emprego, inclusa a proteção à privacidade e à obtenção de informações relativas ao trabalho; Lei de 02.08.2002, de Luxemburgo, alterada pela Lei de 27.07.2007, diz respeito ao fornecimento de dados de caráter pessoal; e Lei n. 1.330, de 2004, da Suécia, que altera a Lei n. 546, de 2002, regulando o acesso a informações pessoais sobre atividades políticas no mercado de trabalho.[393]

Em **Argentina**, o item 7 do *PROPET — Programa de Promocion del Empleo en Teletrabajo*[394] de adesão voluntária das empresas, prevê que "a empresa deverá respeitar a vida privada do teletrabalhador. Em consequência, todos os sistemas de controle destinados a proteção dos bens e informações de propriedade da empresa deverão salvaguardar a intimidade do trabalhador e a privacidade de seu domicílio".[395]

---

(391) **Art. 35º Utilização da informática.** 1. Todos os cidadãos têm o direito de acesso aos dados informatizados que lhes digam respeito, podendo exigir a sua rectificação e actualização, e o direito de conhecer a finalidade a que se destinam, nos termos da lei. 2. A lei define o conceito de dados pessoais, bem como as condições aplicáveis ao seu tratamento automatizado, conexão, transmissão e utilização, e garante a sua protecção, designadamente através de entidade administrativa independente. 3. A informática não pode ser utilizada para tratamento de dados referentes a convicções filosóficas ou políticas, filiação partidária ou sindical, fé religiosa, vida privada e origem étnica, salvo mediante consentimento expresso do titular, autorização prevista por lei com garantias de não discriminação ou para processamento de dados estatísticos não individualmente identificáveis. 4. É proibido o acesso a dados pessoais de terceiros, salvo em casos excepcionais previstos na lei. 5. É proibida a atribuição de um número nacional único aos cidadãos. 6. A todos é garantido livre acesso às redes informáticas de uso público, definindo a lei o regime aplicável aos fluxos de dados transfronteiras e as formas adequadas de protecção de dados pessoais e de outros cuja salvaguarda se justifique por razões de interesse nacional. 7. Os dados pessoais constantes de ficheiros manuais gozam de protecção idêntica à prevista nos números anteriores, nos termos da lei
(392) WEINSCHENKER, p. 81.
(393) ROMITA, Arion Sayão. *Direitos Fundamentais nas Relações de Trabalho*. 3. ed. São Paulo: LTr, 2009. p. 45-46.
(394) ARGENTINA. Disponível em: <http://www.trabajo.gob.ar/downloads/teletrabajo/res_595-2013_PROPET.pdf>. Acesso em: 10 jul. 2017.
(395) 7. Vida privada: "LA EMPRESA" deberá respetar la vida privada del TELETRABAJADOR. En consecuencia, todos los sistemas de control destinados a la protección de los bienes e informaciones de

O Enunciado 404 da V Jornada de Direito Civil, no **Brasil**, ainda que não dirigido às relações do trabalho, deve por meio de um diálogo interdisciplinar, ser utilizado como subsídio para a proteção dos dados do trabalhador.

> V Jornada de Direito Civil — Enunciado 404. A tutela da privacidade da pessoa humana compreende os controles espacial, contextual e temporal dos próprios dados, sendo necessário seu expresso consentimento para tratamento de informações que versem especialmente o estado de saúde, a condição sexual, a origem racial ou étnica, as convicções religiosas, filosóficas e políticas.

A responsabilidade da empresa para com os dados do trabalhador, deriva da boa-fé objetiva, e seus deveres colaterais, dentre os quais o de cuidado e proteção para com as informações e dados pessoais do empregado. Destarte, cabe ao empregador adotar políticas que preservem as informações pessoais de candidatos a emprego, empregados e ex-empregados, a fim de que estas não sejam dadas ao conhecimento de terceiros.

As políticas apresentadas não têm a pretensão de solucionar todos os problemas que decorrem das situações narradas em ambiente de trabalho ou de relações virtuais, servem, todavia, desde que implementadas de modo sério e sem abuso de direito, para obter alguma conformação das relações em ambiente virtual.

Existem, no entanto, projetos de lei que têm por escopo apresentar regras mais completas ao menos para o teletrabalho, o que se passará a analisar no capítulo seguinte, juntamente com a proposição de regras mínimas para as relações do trabalho em ambiente virtual.

---

propiedad de "LA EMPRESA" deberán salvaguardar la intimidad del TELETRABAJADOR y la privacidad de su domicilio. Disponível em: <http://www.trabajo.gob.ar/downloads/teletrabajo/res_595-2013_PROPET.pdf>. Acesso em: 10 jul 2017.

7. PROPOSTA DE PROJETO DE LEI

7.1. Estudo dos Projetos de Lei no Cenário Nacional

Em pesquisa junto à Câmara dos Deputados e Senado Federal, foram encontrados três projetos de lei tratando do teletrabalho. São eles: Projeto de Lei do Senado n. 274/2013; Projeto de Lei n. 4.505/2008; e Projeto de Lei n. 4.793/2012.

Os projetos, conjuntamente com a pesquisa da legislação estrangeira e demais análises realizadas ao longo do desenvolvimento destes estudos, no que se refere ao teletrabalho, direito de desconexão, e preservação da higidez do ambiente de trabalho fundaram as bases para apresentação de proposta legislativa para o regramento de situações envolvendo o trabalho em ambiente virtual.

7.1.1. Projeto de Lei do Senado n. 274, de 2013

O Projeto de Lei do Senado n. 274/2013, de autoria do então Senador Rodrigo Rollemberg[396] propõe regulamentação para o teletrabalho, sob a justificativa de que a Lei n. 12.551/2011 não foi suficiente para tratar do tema.

Com razão. Aliás, mesmo a Lei n. 13.467/2017 se mostra incompleta para regulamentar o teletrabalho, sendo bastante simplista, e deixando importantes matérias de lado ou sem regulamentação.

Em sua Justificação, o autor do PLS n. 274 aponta alguns pontos que merecem aplauso, tais como:

a) o insuficiente atual estágio da regulação do tema, o que permanece verdadeiro mesmo após a Lei n. 13.467, que não deu conta de regulamentar o teletrabalho de modo adequado;

b) a intenção de que o trabalho possa ser prestado em diversos locais descentralizados em instalações compartilhadas por empregadores diversos, inclusive por autônomos, nos telecentros e nos *telecottages* (telecentros localizados em área rural);

---

[396] Atualmente, Governador do Distrito Federal, com mandato para o período 2015/2018.

c) o reconhecimento de que diversas atividades administrativas, sobretudo no setor de serviços, podem ser desenvolvidas de forma não presencial;

d) a consideração de que o teletrabalho permite redução de custos do empregador, e confere possibilidade de auto-gestão do empregado no que se refere à rotina de trabalho;

e) o reconhecimento da disseminação global do fenômeno do teletrabalho, combinado com a informação de que o teletrabalho se constitui em um dos principais mecanismos de criação de empregos;

f) a compreensão de que as características do teletrabalho não permitem uma plena assimilação às formas gerais e tradicionais da contratação trabalhista;

g) a preocupação de que o contrato de teletrabalho não se constitua em meio de burlar direitos trabalhistas, mediante a instituição de um teletrabalho de fachada;

h) e, por fim, o reconhecimento que o universo do trabalho está em mutação.

O PLS n. 274/2013 possui uma série de disposições de muita valia para a regulamentação do regime de teletrabalho, de sorte que se passa a fazer uma abordagem geral sobre o projeto legislativo, sem a preocupação com os números dos artigos cuja redação pretende alocar na CLT, até porque não faria lógica inserir disposições sobre o teletrabalho no art. 350, se este regime foi regulamentado, por força da Reforma Trabalhista no art. 75 da CLT.

A proposta de redação para o art. 350-A considera em regime de teletrabalho, a atuação no todo ou em parte, em local alheio ao estabelecimento do empregador. Propõe, pois, que o enquadramento do teletrabalho não precisa ser eminentemente em local descentralizado da sede, validando o regime *part time* de trabalho à distância.

Tal modelo mantém o trabalhador em contato presencial com a sede, superior hierárquico e demais colegas de trabalho, e ao mesmo tempo permite o cumprimento de dias de trabalho à distância, tendo ainda o efeito de diminuir o fluxo urbano, melhorando a circulação de veículos nas vias públicas, dentre tantas outras vantagens para a sociedade, empregado e empresa.

O PLS n. 274, até mesmo diante da possibilidade de jornada presencial, prevê na proposta do art. 350-B, que do contrato de trabalho, conste não só a natureza do serviço prestado, mas vai bem além da regulamentação da Lei n. 13.467, ao propor a jornada de trabalho a ser cumprida pelo empregado; a proporção da jornada a ser cumprida em estabelecimento do empregador, se for o caso; os locais da prestação de trabalho, se definidos; os equipamentos a serem utilizados no trabalho e o regime de utilização; o estabelecimento ao qual o empregado esteja vinculado; e os meios e periodicidade de contato entre trabalhador e empregador.

Nota-se, pois, que a proposição legislativa apresenta preocupação com importantes aspectos próprios desse regime de contratação, inclusive indicação da sede à qual o trabalhador estará vinculado e os meios e periodicidade de contato — situações que minimizam, quando não eliminam, os problemas de isolamento do teletrabalhador.

A redação proposta para o art. 350-B, § 1º também trata da conversão do trabalho presencial para o regime à distância, e possibilidade de reversão a qualquer tempo. Em ambas as hipóteses, faz imperiosa a anuência do empregado. Como se sabe, o art. 75-C, § 2º da CLT não exige a concordância do empregado para o retorno ao regime presencial, tratando do tema dentro do poder diretivo do empregador. No particular, o ideal seria o estabelecimento de um período de experiência, para que empregado e empregador avaliem o desenvolvimento do trabalho à distância, facultando às partes o estabelecimento de cláusula de reversibilidade.

Anda bem o texto do art. 350-B, § 2º que determina que a contratação em regime de teletrabalho deve ser anotada na Carteira de Trabalho e Previdência Social. Embora a tendência seja a rápida extinção do documento CTPS, é salutar a anotação do regime de trabalho junto aos registros eletrônicos, tanto Ficha de Registro Eletrônico, quanto em evento junto ao e-Social que entrou em vigor no início de 2018, no Brasil.

De igual modo, correta a redação proposta para o art. 350-B, § 3º que enuncia que a recusa do empregado em adotar o regime de teletrabalho não constitui causa para rescisão do contrato. No entanto, aqui parece necessária adequação, no sentido de que não constitui "justa causa" para a rescisão do contrato, já que não representa desobediência à ordem do empregador, haja vista que é faculdade do empregado a conversão em regime de teletrabalho. Nota-se, contudo, que tal não impede a rescisão do contrato na conjetura de a empresa encerrar as suas atividades presenciais, passando a operar somente em ambiente virtual, o que não é despropositall nos dias atuais.

Merece alguma reflexão a proposta do art. 350-C, na medida em que estabelece a indicação da jornada dos teletrabalhadores. Contudo, de forma aparentemente contraditória preconiza de acordo com o proposto para o § 2º a ausência de indicação de jornada e de qualquer controle, direto ou indireto, para os que atuam em regime flexível, garantindo, todavia, na forma do § 3º os direitos aos períodos de descanso tratados nos arts. 66 a 70 da CLT.

Causa ainda dúvida o interesse do legislador ao propor a redação do § 4º estabelecendo que o empregador deve manter os registros de conexão do empregado ao sistema pelo prazo de vinte anos, sem prejuízo ao disposto no § 2º. Ou seja, o legislador pretende que não se faça nem controle indireto, mas ao mesmo tempo, se mantenha o registro das conexões por vinte anos, o que no mínimo se revela ambíguo.

Relevante a redação proposta para o art. 350-D, que reconhece a possibilidade do teletrabalho *part time*, cumprindo-se parte da jornada presencialmente na sede, e possibilitando que parte da jornada ou toda ela seja desempenhada em centros de teletrabalho.

A proposta do art. 350-D, § 1º, a propósito, conceitua centro de teletrabalho, considerando como tal, em síntese, o estabelecimento público ou privado, dotado de estrutura de informática e telecomunicações destinado à utilização de teletrabalhadores vinculados a um ou mais empregadores. Tal é de bastante relevância, na medida em que os telecentros devem ser incentivados pelo poder público.

O texto proposto para o § 2º do mesmo artigo é no sentido de impor responsabilidade subsidiária ao empregador em razão de más condições estruturais ou ambientais do telecentro.

A redação indicada para o art. 350-D, § 4º prevê a vedação de qualquer controle de jornada em telecentro, e o § 3º do mesmo artigo determina a aplicação do capítulo II, do título II da CLT, que trata da duração do trabalho prestado no estabelecimento do empregador, ou seja, controle de jornada, e direito a horas extras, adicional noturno e intervalos.

Como se nota, o PLS n. 274/2013 propõe um controle misto de jornada, quando do teletrabalho *part time*, ou seja, inexistência de controle para o trabalho à distância e controle de jornada para as atividades presenciais. A ideia parece boa, o problema é a administração prática, eis que tal previsão permitiria o cumprimento de jornadas ordinárias na sede, e atividades extensas em teletrabalho, o que geraria prejuízo ao trabalhador.

Duas aqui seriam as opções. A melhor e mais complexa de operacionalizar seria a determinação de que os trabalhos prestados à distância representassem a mesma carga do trabalho presencial, o que requereria maturidade de parte a parte.

A outra opção, menos conformada à relação, porém mais simples, seria a de estabelecer controle de jornada também para as atividades realizadas à distância quando isso fosse possível. Caso não se verificasse essa condição, haveria direito a sobrejornada se o volume de trabalho fosse 30% superior ao realizado presencialmente.

Tal percentual se justifica também por duas razões. A primeira é de que, consoante visto ao longo deste estudo, o teletrabalho potencializa a produtividade; e a segunda é estabelecer uma margem de segurança a fim de não causar insegurança jurídica nesse regime de contratação que se quer incentivar.

O texto proposto para o art. 350-E impõe ao empregador a responsabilidade pelo fornecimento e manutenção dos equipamentos a serem utilizados pelo empregado no desempenho das atividades, e também na transmissão dos dados relativos aos serviços prestados. Consoante já abordado no curso deste estudo, tal determinação guarda respeito à melhor doutrina no que tange ao ônus da atividade ser do empregador, observado que o TST atua de modo diverso para com seus servidores.

Permite a proposição do § 1º, no entanto, a utilização de equipamentos de propriedade do empregado, mediante ressarcimento diante da comprovação das despesas, na forma do § 3º. E ainda, há a vedação do § 2º para que não seja repassada ao empregado a incumbência de compra do equipamento.

O § 4º prevê ainda que o empregado é responsável pela utilização e conservação adequadas dos equipamentos fornecidos pelo empregador para o exercício de suas funções.

O conteúdo do art. 350-E apenas pode ser complementado para apresentar previsões quanto à ergonomia dos equipamentos.

Por sinal, a redação proposta para o art. 350-F[397] trata de o dever do empregador informar as diretrizes de segurança e saúde do trabalho aplicáveis, observadas as normas regulamentadoras, e na forma do inciso I, pode fiscalizar por iniciativa própria ou do empregado, as instalações e condições de trabalho dos telecentros, e na forma do inciso II, fiscalizar as condições de trabalho no domicílio do empregado, se for o caso, desde que com a anuência deste e mediante prévia notificação. Como se nota, a redação proposta vai bem além do pobre texto do art. 75-E da CLT, que se limita à determinação de orientações expressas e ostensivas por parte do empregador.

A proposta para o art. 350-G da CLT[398] é digna de aplauso ao vedar qualquer forma de discriminação do teletrabalhador, mormente no que se

---

(397) BRASIL. PLS n. 274, de 2013 : Art. 350-F. É dever do empregador informar o empregado das diretrizes de segurança, higiene e saúde do trabalho aplicáveis — observadas as normas regulamentadoras estabelecidas pelo Ministério do Trabalho e Emprego — e fiscalizar seu cumprimento, sem prejuízo da atuação das autoridades competentes, podendo, para tanto: I — fiscalizar, por iniciativa própria ou do empregado, as instalações e condições de trabalho dos centros de teletrabalho; II — fiscalizar as condições de trabalho no domicílio do empregado, se for o caso, desde que com a anuência deste e mediante prévia notificação. Disponível em: <https://www25.senado.leg.br/web/atividade/materias/-/materia/113558>. Acesso em: 3 dez. 2017.

(398) PLS n. 274, de 2013: Art. 350-G É vedada qualquer forma de discriminação do empregado em regime de teletrabalho, especialmente no tocante a treinamento profissional, a oportunidades de desenvolvimento na carreira e aos direitos de filiação e participação sindical. Parágrafo único. São garantidos os direitos sindicais do empregado, sendo vedado obstar seu exercício por meio de vinculação a estabelecimento do empregador que, em razão da distância ou de qualquer outro motivo, torne impossível a filiação ou participação do empregado em sindicato. Disponível em: <https://www25.senado.leg.br/web/atividade/materias/-/materia/113558>. Acesso em: 3 dez. 2017.

refere a treinamento profissional, oportunidades de desenvolvimento na carreira e aos direitos de filiação e participação sindical. Deve-se, porém, ir adiante não só tratando da vedação da discriminação, mas faz-se necessária a inserção do incentivo e obrigação de treinamento para o desempenho das atividades em regime de teletrabalho.

O parágrafo único também reflete importante preocupação ao garantir os direitos sindicais, vedando a vinculação do empregado a estabelecimento do empregador que, em razão da distância ou de qualquer outro motivo, torne impossível a filiação do empregado em sindicato.

Por fim, também correta a proposta do art. 350-H,[399] que insere como motivo de ruptura do liame contratual por justa causa, a utilização dos equipamentos ou via de transmissão de dados cedidas pelo empregador para acesso, envio de mensagens, veiculação ou outros de conteúdo ilícito. O que se pode fazer é ampliar o conteúdo de tal proposição, inserindo regras de comportamento para o ambiente virtual como um todo, inclusas as redes sociais, para ambas as partes, tanto empregado quanto empregador.

7.1.2. Projeto de Lei n. 4.505, de 2008

O Projeto de Lei n. 4.505/2008, do então deputado Luiz Paulo Velozzo Lucas não apresenta considerandos, no entanto, contempla ampla Justificação, com destaque para os seguintes itens:

a) a relação do teletrabalho — dado o seu caráter inovador — com a proteção a automação prevista pelo art. 7º, inciso XXVII da CF, justificando a partir daí a necessidade de uma lei para tratar do teletrabalho;

b) a assertiva de que o teletrabalho é fruto da modernização tecnológica, gerando um avanço nos meios e sistemas de produção, que alteram a forma de realização do trabalho, senão o próprio trabalho;

c) o reconhecimento do teletrabalho *part time*;

d) a definição de telemática, conceituando-a como "comunicação à distância de um conjunto de serviços informáticos fornecidos através de uma rede de comunicações", combinado com o reconhecimento de que "é fruto da junção

---

(399) PLS n. 274, de 2013: Art. 350-H Constitui justa causa para a rescisão do contrato de trabalho pelo empregador — sem prejuízo do disposto no art. 482 desta Consolidação — a utilização dos equipamentos ou de vias de transmissão de dados cedidos pelo empregador para o acesso ou veiculação de páginas, mensagens, arquivos ou qualquer outro tipo de recurso que veicule conteúdo ilícito. Disponível em: <https://www25.senado.leg.br/web/atividade/materias/-/materia/113558>. Acesso em: 3 dez. 2017.

entre os recursos de telecomunicações (telefonia, satélite, cabo, fibras ópticas etc.) e da informática (computadores, periféricos, *softwares* e sistemas de rede";

e) a menção ao acordo sobre o teletrabalho, elaborado pela Comissão Europeia de Modernização das Relações de Emprego, assinado em Bruxelas, em 2002, que definiu que os países-membros deveriam encorajar o desenvolvimento do teletrabalho, em suas diversas formas, visando a melhoria da qualidade dos empregos;

f) a afirmação de que o teletrabalho não estava sendo adotado em maior escala, devido à ausência de regulamentação. Como se sabe, o PL n. 4.505 é de 2008, de modo que posteriormente veio a Lei n. 12.551/2011 e a Lei n. 13.467/2017, de toda sorte, a ausência de regulamentação suficiente continua sendo realidade;

g) a dificuldade de restrição de acesso a dados, o que permanece sem regulamentação;

h) o reconhecimento de que o teletrabalho pode ser desempenhado em domicílio, centros satélites ou sob forma de trabalho móvel;

i) a observação de que a "crescente preocupação com a qualidade de vida justifica uma série de medidas de adaptação dos trabalhos tradicionais ao mundo moderno";

j) o simples, porém, crucial reconhecimento de que "a informação não é um bem escasso, pelo contrário, existe em excesso";

k) a apresentação de quadro de vantagens e desvantagens para adoção do teletrabalho;

l) o reconhecimento da impossibilidade de se verificar com segurança plena a quantidade de horas trabalhadas, quando se trata de "empregados que possuem subordinação branda, que devem possuir metas de produção ou tarefas bem especificadas, mas que não se encontram submetidos às horas habituais de serviço, uma vez que distantes do local esperado da produção";

m) a consideração de que a quantidade de horas trabalhadas fica a critério do teletrabalhador, podendo suprimir ou ultrapassar a carga horária, de acordo com a sua gestão do tempo;

n) a fim de evitar abusos, a necessidade de descrição do trabalho a ser realizado, numa tentativa de garantir a realização de trabalho condizente com a carga horária normal;

o) exceção à regra de ausência de controle, ao propor a paga de horas extras se realizado trabalho extraordinário com habitualidade, atribuindo a prova do fato ao empregado. Tal disposição, embora nobre, geraria insegurança jurídica difícil de contornar em um ambiente onde a auto-gestão é a tônica;

p) independente das horas extras, a garantia dos demais direitos, relacionando exemplificativamente repouso semanal remunerado, intervalo intrajornada e associação sindical;

q) a consideração de que a eleição do regime de teletrabalho representa "abrir mão" de outras vantagens, tais como ticket alimentação e vale transporte. No particular, cabe observar que a proposição é em parte acertada, mas deve-se advertir que o vale alimentação não está relacionado com o trabalho presencial, somente o vale refeição; e que devem ser preservados os vales transporte para os dias de prestação de serviços presenciais, ou ao menos a indenização deste transporte;

r) A menção aos estudos da SOBRATT — Sociedade Brasileira de Teletrabalho e Teleatividades.

O PL n. 4.505/2008, embora sucedido por duas leis que tiveram por escopo regulamentar o teletrabalho, continua sendo bastante atual, merecendo reflexão, consoante demonstra o resumo dos principais pontos da Justificação.

O art. 1º do projeto[400] ao conceituar o teletrabalho, o faz não só tratando de empregador e empregado, mas também inserindo o cliente e o autônomo, o que se revela acertado já que o regime de teletrabalho subordinado é apenas uma das espécies de trabalho à distância.

O mesmo art. 1º propõe reconhecer o teletrabalho quando este for desenvolvido em mais de 40% do tempo em um ou mais lugares diversos do local de trabalho regular, por meio das tecnologias informáticas e de telecomunicações, de forma a absorver o regime de teletrabalho *part time*, situação não contemplada pela Lei n. 13.467.

O parágrafo único do art. 1º traz a definição de local regular, entendendo como tal a "sede da empresa ou qualquer outro local onde normalmente ocorre a produção e/ou são normalmente esperados os resultados do exercício laborativo."

---

(400) Projeto de Lei n. 4.505/2008: Art. 1º Para os fins desta Lei, entende-se como teletrabalho todas as formas de trabalho desenvolvidas sob controle de um empregador ou para um cliente, por um empregado ou trabalhador autônomo de forma regular e por uma cota superior a quarenta por cento do tempo de trabalho em um ou mais lugares diversos do local de trabalho regular, sendo utilizadas para realização das atividades laborativas tecnologias informáticas e de telecomunicações. Parágrafo único. Entende-se por local de trabalho regular a sede da empresa ou qualquer outro local onde normalmente ocorre a produção e/ou são normalmente esperados os resultados do exercício laborativo. Disponível em: <http://www.camara.gov.br/proposicoesWeb/fichadetramitacao?idProposicao=420890>. Acesso em: 3 dez. 2017.

Seguindo a mesma linha, o art. 2º passa a reconhecer os centros de teletrabalho como locais de realização do teletrabalho, conceituando-o como

> [...] "edificações idealizadas para o teletrabalho, dotadas de aparelhos de informática e de telecomunicação, e destinadas à utilização pelos empregados de uma ou várias empresas ou pelos trabalhadores autônomos classificados como teletrabalhadores, não sendo considerados locais de trabalho regulares."

Relevante notar que o art. 3º aloca o teletrabalho como instrumento para aumento dos índices de emprego, assim como meio de inserção de trabalhadores com capacidade física reduzida e estímulo ao crescimento econômico eco-compatível.

O art. 4º é salutar, pois trata de política programática do Estado, no sentido de:

> "a) estimular a criação de postos de teletrabalho; b) potencializar a competitividade industrial incentivando a adoção do teletrabalho nas empresas privadas e na Administração Pública; c) aumentar a capacitação profissional dos trabalhadores via mecanismos tradicionais e mecanismos de formação; d) promover novas formas de organização do trabalho baseadas no teletrabalho nos setores privado e público."

Veja-se que o PL n. 4.505, embora proposto em 2008 é muito atual, e contempla política programática de muita valia para a sociedade brasileira. Certamente que o projeto contou com o apoio da Sociedade Brasileira de Teletrabalho e Teleatividades, observando com cuidado ímpar questões a serem incentivadas e matérias a serem regulamentadas.

O art. 5º quer parecer superado pela Lei n. 12.551, que equiparou o trabalho prestado à distância, se caracterizados os pressupostos da relação de emprego.

O art. 6º[401] em parte, teve regulamentação na Lei n. 12.551 e em parte na Lei n. 13.467, todavia, ainda permanece atual, merecendo ser inserido no ordenamento jurídico, no que tange à preocupação com a filiação sindical, negociação coletiva, garantia à não discriminação e acesso à qualificação e informação profissionais (alínea "a"), e no que se refere aos ressarcimentos dos gastos extraordinários decorrentes das funções inerentes ao teletrabalho (alínea "d").

---

(401) PL n. 4.505/2008: Art. 6º São direitos do empregado teletrabalhador: a) igualdade de tratamento no que diz respeito à filiação sindical, participação na negociação coletiva, proteção à saúde, segurança social e estabilidade no emprego, além da garantia à não discriminação e acesso à qualificação e informação profissionais; b) proteção ao salário, férias e sua respectiva remuneração, gozo de feriados, licenças previstas na CLT e faltas por doença; c) segurança, higiene e saúde no trabalho observadas as disposições do art. 7º; d) ressarcimento dos gastos extraordinários decorrentes das funções inerentes ao teletrabalho e não previstos na remuneração, observadas as disposições do art. 7º. Parágrafo único. Em razão do caráter de controle de jornada aberta e, via de regra, de forma virtual, aos empregados teletrabalhadores não será contemplado o direito às horas extras, devendo a remuneração ajustar-se às horas normais de trabalho. Disponível em: <http://www.camara.gov.br/proposicoesWeb/fichadetramitacao?idProposicao=420890>. Acesso em: 3 dez. 2017.

O art. 6º ainda merece destaque ao contemplar a previsão de faltas por doença, o que por evidente ocorre com o teletrabalhador ainda que ausente controle de jornada, assim como licenças previstas na CLT e gozo de feriados — este último de difícil compatibilização com o regime de trabalho à distância, mas que pode e deve ser combinado com uma política de desconexão.

O parágrafo único do art. 6º segue a linha do art. 62, inciso III da CLT, não contemplando o teletrabalhador com o direito às horas extras, devendo a remuneração ajustar-se às horas normais de trabalho.

O art. 7º[402] elenca deveres do teletrabalhador, dentre os quais, em sua alínea "a", a habitualidade e pessoalidade na prestação dos serviços. Embora tais elementos sejam imprescindíveis para a relação de emprego, vale atenção à proposição legislativa na medida em que não cabe ao teletrabalhador subordinado transferir o trabalho que lhe foi confiado a um terceiro.

A alínea "b" do art. 7º prevê que o empregado deve prestar informações periódicas de acordo com as diretrizes empregatícias previamente estabelecidas, tanto na forma *on line*, quanto *off line*. Igual preocupação deve ser destinada para que o empregador muna o empregado de informações e forneça *feed back* das atividades, o que não está previsto no projeto.

A alínea "c" do art. 7º prevê manutenção adequada dos equipamentos e materiais disponibilizados pelo empregador, bem como conservação e asseio do ambiente de trabalho, observadas as normas de segurança, higiene e saúde no trabalho. Como se nota, a primeira parte pode complementar a legislação vigente, embora se deva refletir sobre atribuir ao empregado a responsabilidade pela manutenção dos equipamentos e materiais. Já a segunda parte se encontra albergada pelo art. 75-E da CLT. Com efeito, em que pese esta não faça menção ao asseio e conservação do ambiente de trabalho, tal disposição parece inserida nas precauções no que se refere às doenças e acidentes de trabalho, de orientação expressa e ostensiva pelo empregador.

A alínea "d" trata da prestação de contas quanto aos gastos ordinários e extraordinários decorrentes do exercício do trabalho, o que também merece indicação para ingresso no ordenamento jurídico pátrio, de modo a complementar a redação do art. 75-D da CLT.

---

(402) PL n. 4.505/2008: Art. 7º São deveres do empregado teletrabalhador: a) habitualidade e pessoalidade na execução de suas funções; b) informação periódica de acordo com as diretrizes empregatícias previamente estabelecidas, seja de forma on line ou offline; c) manutenção adequada dos equipamentos e materiais que lhe forem disponibilizados pelo empregador, bem como conservação e asseio do seu ambiente de trabalho, observadas as normas de segurança, higiene e saúde no trabalho; d) prestação de contas quanto aos gastos ordinários e extraordinários decorrentes das funções inerentes à devida execução do trabalho. Disponível em: <http://www.camara.gov.br/proposicoesWeb/fichadetramitacao?idProposicao=420890>. Acesso em: 3 dez. 2017.

O art. 8º propõe elencar os requisitos do contrato de trabalho, nomeadamente: direitos e deveres, bem como os relativos às especificidades do teletrabalho a ser desenvolvido; indicação, ainda que em instrução de trabalho anexa, dos bens a serem disponibilizados ao empregado e o local de trabalho; e indicação objetiva da carga horária que não poderá ultrapassar a prevista na CLT.

O art. 8º é relevante, requer, porém, cuidado especial no que tange à sua parte final quanto à indicação da carga horária. Como se sabe, o art. 62, inciso III da CLT, isenta o teletrabalhador do controle de jornada, de sorte que a indicação de jornada pode ser interpretada como prática incompatível à ausência de controle.

Por fim, o legislador ingressa em terreno movediço ao propor a regulamentação do trabalho transnacional, indicando a aplicação da lei do local da prestação do serviço, salvo ajuste contratual em contrário.

Tal disposição, contudo refoge à jurisprudência dominante em se tratando de empregado presencial, que determina a aplicação da legislação mais favorável ao trabalhador, entendendo-se como tal o conjunto de regras relativas à matéria, e não um dispositivo específico, e nem a legislação como um todo.

7.1.3. Projeto de Lei n. 4.793, de 2012

O Projeto de Lei n. 4.793/2012, de autoria do Deputado Carlos Bezerra, propõe regulamentação para a remuneração do trabalho realizado à distância, sob a justificativa de que a Lei n. 12.551/2011 foi silente quanto à remuneração dessa nova forma de trabalho, o que tem aumentado — segundo relata — exponencialmente o número de reclamações trabalhistas vindicando horas extras, adicional noturno e de insalubridade, além de fins de semana remunerados.

O PL n. 4.793/2012 possui apenas um artigo, que representa proposta para a inserção do art. 457-B da CLT,[403] no sentido de que as regras para a remuneração do trabalho exercido à distância ou no domicílio do empregado serão definidas em contrato individual de trabalho, convenção ou acordo coletivo de trabalho.

As disposições da proposta já foram ao menos em parte contempladas pelo art. 611-A, inciso VIII da CLT, que prevê a negociação coletiva para efeito de fixar regras relativas ao teletrabalho. O mesmo se diga para os empregados com salário superior ao dobro do teto do Regime Geral da Previdência Social, que também podem negociar individualmente as regras de teletrabalho, sem a presença do sindicato.

---

(403) PL n. 4.793/2012: Art. 457-B. As regras para a remuneração do trabalho exercido à distância ou no domicílio do empregado serão definidas em contrato individual de trabalho, convenção ou acordo coletivo de trabalho. Disponível em: <http://www.camara.gov.br/proposicoesWeb/fichadetramitacao?idProposicao=562117>. Acesso em: 3 dez. 2017.

O ponto mais delicado é a outorga ao trabalhador individualmente, para negociação de condições de remuneração no que se refere ao teletrabalho. No particular, no entanto, fazendo-se uma leitura sistêmica e fundada nos princípios do direito do trabalho, por evidente, não se poderia negociar condição desfavorável ou em prejuízo do teletrabalhador, o que tornaria inócua a cláusula.

Com efeito, considerando o art. 611-A da CLT que já permite a negociação mediante instrumento coletivo no que tange ao teletrabalho, e que a negociação individual não poderia ser em prejuízo do teletrabalhador ou de forma não isonômica, quer parecer que o PL n. 4.793 estaria superado diante do texto da Lei n. 13.467/2017.

7.2. Proposta de Projeto de Lei

Vistos e relatados pontos julgados cruciais dos projetos de lei apresentados, faz-se uso das propostas do PL n. 4.505/2008, PL n. 4.793/2012 e PLS n. 274/2013, visando:

a) o reconhecimento da importância e uso das pesquisas e propostas de cada um dos projetos mencionados;

b) a exclusão de pontos já regulamentados pela legislação vigente;

c) a contribuição com experiências de outras nações;

d) alguma conformação, que se julga complementar aos projetos apresentados.

A partir dessa abordagem, propõe-se a criação de uma lei que regulamente o trabalho em ambiente virtual no Brasil. A ideia é mais ampla do que o regime de trabalho à distância, na medida em que o direito de desconexão e as relações de trabalho nas redes sociais também devem ser regrados, e estes não ficam restritos ao teletrabalho, mas alcançam todo o ambiente virtual e suas relações.

Seguindo essa ótica, passa-se à sistematização da proposta de regulamentação do trabalho em ambiente virtual, dividido em três seções, na seguinte ordem: (i) Teletrabalho; (ii) Direito de Desconexão; (iii) Preservação da Higidez do Ambiente de Trabalho nas Relações Virtuais.

TÍTULO I — TELETRABALHO

Capítulo I — Política Programática de Incentivo ao Teletrabalho

Considerando que:

a) o PL n. 4.505/2008 faz a menção ao acordo sobre o teletrabalho, elaborado pela Comissão Europeia de Modernização das Relações de Emprego, assinado em Bruxelas, em 2002, que definiu que os países-membros deveriam encorajar o desenvolvimento do teletrabalho, em suas diversas formas, visando a melhoria da qualidade dos empregos;

b) o PL n. 4.505/2008 reconhece que a "crescente preocupação com a qualidade de vida justifica uma série de medidas de adaptação dos trabalhos tradicionais ao mundo moderno";

c) o PL n. 4.505/2008, por meio do seu art. 3º aloca o teletrabalho como instrumento para aumento dos índices de emprego, assim como meio de inserção de trabalhadores com capacidade física reduzida e estímulo ao crescimento econômico eco-compatível;

d) o PL n. 4.505/2008, por meio do seu art. 4º trata de política programática do Estado, no sentido de:

"a) estimular a criação de postos de teletrabalho; b) potencializar a competitividade industrial incentivando a adoção do teletrabalho nas empresas privadas e na Administração Pública; c) aumentar a capacitação profissional dos trabalhadores via mecanismos tradicionais e mecanismos de formação; d) promover novas formas de organização do trabalho baseadas no teletrabalho nos setores privado e público."

e) o PL n. 4.505/2008 reconhece que o teletrabalho pode ser desempenhado em domicílio, centros satélites ou sob forma de trabalho móvel;

f) o PL n. 4.505/2008 por meio do seu art. 2º, conceitua telecentros, como

[...] "edificações idealizadas para o teletrabalho, dotadas de aparelhos de informática e de telecomunicação, e destinadas à utilização pelos empregados de uma ou várias empresas ou pelos trabalhadores autônomos classificados como teletrabalhadores, não sendo considerados locais de trabalho regulares."

g) o PL n. 4.505/2008, por meio do seu art. 1º, ao conceituar o teletrabalho,[404] o faz não só tratando de empregador e empregado, mas também inserindo o cliente e o autônomo, o que se revela acertado já que o regime de teletrabalho subordinado é apenas uma das espécies de trabalho à distância;

h) o PL n. 274/2013 trata da intenção de que o trabalho seja prestado em diversos locais descentralizados em instalações compartilhadas por empregadores diversos, inclusive por autônomos, nos telecentros e nos *telecottages* (telecentros localizados em área rural);

---

(404) Projeto de Lei n. 4.505/2008: Art. 1º Para os fins desta Lei, entende-se como teletrabalho todas as formas de trabalho desenvolvidas sob controle de um empregador ou para um cliente, por um empregado ou trabalhador autônomo de forma regular e por uma cota superior a quarenta por cento do tempo de trabalho em um ou mais lugares diversos do local de trabalho regular, sendo utilizadas para realização das atividades laborativas tecnologias informáticas e de telecomunicações. Parágrafo único. Entende-se por local de trabalho regular a sede da empresa ou qualquer outro local onde normalmente ocorre a produção e/ou são normalmente esperados os resultados do exercício laborativo. Disponível em: <http://www.camara.gov.br/proposicoesWeb/fichadetramitacao?idProposicao=420890>. Acesso em: 3 dez.2017.

i) o PLS n. 274/2013, na forma da proposta para o art. 350-D, § 1º, conceitua centro de teletrabalho, considerando como tal, em síntese, o estabelecimento público ou privado, dotado de estrutura de informática e telecomunicações destinado à utilização de teletrabalhadores vinculados a um ou mais empregadores;

j) o PLS n. 274/2013 reconhece que diversas atividades administrativas, sobretudo no setor de serviços, podem ser desenvolvidas de forma não presencial;

k) o PLS n. 274/2013 reconhece que o teletrabalho permite redução de custos do empregador, e confere possibilidade de auto-gestão do empregado no que se refere à rotina de trabalho;

l) o teletrabalho permite a maior inserção no mercado de trabalho para as pessoas que mantêm sob os seus cuidados familiar enfermo ou de idade avançada;

m) o teletrabalho pode facilitar a inserção no mercado de trabalho de pessoas que sofrem qualquer tipo de discriminação;

n) o teletrabalho tem condições de estimular o desenvolvimento de regiões menos favorecidas;

o) o teletrabalho tende a diminuir o fluxo migratório para as grandes metrópoles;

p) o teletrabalho tem potencial para diminuir o fluxo de carros e pessoas nas cidades grandes;

q) o Real Decreto-ley n. 3/2012, em Espanha, trata de medidas urgentes para a reforma do mercado de trabalho, prevendo o teletrabalho em sua seção III, o reconhecendo como forma de organização de trabalho que se encaixa perfeitamente no modelo produtivo e econômico que objetiva, ao favorecer a flexibilidade das empresas na organização do trabalho, incrementar as oportunidades de emprego e otimizar a relação entre tempo de trabalho e vida pessoal e familiar.[405] Segundo consta do Real Decreto-ley n. 3/2012, 99,23%

---

(405) *El deseo de promover nuevas formas de desarrollar la actividad laboral hace que dentro de esta reforma se busque también dar cabida, con garantías, al teletrabajo: una particular forma de organización del trabajo que encaja perfectamente en el modelo productivo y económico que se persigue, al favorecer la flexibilidad de las empresas en la organización del trabajo, incrementar las oportunidades de empleo y optimizar la relación entre tiempo de trabajo y vida personal y familiar. Se modifica, por ello, la ordenación del tradicional trabajo a domicilio, para dar acogida, mediante una regulación equilibrada de derechos y obligaciones, al trabajo a distancia basado en el uso intensivo de las nuevas tecnologías.* ESPANHA. *Agencia Estatal Boletín Oficial del Estado.* Disponível em: <https://www.boe.es/buscar/act.php?id=BOE-A-2012-2076>. Acesso em: 7 nov. 2017.

dos trabalhadores atuam em empresas com até 50 empregados,[406] de sorte que a Espanha procurou utilizar o regime de teletrabalho e de contrato em tempo parcial para efeito de estimular a contratação nas empresas com até 50 empregados, estabelecendo uma dedução fiscal;

r) o Decreto n. 37.695-MP-MTSS de 2013, em Costa Rica, regula o teletrabalho, como instrumento apto a promover a modernização das organizações, a inserção laboral, a redução de gasto nas instituições públicas, o incremento da produtividade do funcionário, a economia de combustíveis, a proteção do meio ambiente e favorecimento da conciliação de vida pessoal, familiar e laboral, mediante a utilização de tecnologias da informação e as comunicações;[407]

s) Segundo o considerando V do Decreto n. 37.695, a nova regulamentação do teletrabalho atende ao Plano Nacional de Desenvolvimento e Inovação costa-riquenho, que apresenta como ações transversais a promoção e o melhoramento do capital humano e os processos de trabalho, por meio da utilização de ferramentas tecnológicas, com o escopo de alcançar uma sociedade mais igualitária e inclusiva, e um país com índices de produtividade crescentes.[408] O que daí se percebe é o reconhecimento do teletrabalho naquele país como instrumento de concretização do projeto de uma sociedade inclusiva, igualitária, e com produtividade crescente;

t) O PROPET — *Programa de Promocion del Empleo en Teletrabajo*[409], em Argentina, elenca dentre os seus objetivos, a melhora da empregabilidade dos teletrabalhadores e o aumento da produtividade das empresas;[410]

---

(406) Disponível em: <https://www.boe.es/buscar/act.php?id=BOE-A-2012-2076)>. Acesso em: 7 nov. 2017.
(407) *Tiene por objeto promover y regular el teletrabajo en las instituciones del Estado, como instrumento para promover la modernización de las organizaciones, la inserción laboral, reducir el gasto en las Instituciones Públicas, incrementar la productividad del funcionario, el ahorro de combustibles, la protección del mdio ambiente y favorecer la conciliación de la vida personal, familiar y laboral, mediante la utilización de tecnologías de la información y las comunicaciones (TIC's)*. Disponível em: <http://www.ilo.org/dyn/natlex/natlex4.detail?p_lang=en&p_isn=94875&p_country=CRI&p_count=482>. Acesso em: 3 dez. 2017.
(408) *V — Que el Plan Nacional de Desarrollo 2011-2014 "María Teresa Obregón Zamora", establece cuatro pilares fundamentales o ejes de gestión, que servirán de marco orientador en el quehacer del Gobierno de la República, a saber: Bienestar Social, Seguridad Ciudadana y Paz Social, Ambiente y Ordenamiento Territorial y Competitividad e Innovación. Dentro de esta propuesta de gestión pública, se identifican metas programáticas por sectores de actividad, como acciones transversales la promoción y el mejoramiento del capital humano y los procesos de trabajo, por medio de la utilización de herramientas tecnológicas, a fin de lograr una sociedad más solidaria e inclusiva, y un país con índices de productividad crecientes*. Disponível em: <http://cite.gov.pt/asstscite/downloads/legislacao/CT25092017.pdf#page=64>. Acesso em: 15 nov. 2017.
(409) ARGENTINA. *Resolución 595/2013*. Disponível em: <http://www.trabajo.gob.ar/downloads/teletrabajo/res_595-2013_PROPET.pdf>. Acesso em: 3 dez. 2017.
(410) *Que asimismo, el citado Programa tendrá los siguientes objetivos específicos: 1) impulsar la implementación de plataformas de teletrabajo en el sector privado, que posibiliten identificar dificul-*

u) em Portugal, o teletrabalho chega a figurar como direito do trabalhador,[411] sendo uma das hipóteses relativas ao empregado que tem filho com idade de até 3 anos — que possui o direito a exercer a atividade em regime de teletrabalho, quando este seja compatível com a atividade desempenhada e a entidade patronal disponha de recursos e meios para tanto.

Propõe-se, a exemplo de diversos países, tais como Costa Rica, Argentina e Espanha, a criação de uma Política de Incentivo para o Teletrabalho, que deve consistir basicamente em:

1) estímulo de recursos concedidos pela União para que os Estados incentivem os Municípios à criação de telecentros compartilhados de trabalho;

2) estímulo de recursos dos Estados para que os municípios invistam em telecentros compartilhados de trabalho;

3) estímulo mediante isenções e/ou redução de tributação dos municípios para que o setor privado invista na formação de telecentros compartilhados de trabalho;

4) estímulo da União, para as empresas mediante redução de encargos, em proporção a figurar em texto legislativo, se estas instituírem o regime de teletrabalho previsto no art. 75-A da CLT, em percentual equivalente a pelo menos 10% do seu quadro de empregados;

5) estímulo da União, mediante redução de encargos, para todas as empresas que permitirem o regime de teletrabalho previsto pelo art. 75-A da CLT, quando dos retornos de licença maternidade, paternidade ou adoção, enquanto durar o regime de trabalho à distância, limitado a um ano, a exclusivo critério da empresa, em percentual a ser estabelecido em texto legislativo;

---

tades prácticas y/o normativas, recogiendo diferentes experiencias de manera de difundir las buenas prácticas; 2) evaluar el impacto del teletrabajo en las relaciones laborales del sector privado, en las posibilidades de inserción socio-laboral y de mejora de la empleabilidad de los teletrabajadores, y en el aumento de la productividad de las empresas, y 3) promover, monitorear y propiciar la generación de condiciones de trabajo decente para los teletrabajadores. Disponível em: <http://www.trabajo.gob.ar/downloads/teletrabajo/res_595-2013_PROPET.pdf>. Acesso em: 12 nov. 2017.

(411) Art. 166º Regime de contrato para prestação subordinada de teletrabalho. 1 — Pode exercer a atividade em regime de teletrabalho um trabalhador da empresa ou outro admitido para o efeito, mediante a celebração de contrato para prestação subordinada de teletrabalho. 2 — Verificadas as condições previstas no n. 1 do art. 195º, o trabalhador tem direito a passar a exercer a atividade em regime de teletrabalho, quando este seja compatível com a atividade desempenhada. 3 — Além das situações referidas no número anterior, o trabalhador com filho com idade até 3 anos tem direito a exercer a atividade em regime de teletrabalho, quando este seja compatível com a atividade desempenhada e a entidade patronal disponha de recursos e meios para o efeito. 4 — O empregador não pode opor-se ao pedido do trabalhador nos termos dos números anteriores. 5 — Omissis. Disponível em: <http://cite.gov.pt/asstscite/downloads/legislacao/CT25092017.pdf#page=64>. Acesso em: 15 nov. 2017.

6) os estímulos de redução de encargos propostos nos itens 4 e 5 supra, são aplicados exclusivamente no que diz respeito aos empregados envolvidos no regime de trabalho à distância de que trata o art. 75-A da CLT.

Justifica-se que as economias geradas para a sociedade em razão da inserção do regime de teletrabalho suportam a diminuição de recolhimento de encargos mencionados nos itens 4 a 6, ou outros estímulos de que tratam os itens 1 a 3.

Capítulo II — Regramento complementar para o Teletrabalho

Seção I — Cláusula de Reversibilidade

É recomendável que o regime de teletrabalho seja ajustado mediante cláusula de reversibilidade, a fim de verificar as condições de adaptação do trabalhador, servindo de paradigmas:

a) *PROPET — Programa de Promocion del Empleo en Teletrabajo*[412] de adesão voluntária das empresas argentinas;[413]

b) a legislação colombiana, que garante ao trabalhador o direito a retornar ao trabalho presencial a qualquer momento, caso passe a laborar no modelo de trabalho à distância;[414]

c) o Decreto n. 37.695-MPT-MTSS, em Costa Rica, que prevê o retorno do servidor ao trabalho presencial em qualquer tempo;[415]

d) Código do Trabalho de Portugal, que prevê a reversão nos 30 primeiros dias de execução do trabalho à distância;[416]

---

(412) ARGENTINA. *Resolución 595/2013*. Disponível em: <http://www.trabajo.gob.ar/downloads/teletrabajo/res_595-2013_PROPET.pdf>. Acesso em: 3 dez. 2017.
(413) Tal programa, criado em 2007, gerou inclusive o *Manual de Buenas Práticas en Teletrabajo*. Disponível em: <http://www.ilo.org/wcmsp5/groups/public/--americas/--ro-lima/--ilobuenos_aires/documents/publication/wcms_bai_pub_143.pdf>. Acesso em: 20 jul. 2017.
(414) 10. *La vinculación a través del teletrabajo es voluntaria, tanto para el empleador como para el trabajador. Los trabajadores que actualmente realicen su trabajo en las instalaciones del empleador, y pasen a ser teletrabajadores, conservan el derecho de solicitar en cualquier momento, volver a la actividad laboral convencional.* Disponível em: <https://www.mintic.gov.co/portal/604/articles-3703_documento.pdf>. Acesso em: 20 jul. 2017.
(415) e) *La incorporación a la modalidad del teletrabajo es voluntaria por parte del servidor. La institución tiene la potestad para otorgar y revocar la modalidad de teletrabajo, cuando así lo considere conveniente y con fundamento en las políticas y lineamientos emitidos al efecto. El teletrabajador, siempre y cuando se siga un procedimiento elaborado al efecto, tiene el derecho para solicitar la restitución a su condición laboral habitual.* Disponível em: <http://www.ilo.org/dyn/natlex/docs/ELECTRONIC/94875/111506/F313548990/CRI94875.pdf>. Acesso em: 20 jul. 2017.
(416) Código do Trabalho. Art. 167º Regime no caso de trabalhador anteriormente vinculado ao empregador. 1 — No caso de trabalhador anteriormente vinculado ao empregador, a duração inicial do contrato para prestação subordinada de teletrabalho não pode exceder três anos, ou o prazo estabelecido em instrumento de regulamentação coletiva de trabalho. 2 — Qualquer das partes pode

e) também a Resolução Administrativa n. 1.499/2012 do TST, em seus arts. 13 e 14 que permite, em âmbito interno, a reversibilidade do regime de teletrabalho para o presencial a qualquer tempo.

Assim, e considerando que o art. 75-C, § 2º da CLT já prevê o retorno por convocação do empregador — não deixando de observar que o retorno ao trabalho presencial a qualquer tempo pode não ser viável — propõe-se o estabelecimento de um prazo de experiência de 60 dias, dentro do qual o empregado também poderá solicitar o retorno ao trabalho presencial, sem a necessidade de concordância por parte do empregador.

A proposta é de inserção do § 3º ao art. 75-C da CLT, com a seguinte redação:

> Art. 75-C, § 3º. Quando não contratado inicialmente em regime de teletrabalho, dentro do período de 60 dias, tido como de experiência para a inserção do regime de trabalho à distância, poderá o empregado solicitar o retorno ao regime presencial, na hipótese de não ter se adaptado ao regime de teletrabalho, tendo o empregador o prazo de 15 dias para reinserção do empregado nas atividades presenciais, mediante correspondente aditivo contratual.

Seção II — Ônus da Atividade

A redação do art. 75-D da CLT não impõe claramente ao empregador a responsabilidade pelo custeamento da aquisição e manutenção dos equipamentos tecnológicos e da infraestrutura necessária e adequada à prestação do trabalho remoto.

O ônus da atividade não deve ser repassado ao empregado, de modo que o dispositivo legal teria sido mais coerente se obrigasse ao empregador o custeamento da aquisição e manutenção dos equipamentos tecnológicos e da infraestrutura necessária e adequada à prestação do trabalho remoto.

O PL n. 4.505/2008, por meio do seu art. 7º, alínea "d" trata da prestação de contas quanto aos gastos ordinários e extraordinários decorrentes do exercício do trabalho.

Como paradigmas, pode-se citar:

a) a Recomendação n. 184 da OIT, que trata do trabalho em domicílio, não necessariamente em regime de teletrabalho;[417]

---

denunciar o contrato referido no número anterior durante os primeiros 30 dias da sua execução. 3 — Cessando o contrato para prestação subordinada de teletrabalho, o trabalhador retoma a prestação de trabalho, nos termos acordados ou nos previstos em instrumento de regulamentação coletiva de trabalho. 4 — Constitui contraordenação grave a violação do disposto no número anterior. Disponível em: <http://cite.gov.pt/asstscite/downloads/legislacao/CT25092017.pdf#page=64>. Acesso em: 15 nov. 2017.

(417) 16. *Los trabajadores a domicilio deberían percibir una compensación por: (a) los gastos relacionados con su trabajo, como los relativos al consumo de energía y de agua, las comunicaciones*

b) a Lei Orgânica do Trabalho, em Venezuela, ao tratar do trabalho em domicílio (não necessariamente em regime de teletrabalho);[418]

c) o PROPET — *Programa de Promocion del Empleo en Teletrabajo*, na Argentina;[419]

d) a Lei n. 1.221, de 2008,[420] em Colômbia.

Destarte, propõe-se nova redação para o art. 75-D, parágrafo único da CLT, nos seguintes termos:

> Art. 75-D. [...]
>
> Parágrafo único. **É do empregador o ônus de custeamento das despesas relacionadas no caput**, **sendo que** as utilidades **ali** mencionadas não integram a remuneração do empregado.

Seção III — Doenças e Acidentes

O art. 75-E da CLT determina que o empregador deverá instruir os empregados, de maneira expressa e ostensiva, quanto às precauções a tomar a fim de evitar doenças e acidentes de trabalho, ao passo que o parágrafo único do mesmo artigo prega que o empregado deverá assinar termo de responsabilidade comprometendo-se a seguir as instruções fornecidas pelo empregador.

Como se nota, a disposição legal é pobre diante da importância que se deve dar à prevenção no que tange às enfermidades decorrentes do trabalho, mormente quando longe da fiscalização do empregador.

Faz-se cogente, pois, a adoção de regras expressas que vinculem o empregador ao cumprimento de normas mínimas.

---

y el mantenimiento de máquinas y equipos; (b) el tiempo dedicado al mantenimiento de máquinas y equipos, al cambio de herramientas, a la clasificación, al embalaje y desembalaje y a otras operaciones similares.

(418) *Artículo 213. Compensaciones por gastos conexos. El patrono o patrona deberá pagar a los trabajadores y trabajadoras a domicilio, compensaciones por los gastos relacionados con su trabajo, como los relativos a consumo de servicios públicos y mantenimiento de máquinas y equipos de trabajo.* Disponível em: <http://adm-asecon.com.ve/normativas/leyorganicadeltrabajo.pdf>. Acesso em: 20 jul. 2017.

(419) *9. Compensación por gastos: "LA EMPRESA" se compromete a compensar al TELETRABAJADOR por eventuales gastos que pudiere incurrir en ocasión del Teletrabajo, el mismo será proporcional al tiempo teletrabajado en el mes. Esta compensación será asimismo actualizable en similar proporción a los aumentos salariales colectivamente acordados en el sector de actividad y/o Empresa el que resulte aplicable.* Disponível em: <http://www.trabajo.gob.ar/downloads/teletrabajo/res_595-2013_PROPET.pdf>.

(420) *7. Los empleadores deberán proveer y garantizar el mantenimiento de los equipos de los teletrabajadores, conexiones, programas, valor de la energía, desplazamientos ordenados por él, necesarios para desempeñar sus funciones.* Disponível em: <https://www.mintic.gov.co/portal/604/articles-3703_documento.pdf>. Acesso em: 20 jul. 2017.

Igualmente necessária a limitação do direito à privacidade e intimidade do trabalhador, a fim de que o ambiente de trabalho possa ser fiscalizado, adotando-se como paradigmas:

a) a Recomendação n. 184 da OIT, em especial em sua parte III, item 8, que disciplina na medida em que seja compatível com a legislação nacional e as práticas nacionais relativas à vida privada, que os inspetores do trabalho ou outros funcionários encarregados de velar pela aplicação das disposições que regem o trabalho em domicílio, deverão estar autorizados a entrar nos cômodos do domicílio ou outro local privado em que se preste o trabalho.[421]

b) O número 22 da Recomendação 184 (2) faz referência à presença do inspetor do trabalho ou outro encarregado da segurança no domicílio do empregado.[422]

c) o *PROPET — Programa de Promocion del Empleo en Teletrabajo*, em Argentina, cuida da elaboração de manual básico de segurança e higiene do trabalho, assim como prevê visitas para verificação das condições do trabalho;

d) Em Colômbia, a Lei n. 1.221, de 2008, art. 6º (9) prevê que o empregador deve tutelar o posto de trabalho do teletrabalhador em conformidade com os programas de saúde ocupacional, e ainda assim contar com uma rede de atendimento emergencial na hipótese de acidente ou enfermidade na execução do trabalho.[423]

e) Em Costa Rica, o Decreto 37695-MP-MTSS também prevê o acesso ao local de desenvolvimento da atividade, mesmo que na casa do servidor para ins-

---

(421) 8. *En la medida en que sea compatible con la legislación y la práctica nacionales relativas al respeto de la vida privada, los inspectores de trabajo u otros funcionarios encargados de velar por la aplicación de las disposiciones que rigen el trabajo a domicilio deberían estar autorizados a entrar en las partes del domicilio o de otro local privado en las que se realiza ese trabajo.*

(422) 22. (1) *El trabajador a domicilio que se niegue a realizar un trabajo respecto del cual tenga motivos razonables para considerar que presenta un peligro inminente y grave para su seguridad o su salud, debería ser protegido de las consecuencias indebidas de un modo compatible con la legislación y las condiciones nacionales. El trabajador debería informar cuanto antes al empleador acerca de la situación. (2) En caso de peligro inminente y grave para la seguridad o la salud del trabajador a domicilio, de su familia o del público, constatado por un inspector del trabajo u otro funcionario encargado de la seguridad, debería prohibirse la continuación del trabajo hasta que se adopten las medidas apropiadas para remediar la situación.*

(423) 9. *El empleador, debe contemplar el puesto de trabajo del teletrabajador dentro de los planes y programas de salud ocupacional, así mismo debe contar con una red de atención de urgencias en caso de presentarse un accidente o enfermedad del teletrabajador cuando esté trabajando.* Disponível em: <https://www.mintic.gov.co/portal/604/articles-3703_documento.pdf>. Acesso em: 14 nov. 2017.

peções relativas à ergonomia, segurança e higiene do posto de teletrabalho, mediante prévia notificação e conhecimento do servidor.[424]

Observa-se ainda que o PL n. 274/2013, na forma da redação proposta para o art. 350-F[425] trata de o dever do empregador informar as diretrizes de segurança e saúde do trabalho aplicáveis, observadas as normas regulamentadoras, e na forma do inciso I, pode fiscalizar por iniciativa própria ou do empregado, as instalações e condições de trabalho dos telecentros, e na forma do inciso II, fiscalizar as condições de trabalho no domicílio do empregado, se for o caso, desde que com a anuência deste e mediante prévia notificação.

Propõe-se, pois, a transformação do atual parágrafo único do art. 75-E da CLT em § 1º, e a inserção dos §§ 2º, 3º e 4º, ficando a redação nos seguintes moldes:

Art. 75-E. O empregador deverá instruir os empregados, de maneira expressa e ostensiva, quanto às precauções a tomar a fim de evitar doenças e acidentes de trabalho.

§ 1º O empregado deverá assinar termo de responsabilidade comprometendo-se a seguir as instruções fornecidas pelo empregador.

§ 2º O regime de teletrabalho não isenta o empregador de cumprir com as normas de saúde e segurança do trabalho, em especial normas regulamentadoras do Ministério do Trabalho e Emprego, e em conformidade com o PMCSO e PPRA da empresa, adequados ao posto de trabalho efetivamente ocupado pelo empregado.

§ 3º O exame ocupacional, de que trata a NR-07, deverá ser realizado a cada seis meses, ou antes disso, na hipótese de norma regulamentadora do Ministério do Trabalho e Emprego, PPRA ou PCMSO prever em período inferior.

§ 4º O empregador deverá fiscalizar o ambiente de trabalho, ainda que em domicílio do empregado, mediante comunicado com antecedência mínima de dois dias úteis, indicando dia e horário da visita, o que deve ocorrer no mínimo a cada seis meses, e no máximo uma vez por mês.

Seção IV — Não discriminação e Capacitação

O PL n. 274/2013, na forma da proposta para o art. 350-G da CLT[426] veda qualquer forma de discriminação do teletrabalhador, mormente no que se refere

---

(424) Disponível em: <http://www.ilo.org/dyn/natlex/docs/ELECTRONIC/94875/111506/F313548990/CRI94875.pdf>. Acesso em: 14 nov. 2017.
(425) PL n. 274/2013: Art. 350-F. É dever do empregador informar o empregado das diretrizes de segurança, higiene e saúde do trabalho aplicáveis — observadas as normas regulamentadoras estabelecidas pelo Ministério do Trabalho e Emprego — e fiscalizar seu cumprimento, sem prejuízo da atuação das autoridades competentes, podendo, para tanto: I — fiscalizar, por iniciativa própria ou do empregado, as instalações e condições de trabalho dos centros de teletrabalho; II — fiscalizar as condições de trabalho no domicílio do empregado, se for o caso, desde que com a anuência deste e mediante prévia notificação. Disponível em: <https://www25.senado.leg.br/web/atividade/materias/-/materia/113558>. Acesso em: 10 nov. 2017.
(426) PL n. 274/2013: Art. 350-G É vedada qualquer forma de discriminação do empregado em regime de teletrabalho, especialmente no tocante a treinamento profissional, a oportunidades de desenvolvimento na carreira e aos direitos de filiação e participação sindical. Parágrafo único. São

a treinamento profissional, oportunidades de desenvolvimento na carreira e aos direitos de filiação e participação sindical.

O PL n. 4.505/2008, na forma do seu art. 6º, em parte teve regulamentação na Lei n. 12.551, e em parte na Lei n. 13.467, demonstrando preocupação com a filiação sindical, negociação coletiva, garantia à não discriminação e acesso à qualificação e informação profissionais.[427]

O PL n. 4.505/2008, em seu art. 6º contempla a previsão de faltas por doença, o que por evidente pode ocorrer com o teletrabalhador ainda que ausente controle de jornada, assim como outras licenças previstas na CLT.

Os riscos de discriminação no desenvolvimento da carreira de quem trabalha à distância, assim como os perigos de não observância de direitos mínimos são consideráveis, mormente em cenário de Quarta Revolução Industrial onde as tecnologias se renovam em velocidade exponencial.

A automação, a robótica e a inteligência artificial devem atuar como aliadas do homem, não lhe tolhindo o trabalho, mas tornando-o mais humano, sendo imprescindível a qualificação do trabalhador para uso das novas tecnologias.

Como paradigma estrangeiro, em Costa Rica, o art. 10 do Decreto n. 37.695-MP-MTSS prevê a capacitação e formação dos funcionários das instituições participantes do programa de teletrabalho, atribuindo à Comissão Nacional de Teletrabalho a coordenação das ações de capacitação e formação.[428]

---

garantidos os direitos sindicais do empregado, sendo vedado obstar seu exercício por meio de vinculação a estabelecimento do empregador que, em razão da distância ou de qualquer outro motivo, torne impossível a filiação ou participação do empregado em sindicato.

(427) PL n. 4.505: Art. 6º São direitos do empregado teletrabalhador: a) igualdade de tratamento no que diz respeito à filiação sindical, participação na negociação coletiva, proteção à saúde, segurança social e estabilidade no emprego, além da garantia à não discriminação e acesso à qualificação e informação profissionais; b) proteção ao salário, férias e sua respectiva remuneração, gozo de feriados, licenças previstas na CLT e faltas por doença; c) segurança, higiene e saúde no trabalho observadas as disposições do art. 7º; d) ressarcimento dos gastos extraordinários decorrentes das funções inerentes ao teletrabalho e não previstos na remuneração, observadas as disposições do art. 7º. Parágrafo único. Em razão do caráter de controle de jornada aberta e, via de regra, de forma virtual, aos empregados teletrabalhadores não será contemplado o direito às horas extras, devendo a remuneração ajustar-se às horas normais de trabalho. Disponível em: <http://www.camara.gov.br/proposicoesWeb/fichadetramitacao?idProposicao=420890>. Acesso em: 3 dez. 2017.

(428) *Artículo 10. Capacitación y formación: La Comisión Nacional de Teletrabajo será el órgano responsable de coordinar las acciones de capacitación y formación de personal, para la implementación de los programas de teletrabajo en las instituciones y organismos públicos. Los jerarcas de las instituciones del Estado facilitarán la participación de sus funcionarios en los eventos formativos y de capacitación que programe la Comisión antes citada, y tomarán las previsiones presupuestarias necesarias correspondientes. Asimismo le indicará a la Comisión Nacional de Teletrabajo el enlace institucional que nombre para la coordinación respectiva.* Disponível em: <http://www.ilo.org/dyn/natlex/docs/ELECTRONIC/94875/111506/F313548990/CRI94875.pdf>. Acesso em: 3 dez. 2017.

O Código do Trabalho de Portugal serve de importante modelo já que demonstra preocupação com a formação do trabalhador, consoante se infere de amplo quadro normativo constante da Subsecção II, arts. 130 a 134.[429]

---

[429] SUBSECÇÃO II Formação profissional. Art. 130º Objetivos da formação profissional. São objetivos da formação profissional: a) Proporcionar qualificação inicial a jovem que ingresse no mercado de trabalho sem essa qualificação; b) Assegurar a formação contínua dos trabalhadores da empresa; c) Promover a qualificação ou reconversão profissional de trabalhador em risco de desemprego; d) Promover a reabilitação profissional de trabalhador com deficiência, em particular daquele cuja incapacidade resulta de acidente de trabalho; e) Promover a integração socioprofissional de trabalhador pertencente a grupo com particulares dificuldades de inserção. Art. 131º Formação contínua. 1 — No âmbito da formação contínua, o empregador deve: a) Promover o desenvolvimento e a adequação da qualificação do trabalhador, tendo em vista melhorar a sua empregabilidade e aumentar a produtividade e a competitividade da empresa; b) Assegurar a cada trabalhador o direito individual à formação, através de um número mínimo anual de horas de formação, mediante ações desenvolvidas na empresa ou a concessão de tempo para frequência de formação por iniciativa do trabalhador; c) Organizar a formação na empresa, estruturando planos de formação anuais ou plurianuais e, relativamente a estes, assegurar o direito a informação e consulta dos trabalhadores e dos seus representantes; d) Reconhecer e valorizar a qualificação adquirida pelo trabalhador. 2 — O trabalhador tem direito, em cada ano, a um número mínimo de trinta e cinco horas de formação contínua ou, sendo contratado a termo por período igual ou superior a três meses, um número mínimo de horas proporcional à duração do contrato nesse ano. 3 — A formação referida no número anterior pode ser desenvolvida pelo empregador, por entidade formadora certificada para o efeito ou por estabelecimento de ensino reconhecido pelo ministério competente e dá lugar à emissão de certificado e a registo na Caderneta Individual de Competências nos termos do regime jurídico do Sistema Nacional de Qualificações. 4 — Para efeito de cumprimento do disposto no n. 2, são consideradas as horas de dispensa de trabalho para frequência de aulas e de faltas para prestação de provas de avaliação, ao abrigo do regime de trabalhador-estudante, bem como as ausências a que haja lugar no âmbito de processo de reconhecimento, validação e certificação de competências. 5 — O empregador deve assegurar, em cada ano, formação contínua a pelo menos 10 % dos trabalhadores da empresa. 6 — O empregador pode antecipar até dois anos ou, desde que o plano de formação o preveja, diferir por igual período, a efetivação da formação anual a que se refere o n. 2, imputando-se a formação realizada ao cumprimento da obrigação mais antiga. 7 — O período de antecipação a que se refere o número anterior é de cinco anos no caso de frequência de processo de reconhecimento, validação e certificação de competências, ou de formação que confira dupla certificação. 8 — A formação contínua que seja assegurada pelo utilizador ou pelo cessionário, no caso de, respetivamente, trabalho temporário ou cedência ocasional de trabalhador, exonera o empregador, podendo haver lugar a compensação por parte deste em termos a acordar. 9 — O disposto na lei em matéria de formação contínua pode ser adaptado por convenção coletiva que tenha em conta as características do setor de atividade, a qualificação dos trabalhadores e a dimensão da empresa. 10 — Constitui contraordenação grave a violação do disposto nos ns. 1, 2 ou 5. Art. 132º Crédito de horas e subsídio para formação contínua. 1 — As horas de formação previstas no n. 2 do artigo anterior, que não sejam asseguradas pelo empregador até ao termo dos dois anos posteriores ao seu vencimento, transformam-se em crédito de horas em igual número para formação por iniciativa do trabalhador. 2 — O crédito de horas para formação é referido ao período normal de trabalho, confere direito a retribuição e conta como tempo de serviço efetivo. 3 — O trabalhador pode utilizar o crédito de horas para a frequência de ações de formação, mediante comunicação ao empregador com a antecedência mínima de 10 dias. 4 — Por instrumento de regulamentação coletiva de trabalho ou acordo individual, pode ser estabelecido um subsídio para pagamento do custo da formação, até ao valor da retribuição do período de crédito de horas utilizado. 5 — Em caso de cumulação de créditos de horas, a formação realizada é imputada ao crédito vencido há mais tempo. 6 — O crédito de horas

A seu turno, o art. 169º (1) do Código do Trabalho de Portugal trata não somente da igualdade de tratamento, mas do direito do teletrabalhador à formação profissional e oportunidade de carreira. Por sinal, o item (1) do art. 169º é expresso ao enunciar que cabe ao empregador proporcionar ao trabalhador, em caso de necessidade, formação adequada para a utilização de tecnologias de informação e de comunicação inerentes à atividade.[430]

Propõe-se, pois, nova redação para o art. 75-A da CLT, assim como a inclusão do parágrafo único, nos seguintes termos:

> **Art. 75-A.** A prestação de serviços pelo empregado em regime de teletrabalho observará o disposto neste Capítulo, **sendo aplicáveis os demais direitos do texto consolidado no que não expressamente excluídos.**
>
> **Parágrafo único. O teletrabalhador deve ser requalificado para uso das tecnologias da informação e comunicação, na medida da necessidade do desenvolvimento do seu trabalho.**

Com as proposições apresentadas de regramentos mínimos, de forma complementar ao previsto nas Leis ns. 12.551 e 13.467, o Capítulo II-A da CLT ficará assim redigido:

CAPÍTULO II-A — DO TELETRABALHO

> ***Art. 75-A.*** *A prestação de serviços pelo empregado em regime de teletrabalho observará o disposto neste Capítulo,* ***sendo aplicáveis os demais direitos do texto consolidado no que não expressamente excluídos.***
>
> Parágrafo único. O teletrabalhador deve ser requalificado para uso das tecnologias da informação e comunicação, na medida da necessidade do desenvolvimento do seu trabalho.

---

para formação que não seja utilizado cessa passados três anos sobre a sua constituição. Art. 133º Conteúdo da formação contínua. 1 — A área da formação contínua é determinada por acordo ou, na falta deste, pelo empregador, caso em que deve coincidir ou ser afim com a atividade prestada pelo trabalhador. 2 — A área da formação a que se refere o artigo anterior é escolhida pelo trabalhador, devendo ter correspondência com a atividade prestada ou respeitar a tecnologias de informação e comunicação, segurança e saúde no trabalho ou língua estrangeira. 3 — Constitui contraordenação grave a violação do disposto no n. 1. Art. 134º Efeito da cessação do contrato de trabalho no direito a formação Cessando o contrato de trabalho, o trabalhador tem direito a receber a retribuição correspondente ao número mínimo anual de horas de formação que não lhe tenha sido proporcionado, ou ao crédito de horas para formação de que seja titular à data da cessação. Disponível em: <http://cite.gov.pt/asstscite/downloads/legislacao/CT25092017.pdf#page=64>. Acesso em: 15 nov. 2017.
(430) Art. 169º Igualdade de tratamento de trabalhador em regime de teletrabalho. 1 — O trabalhador em regime de teletrabalho tem os mesmos direitos e deveres dos demais trabalhadores, nomeadamente no que se refere a formação e promoção ou carreira profissionais, limites do período normal de trabalho e outras condições de trabalho, segurança e saúde no trabalho e reparação de danos emergentes de acidente de trabalho ou doença profissional. 2 — No âmbito da formação profissional, o empregador deve proporcionar ao trabalhador, em caso de necessidade, formação adequada sobre a utilização de tecnologias de informação e de comunicação inerentes ao exercício da respetiva atividade. 3 — O empregador deve evitar o isolamento do trabalhador, nomeadamente através de contactos regulares com a empresa e os demais trabalhadores. Disponível em: <http://cite.gov.pt/asstscite/downloads/legislacao/CT25092017.pdf#page=64>. Acesso em: 15 nov. 2017.

Art. 75-B. *Considera-se teletrabalho a prestação de serviços preponderantemente fora das dependências do empregador, com a utilização de tecnologias de informação e de comunicação que, por sua natureza, não se constituam como trabalho externo.*

Parágrafo único. O comparecimento às dependências do empregador para a realização de atividades específicas que exijam a presença do empregado no estabelecimento não descaracteriza o regime de teletrabalho.

Art. 75-C. *A prestação de serviços na modalidade de teletrabalho deverá constar expressamente do contrato individual de trabalho, que especificará as atividades que serão realizadas pelo empregado.*

§ 1º Poderá ser realizada a alteração entre regime presencial e de teletrabalho desde que haja mútuo acordo entre as partes, registrado em aditivo contratual.

§ 2º Poderá ser realizada a alteração do regime de teletrabalho para o presencial por determinação do empregador, garantido prazo de transição mínimo de quinze dias, com correspondente registro em aditivo contratual.

§ 3º Quando não contratado inicialmente em regime de teletrabalho, dentro do período de 60 dias, tido como de experiência para a inserção do regime de trabalho à distância, poderá o empregado solicitar o retorno ao regime presencial, na hipótese de não ter se adaptado ao regime de teletrabalho, tendo o empregador o prazo de 15 dias para reinserção do empregado nas atividades presenciais, mediante aditivo contratual.

Art. 75-D. *As disposições relativas à responsabilidade pela aquisição, manutenção ou fornecimento dos equipamentos tecnológicos e da infraestrutura necessária e adequada à prestação do trabalho remoto, bem como ao reembolso de despesas arcadas pelo empregado, serão previstas em contrato escrito.*

Parágrafo único. É do empregador o ônus de custeamento das despesas relacionadas no **caput, sendo que as utilidades ali mencionadas não integram a remuneração do empregado.**

Art. 75-E. *O empregador deverá instruir os empregados, de maneira expressa e ostensiva, quanto às precauções a tomar a fim de evitar doenças e acidentes de trabalho.*

§ 1º O empregado deverá assinar termo de responsabilidade comprometendo-se a seguir as instruções fornecidas pelo empregador.

§ 2º O regime de teletrabalho não isenta o empregador de cumprir com as normas de saúde e segurança do trabalho, em especial normas regulamentadoras do Ministério do Trabalho e Emprego, e em conformidade com o PMCSO e PPRA da empresa, adequados ao posto de trabalho efetivamente ocupado pelo empregado.

§ 3º O exame ocupacional, de que trata a NR-7, deverá ser realizado a cada seis meses, ou antes disso, na hipótese de norma regulamentadora do Ministério do Trabalho e Emprego, PPRA ou PCMSO prever em período inferior.

§ 4º O empregador deverá fiscalizar o ambiente de trabalho, ainda que em domicílio do empregado, mediante comunicado ao empregado com antecedência de dois dias úteis, indicando dia e horário, o que deve ocorrer no mínimo a cada seis meses, e no máximo uma vez por mês.

TÍTULO II — DIREITO DE DESCONEXÃO

Lazer e descanso são direitos inerentes à condição de ser humano.

A Declaração Universal dos Direitos do Homem, de 1948, enuncia em seu art. 24, "todo ser humano tem direito a repouso e lazer, inclusive à limitação razoável das horas de trabalho e a férias remuneradas periódicas".

A Constituição Federal de 1988 expressamente garante: o direito ao lazer e descanso (art. 6º); jornada diária de 8h e jornada semanal de 44h (art. 7º, XIII); jornada de 6h para o labor em turnos ininterruptos de revezamento (art. 7º, XIV); repouso semanal remunerado (art. 7º, XV); redução dos riscos inerentes ao trabalho, por meio de normas de saúde, higiene e segurança (art. 7º, XXIV) — dispositivos estes que devem ser combinados com o princípio da solidariedade (art. 3º, I), que prevê o homem como destinatário da norma.

A legislação infraconstitucional, a título exemplificativo, junto à CLT prevê o respeito aos intervalos intrajornada (art. 71), interjornadas (art. 66), o gozo do descanso semanal de 35h (11h de intervalo interjornadas + 24h de descanso remunerado), e as férias remuneradas (art. 142).

As novas tecnologias estão gerando violação desse direito inerente ao ser humano, provocando inclusive doença em decorrência do esgotamento provocado pelo trabalho, conhecida como síndrome de *burnout*.

O problema é recente, tanto que poucas são as legislações que enfrentam a situação, servindo de paradigma o Código do Trabalho francês que reconheceu o direito de desconexão, que representa o direito ao gozo do lazer e descanso, tendo como uma de suas frentes a oposição ao trabalho, ou seja, trata-se de momento a ser gozado com liberdade de obrigações.

O Brasil tem condições de sair na frente na tratativa do tema, haja vista que possui jurisprudência relativamente avançada tutelando o direito à desconexão, assim como a Lei n. 13.467 já inseriu expressamente a previsão de dano existencial, representado pela violação substancial do direito ao lazer e descanso, ou seja do direito de desconexão, a ponto de não tornar possível a realização do projeto de vida ou vida de relações do empregado.

O dano ao projeto de vida, em razão do trabalho, é representado por alterações substanciais, injustas e arbitrárias que impedem o empregado de manter, ou retomar o curso de vida escolhido, privando-o de suas aspirações e vocações, provocando frustração na dimensão familiar, afetiva, sexual, profissional, artística, desportiva, educacional, religiosa, dentre outras.

O dano à vida de relações, em razão do trabalho, é representado pelos prejuízos nos relacionamentos, privando o empregado do convívio e experiências humanas, impedindo-o de compartilhar pensamentos, sentimentos, emoções, ou mesmo discutir ideologias e opiniões. Há impedimento quanto à realização de hábitos e comportamentos, privação de participação em atividades culturais, religiosas, desportivas, recreativas, dentre outras, ocorrendo dano em dimensão familiar, profissional ou social.

Portanto, o dano existencial decorre da violação ao projeto de vida ou à vida de relações, em razão de abusiva privação, portanto involuntária, que usurpa a felicidade ou a paz de espírito do lesado.

Assim, propõe-se a inserção do art. 66-A na CLT, com a seguinte redação:

Art. 66-A. O direito de que trata o *caput* do art. 66 da CLT, assim como os direitos previstos pelos arts. 67 e 142 da CLT pressupõe o não encaminhamento de e-mails ou outras formas de comunicação virtual a respeito do trabalho nos períodos de lazer e descanso do empregado, salvo em situação extraordinária devidamente justificada.

§ 1º Caso o empregado receba e-mail e outras formas de comunicação virtual nestes períodos de descanso, terá o direito de não responder até que retorne às atividades normais de trabalho.

§ 2º Na hipótese de o empregador insistir no encaminhamento de e-mail e outras formas de comunicação virtual, por si ou seus prepostos, a situação poderá ensejar a atribuição de pena de multa administrativa por infração à(s) regra(s) do(s) artigo(s) correspondente(s) sem prejuízo de responder por dano extrapatrimonial decorrente da violação ao direito de desconexão, se este representar dano existencial na forma do art. 223-B da CLT.

§ 3º O empregado que insista no encaminhamento de e-mail e outras formas de comunicação virtual a colegas de trabalho, de qualquer nível hierárquico, ou mesmo ao empregador, após expressa e ostensivamente orientado, poderá ser punido pelo empregador.

TÍTULO III — PRESERVAÇÃO DA HIGIDEZ DO AMBIENTE DE TRABALHO NAS RELAÇÕES VIRTUAIS

Considerando o potencial que as novas tecnologias de comunicação em rede possuem para violações de direitos do empregado e do empregador, visando a preservação do saudável e hígido ambiente de trabalho, propõe-se nova redação para o art. 157, inciso II da CLT, e a inserção do inciso V no dispositivo legal em referência, nos seguintes termos:

Art. 157. Cabe às empresas:

...

II — instruir os empregados, através de ordens de serviço, quanto às precauções a tomar no sentido de evitar acidentes do trabalho ou doenças ocupacionais; **instruir os empregados mediante política interna quanto à iberdade de se manifestar nas redes sociais, como e quando quiserem, respeitados os direitos de terceiros, e de modo a** não causar mácula ao ambiente de trabalho, evitando comentários que possam ser prejudiciais ao empregador ou contrários às regras estabelecidas pelo empregador.

V — respeitar a honra e privacidade dos empregados, quando das manifestações da empresa ou seus prepostos, por meio das redes sociais.

Observa-se que o art. 158, e seus incisos I e II vincula o empregado à observância das instruções de que trata o art. 157, inciso II, e o art. 158, parágrafo único, considera ato faltoso do empregado a recusa injustificada das instruções expedidas pelo empregador na forma do art. 157, inciso II da CLT.

Portanto, com a nova redação proposta para o art. 157, inciso II, e a inclusão do inciso V, tanto o empregado quanto o empregador ficam vinculados ao dever de respeito mútuo nas relações virtuais.

CONCLUSÃO

Não dá para sentir saudades da grande fábrica que a todos empregou, porém, mutilou trabalhadores e os subjugou. Insere-se o ambiente virtual de trabalho, fruto da inovação tecnológica que permite reagregar as famílias em suas casas, tal como no período que antecedeu a Primeira Revolução Industrial, quando a economia era de subsistência.

Naquele período, todavia, as condições de trabalho eram arcaicas, e na maioria das vezes era entregue praticamente toda a produção ao senhor feudal em troca de pseudo-proteção. Hoje, o trabalho pode ser realizado com conforto e segurança, longe das grandes fábricas da Segunda Revolução Industrial, que separaram as famílias e estabeleceram um modelo de sociedade cronometrado, no estilo taylorista.

A Quarta Revolução Industrial propicia melhora da condição da prestação de trabalho, democratização da informação e virtualização das atividades laborais. Por sinal, o ciberespaço permite que não só o capital viaje livre, leve e solto, mas também o trabalho se libere das amarras e possa ser prestado à distância.

Esse ambiente virtual provoca mudanças na forma de exercício dos direitos da personalidade, inserindo o direito ao conhecimento mediante acesso à internet de todas as coisas.

Contudo, a amplitude de alcance das exposições em **redes sociais** faz com que se faça necessária a conformação da liberdade de expressão de modo que não se viole o direito de empregados, empregadores, ou terceiros nas relações de trabalho, quando em abuso de direito.

As tecnologias atuais passam a não permitir ao homem o direito de não fazer uso da tecnologia, mormente nos momentos de lazer e descanso, mantendo-o conectado *full time*.

Ocorre que o ser humano não é uma máquina, de tal arte que deve servir-se da tecnologia e não ficar escravo desta. O direito à **desconexão** não está expressamente positivado, mas nem por isso inexiste, vez que atrelado diretamente à dignidade da pessoa humana. Seu fundamento é constitucional, e detém valor de direito fundamental, até porque baseado no direito social ao lazer e descanso.

A falta de regramento do direito de desconexão não é privativa do direito brasileiro, vez que em nível mundial inexistem disposições legais a tratar da matéria, ressalvada recente alteração do Código de Trabalho francês.

A violação ao direito de lazer e descanso pode levar ao **dano existencial**, se atingido o projeto de vida ou a vida de relações em razão das atividades laborais, em face de involuntária privação. O dano existencial, a seu turno, foi objeto de positivação pelo direito infraconstitucional, consoante recente redação do art. 223-B, da CLT. Outrossim, as tecnologias da informática e da comunicação combinadas, podem estar levando o trabalho de volta para casa, ou mesmo locais descentralizados da empresa, por meio do **teletrabalho.**

Esse regime de trabalho se diferencia do presencial, diante da inexistência de controle físico, contato direto, pessoal e contínuo com o empregador.

As vantagens para o **teletrabalhador**, quando em domicílio, são inúmeras, destacando-se: a) comodidade de não se deslocar para o trabalho, poupando-se horas de congestionamentos; b) auto-organização dos horários, de acordo com o seu biorritmo; c) escolha da intensidade do trabalho; d) maior tempo livre para prática de atividades físicas ou outras que lhe deem prazer; e) maior aproximação com o núcleo familiar; f) chance de cuidar de um familiar enfermo ou de idade avançada, sem prejuízo das atividades de trabalho; g) maior inserção de pessoas com capacidade reduzida ou outras que sofrem discriminação; h) redução do *overtime*, e estímulo para encerramento antecipado das atividades, haja vista a maior produtividade; i) possibilidade de ampliação do convívio com recém-nascidos e adotados.

As **empresas** também gozam de diversas vantagens, apontando-se: i) redução do custo de infraestrutura; ii) redução de despesas de ordem administrativa e despesas de manutenção do local de trabalho; iii) minimização de risco de acidentes de trajeto; iv) contratação de trabalhadores em qualquer parte do mundo; v) recebimento do trabalho em tempo real; vi) redução do trabalho ocioso e absenteísmo; vii) maior retenção de talentos, dada a flexibilidade e vantagens que o regime oferece ao teletrabalhador.

A **sociedade**, a seu turno, usufrui de grandes vantagens, tais como: 1) diminuição do fluxo de pessoas e veículos nas vias públicas; 2) diminuição do gasto de fontes de energia não renováveis e da poluição do meio ambiente; 3) minimização de risco de acidentes de trânsito, e por consequência redução do custo com internações; 4) maior inserção de pessoas com deficiência.

É necessário cambiar as percepções do passado, percebendo que o empregado já não tem o mesmo grau de subordinação que marcou as anteriores revoluções industriais, e com isso, transformar a forma de gestão das empresas e representação dos trabalhadores.

Em regra, o **sindicato** representante dos trabalhadores não é favorável à instituição do regime de teletrabalho, pois teme perder representatividade. Todavia, há fértil campo para negociação coletiva em regime de teletrabalho, desde a integração e adaptação do teletrabalhador, passando pelo direito de desconexão, saúde dos empregados, chegando ao ajuste de remuneração variável. A comissão interna, a seu turno, possui a capacidade de contribuir para conformação de temas atinentes ao trabalho à distância.

Há, contudo, situações de **prejuízo** decorrentes do trabalho em ambiente virtual, destacando: a) sensação de isolamento do teletrabalhador; b) confusão de papeis familiares e profissionais do teletrabalhador; c) doenças e acidentes em regime de teletrabalho; d) liberdade de expressão em ciberespaço quando atinge a higidez do ambiente de trabalho; e) proteção de *know-how* e informações sigilosas de propriedade do empregador; f) proteção de dados do trabalhador, quando virtualmente armazenados.

Para tanto, necessária se faz a **implementação de políticas preventivas empresariais** de: i) **integração e adaptação do teletrabalhador**, a fim de que o trabalhador conheça a cultura da empresa, colegas e fluxos de trabalho, assim como seja acomodado nessa nova forma de trabalho mediante treinamento e orientação; ii) **prevenção de doenças e acidentes para o teletrabalhador**, com o escopo de que seja dada concreção ao direito fundamental de saúde e segurança no trabalho, adotando-se dentre outras medidas, fornecimento de mobiliário ergonomicamente adequado ao trabalho, além de treinamento e fiscalização quanto aos cuidados que deve tomar no exercício da atividade; iii) **uso das redes sociais**, para todos os trabalhadores, sejam presenciais, sejam em regime de teletrabalho, resguardado o direito de manifestação do pensamento, mas sopesado o direito à preservação da imagem, reputação, e saudável ambiente de trabalho, com ainda mais ênfase nos ambientes virtuais dada a amplitude alcançada pela informação postada; iv) **uso de recursos eletrônicos**, visando prevenir a ocorrência de violações de direito, tais como: ofensas a clientes, fornecedores ou parceiros; abusos sexuais e discriminação; danos morais e materiais a terceiros; proteção de informações confidenciais e o próprio *know-how* do negócio; prevenção de fraudes; disseminação de vírus e congestionamento da rede interna; v) **proteção de dados do trabalhador**, com o objetivo de que seja preservada e prevenida a violação de informações do empregado, resguardando a sua intimidade e vida privada.

Tais políticas têm por escopo obter alguma conformação das relações em ambiente virtual. Todavia, caberia ao Poder Legislativo a apresentação de projeto de lei regulando o trabalho e suas relações em ambiente virtual.

Existem iniciativas legislativas que objetivam apresentar regras mais completas ao menos para o teletrabalho, todavia tais podem ser complementadas. Nessa esteira, como contribuição da Academia, foi apresentada **proposta de projeto de lei** tratando dos seguintes temas: **1) Teletrabalho:** a) Política Programática de

Incentivo ao Teletrabalho; b) Regramento complementar para o Teletrabalho: b1) Cláusula de Reversibilidade; b2) Ônus da Atividade; b3) Doenças e Acidentes; b4) Não discriminação e Capacitação; **2) Direito de Desconexão;** e **3) Preservação da Higidez do Ambiente de Trabalho nas Relações Virtuais.**

Dessa forma, e após as pesquisas realizadas, espera-se que os estudos e as proposições ora apresentadas representem de fato uma contribuição para a prática das relações do trabalho na inicipiente Quarta Revolução Industrial.

REFERÊNCIAS BIBLIOGRÁFICAS

ABRANTES, José João. *Contrato de trabalho e direitos fundamentais*. Coimbra: Coimbra, 2005.

AGUIAR, Antonio Carlos. *Negociação Coletiva de trabalho*. São Paulo: Saraiva, 2011.

_____ (Coord.). *Reforma Trabalhista*. Aspectos Jurídicos. São Paulo: Quartier Latin do Brasil, 2017.

ALEMANHA. Disponível em: <https://dejure.org/gesetze/GG/2.html>. Acesso em: 24 nov. 2017.

ALEXY, Robert. *Tres escritos sobre los derechos fundamentales y la teoría de los princípios*. Tradução Carlos Bernal Pulido. 1. ed. Colômbia: Universidad Externado de Colombia, 2003.

_____. *Teoria dos Direitos Fundamentais*. Trad. Virgilio Afonso da Silva. 2. ed., 3ª tiragem. São Paulo: Malheiros, 2014.

ALMEIDA, Almiro Eduardo de; SEVERO, Valdete Souto. *Direito à desconexão nas relações sociais de trabalho*. São Paulo: LTr, 2014.

ALMEIDA, Renato Rua de. *Direitos fundamentais aplicados ao direito do trabalho*. São Paulo: LTr, 2010.

_____ (Coord.); SUPIONI JUNIOR, Claudimir (Org.); SOBRAL, Jeana Silva (Org.). *Direitos Laborais Inespecíficos* – os direitos gerais da cidadania na relação de trabalho. São Paulo: LTr, 2012.

ALMEIDA NETO, Amaro Alves de. Dano existencial: a tutela da dignidade da pessoa humana. *Revista dos Tribunais*, São Paulo, v. 6, n. 24, out./dez. 2005.

AMARAL, Júlio Ricardo de Paula. *Eficácia dos direitos fundamentais nas relações trabalhistas*. São Paulo: LTr, 2007.

ANDRADE, José Carlos Vieira de. *Os direitos fundamentais na Constituição Portuguesa de 1976*. 4. ed. Coimbra: Almedina, 2009.

ANTUNES, Ricardo. *Adeus ao trabalho?* ensaio sobre as metamorfoses e a centralidade do mundo do trabalho. 16. ed. São Paulo: Cortez, 2015.

_____; BRAGA, Rui (Coord.). *Infoproletários*: degradação real do trabalho virtual. São Paulo: Boitempo, 2009.

ARGENTINA. Disponível em: <http://www.trabajo.gob.ar/downloads/teletrabajo/res_595-2013_PROPET.pdf>. Acesso em: 10 jul. 2017.

ARGENTINA. *Manual de Buenas Práticas em Teletrabajo*. Disponível em: <http://www.ilo.org/wcmsp5/groups/public/--americas/--ro-lima/--ilo>.

ARGENTINA. *Resolución 595/2013*. Disponível em: <http://www.trabajo.gob.ar/downloads/teletrabajo/res_595-2013_PROPET.pdf>. Acesso em: 3 dez. 2017.

ARRUNHOSA E SOUSA, Duarte. *O enquadramento legal do teletrabalho em Portugal*. Disponível em: <https://www.ajj.pt/publicacoes/3>. Acesso em: 1º nov. 2017.

ÁVILA, Humberto. *Teoria dos Princípios da definição à aplicação dos princípios jurídicos*. 13. ed. São Paulo: Malheiros, 2012.

BARACAT, Eduardo Milléo. *A Boa-Fé no Direito Individual do Trabalho*. São Paulo: LTr, 2008.

BARROS, Alice Monteiro de. *Proteção à Intimidade do Empregado*. 2. ed. São Paulo: LTr, 2009.

BARROSO, Luís Roberto. *Interpretação e aplicação da Constituição*: fundamentos de uma dogmática constitucional transformadora. 7. ed. São Paulo: Saraiva, 2010.

BAUMAN, Zygmunt. *Modernidade Líquida*. Tradução Plínio Dentzien. Rio de Janeiro: Zahar, 2001.

BELMONTE, Alexandre Agra. *O Monitoramento da Correspondência eletrônica nas relações de Trabalho*. São Paulo: LTr, 2009.

BOUCINHAS FILHO, Jorge Cavalcanti. *O Dano Existencial e o Direito do Trabalho*. Disponível em: <http://www.lex.com.br/doutrina_24160224_O_DANO_EXISTENCIAL_E_O_DIREITO_DO>. Acesso em: 29 abr. 2017.

BRAMANTE, Ivani Contini. *Teletrabalho*: nova forma de trabalho flexível: aspectos contratuais. Dissertação de Mestrado em Direito. Pontifícia Universidade Católica de São Paulo – PUC/SP. São Paulo, 2003.

BRASIL. *I Jornada de Direito Civil*. Conselho da Justiça Federal. Disponível em: <http://www.cjf.jus.br/cjf/CEJCoedi/jornadascej/Jornada%20de%20Direito%20Civil%201.pdf/view>. Acesso em: 30 jul. 2017.

BRASIL. *ANAJUSTRA*. Associação Nacional dos Servidores da Justiça do Trabalho. Disponível em: <https://www.anajustra.org.br/noticia/11482/19/Normatizadohaumanoteletrabalho-agrada-tribunais-e-servidores>. Acesso em: 30 out. 2017.

BRASIL. *Código Civil*. Disponível em: <http://www.planalto.gov.br/ccivil_03/_ato 2011-2014/2014/lei/l12965.htm>. Acesso em: 20 nov. 2017.

BRASIL. *Conselho da Justiça Federal*. Disponível em: <http://www.cjf.jus.br/enunciados/pesquisa/resultado>. Acesso em: 3 dez. 2017.

BRASIL. *Declaração Universal dos Direitos do Homem*. Unicef. Disponível em: <http://pfdc.pgr.mpf.mp.br/atuacao-e-conteudos-de-apoio/legislacao/direitos-humanos/declar_dir_homem.pdf>. Acesso em: 30 jul. 2017.

BRASIL. *Decreto n. 678*, de 6 de novembro de 1992. Ementa: Promulga a Convenção Americana sobre Direitos Humanos (Pacto de São José da Costa Rica), de 22 de novembro de 1969.

BRASIL. *Dicionário informal*. Disponível em: <http://www.dicionarioinformal.com.br/significado/mainframe/4950/>. Acesso em: 24 ago. 2017.

BRASIL. *Diferenças entre as Gerações X, Y e Z*. Disponível em: <https://www.oficinadanet.com.br/post/13498-quais-as-diferencas-entre-asgeracoes-x-y-e-z-e-como-administrar-os-conflitos>. Acesso em: 20 jul. 2017.

BRASIL. *Direito de desconexão*. Disponível em: <https://br.noticias.yahoo.com/direito-%C3%A0-desconex%C3%A3o-ao-fim-expediente-ganha-for%C3%A7a-185802394.html>. Acesso em: 24 nov. 2017.

BRASIL. Disponível em: <https://www.smartcontract.com>. Acesso em: 18 nov. 2017.

BRASIL. Disponível em: <http://www.stylourbano.com.br/tecnologia-3d-esta-revolucionando-a-industria-de-calcados/>. Acesso em: 18 nov. 2017.

BRASIL. Disponível em: <http://www.direitoshumanos.usp.br/index.php/Documentos-anteriores>. Acesso em: 20 nov. 2017.

BRASIL. Disponível em: <http://www.secola.org/db/3_20/91-533-ewg-pt.pdf>. Acesso em: 12 nov. 2017.

BRASIL. Disponível em: <http://www.pge.sp.gov.br/centrodeestudos/bibliotecavirtual/instrumentos/sanjose.htm>. Acesso em: 30 jul. 2017.

BRASIL. Disponível em: <https://brasil.elpais.com/brasil/2017/01/03/economia/1483440318_216051.html>. Acesso em: 16 nov. 2017.

BRASIL. Disponível em: <https://www.publico.pt/2017/01/06/economia/noticia/devemos-ter-o-direito-a-desligar-do-trabalho-governo-abre-debate-1757288>. Acesso em: 24 nov. 2017.

BRASIL. Disponível em: <http://quartarepublica.blogspot.com.br/2017/02/o-caminho-do-direito-desconexao.html>. Acesso em: 24 nov. 2017.

BRASIL. *Economia da China*. Disponível em: <http://www.suapesquisa.com/geografia/economia da_china.html>. Acesso em: 13 jul. 2017.

BRASIL. *EngenhariaE*. Disponível em: <http://engenhariae.com.br/mercado/robo-faz-em-segundos-o-que-um-advogado-demorava-360-mil-horas/>. Acesso em: 13 jul. 2017.

BRASIL. *Entrevista com o CEO da Mercedes Benz*. Disponível em: <https://www.pragaseeventos.com.br/administracao-e-associativismo/como-nossa-vida-ira-mudar-pelo-ceo-da-mercedes-benz />. Acesso em: 13 jul. 2017.

BRASIL. *Estado do Bem Estar Social*. Disponível em: <https://educacao.uol.com.br/disciplinas/sociologia/estado-do-bem-estar-social-historia-e-crise-do-welfare-state> . Acesso em: 24 jul. 2017.

BRASIL. *Gerações Y e Z*. Disponível em: <http://www4.ibope.com.br/download/geracoes%20_y_e_z_divulgacao.pdf>. Acesso em: 20 jul. 2017.

BRASIL. *História do Taxi*. Disponível em: <http://www.taxi24horassaopaulo.com.br/sao-paulo/sessao/11599/historia-do-taxi->. Acesso em: 20 ago. 2017.

BRASIL. *IPEA*. Disponível em: <http://www.ipea.gov.br/portal/>. Acesso em: 30 ago. 2017.

BRASIL. *Jornal O Dia*. Disponível em: <http://odia.ig.com.br/portal/economia/programador-de-software-americano-terceiriza-trabalho-na-china-1.537338>. Acesso em: 4 nov. 2017.

BRASIL. *Lei n. 5.890*, de 8 de junho de 1973. Ementa: Altera a legislação de previdência social e dá outras providências.

BRASIL. *Lei n. 12.965/2014*. Ementa: Estabelece princípios, garantias, direitos e deveres para o uso da Internet no Brasil. Disponível em: <http://www.planalto.gov.br/ccivil_03/_ato2011-2014/2014/lei/l12965.htm>. Acesso em: 30 jul. 2017.

BRASIL. *Lei n. 13.467/2017*. Altera a Consolidação das Leis do Trabalho (CLT), aprovada pelo Decreto-Lei n 5.452, de 1º de maio de 1943, e as Leis ns. 6.019, de 3 de janeiro de 1974, 8.036, de 11 de maio de 1990, e 8.212, de 24 de julho de 1991, a fim de adequar a legislação às novas relações de trabalho.

BRASIL. *Manual de Midias Sociais da agencia de Notícias Reuters*. Disponível em: <http://www.webwriter.com.br/manual-de-midias-sociais-da-agencia-de-noticias-reuters/>. Acesso em: 1º nov. 2017.

BRASIL. Mau uso da internet gera ação judicial. In: Boletim da Ordem dos Advogados do Brasil — Seccional de São Paulo. Disponível em: <http://www.oabsp.org.br/subs/santoanastacio/institucional/artigos/mau-uso-da-internet-gera-acao-judicial>. Acesso em: 30 jul. 2017.

BRASIL. *Medida Provisória n. 808/2017*, de 14 de novembro de 2017. Ementa: Altera a Consolidação das Leis do Trabalho — CLT, aprovada pelo Decreto-Lei n. 5.452, de 1º de maio de 1943.

BRASIL. *Olhar Digital*. Disponível em: <https://olhardigital.com.br/noticia/nos-eua-um-robo-advogado-oferece-conselhos-legais-gratuitos-para-todos/69690>. Acesso em: 13 jul. 2017.

BRASIL. *Organização Internacional do Trabalho*. Disponível em: <http://www.ilo.org/dyn/normlex/es/f?p=NORMLEXPUB:12100:0::NO::P12100_INSTRUMENT_ID:312322>. Acesso em: 20 jul. 2017.

BRASIL. *Previdência Social*. Disponível em: <http://www1.previdencia.gov.br/aeps 2006/15_01_03_01.asp>. Acesso em: 3 dez. 2017.

BRASIL. *Projeto de Lei do Senado 274, de 2013*. Disponível em: <https://www25.senado.leg.br/web/atividade/materias/-/materia/113558>. Acesso em: 3 dez. 2017.

BRASIL. *Projeto de Lei n. 4.505/2008*. Ementa: Regulamenta o trabalho à distância, conceitua e disciplina as relações de teletrabalho e dá outras providências. Disponível em: <http://www.camara.gov.br/proposicoesWeb/fichadetramitacao?idProposicao=420890>. Acesso em: 2 nov. 2017.

BRASIL. *Regime Geral da Previdência Social*. Disponível em: <https://sinait.org.br/docs/mp808-17_alterrefortrab_textoinicial.pdf>. Acesso em: 18 nov. 2017.

BRASIL. *Revista Você S.A. RH*, Edição 35, dez. 2014/jan. 2015.

BRASIL. *Revista Proteção*. Anuário Brasileiro de Proteção. Disponível em: <http://www.protecao.com.br/materias/anuario_brasileiro_de_p_r_o_t_e_c_a_o_2015/brasil/AJyAAA>. Acesso em: 14 nov. 2017.

BRASIL. *Sociedade Brasileira de Teletrabalho* — SOBRATT. Disponível em: <http://www.sobratt.org.br/site2015/wp-content/uploads/2016/05/Estudo_HomeOffice_Consolidado_2016.pdf>. Acesso em: 24 ago. 2017.

BRASIL. *Transformações econômicas no Brasil*. Disponível em: <http://brasilescola.uol.com.br/sociologia/transformacoes-socioeconomicas-no-brasil-decada-50.html>. Acesso em: 13 jul. 2017.

BRASIL. *Transformações socioeconômicas*. Disponível em: <http://brasilescola.uol.com.br/sociologia/transformacoes-socioeconomicas-no-brasil-decada-50.htm>. Acesso em: 8 maio 2017.

BRASIL. *Tribunal Regional do Trabalho. 2ª Região*. 15ª Turma. RO 20244820105020 SP 00020244820105020461 A28. Relator Jonas Santana de Brito. São Paulo, SP. Julgamento 08/08/2013. Publicação 20.08.2013.

BRASIL. *TRT 03ª R.* — RO 977/2009-129-03-00.7 — Rel. Juiz Conv. Jesse Claudio Franco de Alencar — DJe 26.11.2009 — p. 97.

BRASIL. *TRT 04ª R.* — RO 0000620-36.2011.5.04.0019 — 5ª T. — Relª Juíza Conv. Brígida Joaquina Charão Barcelos Toschi — DJe 13.12.2013. v105.

BRASIL. *TRT-PR 9ª* Região — 15204-2014-012-09-00-0-ACO-05286-2017. 2ª Turma. Relatora: Marlene Teresinha Fuverki Suguimatsu. Publicado no DJe 21.02.2017.

BRASIL. *TRT 24ª Região*. — RO 575-88.2012.5.24.0003 — Rel. Des. Ricardo G. M. Zandona — DJe 27.11.2012 — p. 2.

BRASIL. *TST*. RR 613/00.7/10ª R. — 1ª T. — Rel. Min. João Oreste Dalazen — DJU 10.06.2005 — p. 901)JCF.5 JCF.5.X JCF.5.XII JCF.5.LVI. Extraído do repositório eletrônico autorizado Juris Síntese IOB.

BRASIL. *Um mundo de pequenas e médias empresas*. Disponível em: <http://revistapegn.globo.com/Colunistas/Jack-London/noticia/2013/07/um-mundo-de-pequenas-e-medias-empresas.html>. Acesso em: 13 jul. 2017.

BRASIL. *UNICEF*. Disponível em: <https://www.unicef.org/brazil/pt/resources_10133.htm>. Acesso em: 10 nov. 2017.

BRASIL. *UOL Economia*. Disponível em: <https://economia.uol.com.br/noticias/efe/2016/06/16/robos-jornalistas-que-transformam-dados-em-textos-chegam-as-redacoes.htm>. Acesso em: 13 jul. 2017.

BRASIL. *Zipcar*. Matéria sobre o conceito de *car sharing* utilizado pela Zipcar. Disponível em: <http://destinonegocio.com/br/casos-de-sucesso/conceito-de-car-sharing-utilizado-pela-zipcar-e alternativa-a-locacao-de-carros/>. Acesso em: 13 jul. 2017.

CARMO, Paulo Sérgio do. *Sociologia e sociedade pós-industrial*: uma introdução. São Paulo: Paulus, 2007.

CASTELLS, Manuel. *A sociedade em rede*. Tradução Roseneide Venancio Majer. Atualização para 6. ed.: Jussara Simões (A era da informação: economia, sociedade e cultura; vol. 1). São Paulo: Paz e Terra, 1999.

CASTRO, Maria do Perpétuo Socorro Wanderley de. *Terceirização*. Uma expressão do direito flexível do trabalho na sociedade contemporânea. 2. ed. São Paulo: LTr, 2016.

COLOMBIA. *Gobierno*. Disponível em: <https://www.mintic.gov.co/portal/604/articles-3703_documento.pdf>. Acesso em: 20 nov. 2017.

DABAS, Elina Nora. *Red de Redes* — Las prácticas de la intervención en redes sociales. Buenos Aires: Paidós, 1998.

DALLEGRAVE NETO, José Affonso; KAVALKIEVICZ JÚNIOR, Ernani (Coord.). *Reforma Trabalhista ponto a ponto*: estudos em homenagem ao professor Luiz Eduardo Gunther. São Paulo: LTr, 2018.

DELBONI, Denise Poiani; JOÃO, Paulo Sérgio (Coord.). *Direito, gestão e prática*: direito empresarial do trabalho. São Paulo: Saraiva, 2012 (série GLaw).

DELGADO, Mauricio Godinho. *Curso de Direito do Trabalho*. 16. ed. São Paulo: LTr, 2017.

_____; DELGADO, Gabriela Neves. *A Reforma Trabalhista no Brasil com os comentários à Lei n. 13.467/2017*. São Paulo: LTr, 2017.

DE MASI, Domenico. *O Ócio Criativo*. Entrevista a Maria Serena Palieri; tradução de Léa Manzi. Rio de Janeiro: Sextante, 2000.

DI MARTINO, Vitorino; WIRTH, Linda. *Teletrabajo*: um nuevo modo de trabajo y de vida. Genebra: Revista Internacional Del Trabajo, v. 109, n. 4.

DIMOLIUS, Dimitri; MARTINS, Leonardo. *Teoria geral dos direitos fundamentais*. 3. ed. São Paulo: Revista dos Tribunais, 2011.

DONNINI, Rogério Ferraz. *Responsabilidade Civil Pós-Contratual no Direito Civil, no Direito do Consumidor, no Direito do Trabalho e no Direito Ambiental*. 2. ed. São Paulo: Saraiva, 2007.

DO VALE, Silvia Isabele Ribeiro Teixeira. *A Reforma Trabalhista e o Hipersuficiente*. Disponível em: <http://www.amatra5.org.br/images/a/A%20REFORMA%20TRABALHISTA%20E%20O%20%20HIPERSUFICIENTE_.pdf>. Acesso em: 20 jul. 2017.

DRAY, Machado Guilherme. *Direitos de Personalidade anotações ao Código Civil e ao Código do Trabalho*. Coimbra: Almedina, 2006.

ESPANHA. *Agencia Estatal Boletín Oficial Del Estado*. Disponível em: <http://www.boe.es/buscar/doc.php?id=BOE-A-1978-31229>. Acesso em: 30 jul. 2017.

ESPANHA. *Lei n. 1.221*, de 2008. 6. a) El derecho de los teletrabajadores a constituir o a afiliarse a las organizaciones que escojan y a participar en sus atividades. Disponível em: <https://www.mintic.gov.co/portal/604/articles-3703_documento.pdf>. Acesso em: 10 nov. 2017.

FERRAZ JUNIOR, Tércio Sampaio. *O direito entre o passado e o futuro*. São Paulo: Noeses, 2014.

_____. *Teoria da Norma Jurídica*. Ensaio de Pragmática da Comunicação Normativa. Rio de Janeiro: Forense, 2009.

FOGLIA, Sandra Regina Pavani. *Lazer e Trabalho*: Um enfoque sob a ótica dos direitos fundamentais. São Paulo: LTr, 2013.

FONSECA, Maria Hemília. *Direito ao Trabalho*: um direito fundamental no ordenamento jurídico brasileiro. São Paulo: LTr, 2009.

FRANÇA. Disponível em: <https://www.entreprises.cci-paris-idf.fr/web/reglementation/developpement-entreprise/droit-social/le-teletravail>. Acesso em: 24 nov. 2017.

GEDIEL, José Antônio Peres. A Irrenunciabilidade a Direitos da Personalidade pelo Trabalhador. In: SARLET, Ingo Wolfgang. (Org.). *Constituição, Direitos Fundamentais e Direito Privado*. 3. ed. Porto Alegre: Livraria do Advogado, 2010.

GUERRA, Wesley S. T. *Crescimento na Europa*: Economia e tensões em alta. Disponível em: <http://www.jornal.ceiri.com.br/crescimento-na-europa-economia-e-tensoes-em-alta/>. Acesso em: 20 jul. 2017.

GUERRA FILHO, Willis Santiago. *Teoria Processual da Constituição*. São Paulo: Celso Bastos: Instituto Brasileiro de Direito Constitucional, 2000.

HERNANDEZ, Márcia Regina Pozelli. *Novas Perspectivas das Relações de Trabalho*: O Teletrabalho. São Paulo: LTr, 2011.

HÄBERLE, Peter. *Hermenêutica Constitucional* — A sociedade aberta dos intérpretes da Constituição: contribuição para a interpretação pluralista e "procedimental" da Constituição. Tradução Gilmar Ferreira Mendes. Porto Alegre: Sergio Antonio Fabris, 1997.

HANASHIRO, Darcy Mitiko Mori e DIAS, Wellington Fonseca. *O Sistema de Teletrabalho*: Algumas implicações de um ambiente virtual. Anais do XXVI ENANPAD. Salvador: ANPAD, 2002.

IMPERIALI, Rosario; IMPERIALI, Riccardo. *Controlli sul lavoratore tecnologie*. Milano: Giuffrè Editore, 2012.

ITALIA. *Costituzione*. Disponível em: <http://www.casacultureivrea.it/costituzione/portoghese.pdf>. Acesso em: 13 jul. 2017.

ITALIA. *Raccomandazione*. Disponível em: <http://194.242.234.211/documents/10160/10704/Consiglio+UE+Raccomandazione+%2889%29+2.pdf>. Acesso em: 30 jul. 2017.

ITALIA. *La Repubblica. Archivio*. Brasillà, um inocente in cárcere la sua storia diventa uma fiction. Disponível em: <http://ricerca.repubblica.it/repubblica/archivio/repubblica/2005/02/18/barilla-un-innocente-in-carcere-la-sua.html>. Acesso em: 20 jul. 2017.

JARDIM, Carla Carrara da Silva. *O teletrabalho e suas atuais modalidades*. São Paulo: LTr, 2004.

JOÃO, Paulo Sérgio. O direito de imagem e o contrato de trabalho na Lei n. 13.467/17. In: AGUIAR, Antonio Carlos (Coord.). *Reforma Trabalhista*. Aspectos jurídicos. São Paulo: Quartier Latin do Brasil, 2017. p. 275-294.

LAVINAS, Lena (Org.). *Trabalho a domicílio*: novas formas de contratualidade. Rio de Janeiro: IPEA, 2000.

LEVI, Alberto. *Il controlo informático sull'attività del lavoratore*. Torino: G. Giappicchelli Editore, 2013.

MAC CRORIE, Benedita Ferreira da Silva. *A vinculação dos particulares aos direitos fundamentais*. Coimbra: Almedina, 2005.

MAIOR, Jorge Luis Souto (Coord.), *et. al. Direitos Humanos*: essência do direito do trabalho. Associação Juízes para a Democracia. São Paulo: LTr, 2007.

MAÑAS, Christian Marcello. A Externalização da Atividade Produtiva: O Impacto do Teletrabalho na Nova Ordem Socioeconômica. *Revista da Faculdade de Direito da UFPR*, v. 39, 2003.

MANNRICH, Nelson. Reforma Trabalhista. Que Reforma? In: AGUIAR, Antonio Carlos (Coord.). *Reforma Trabalhista*. Aspectos jurídicos. São Paulo: Quartier Latin do Brasil, 2017. p. 231-258.

MARCHIORI, Massimo. *Meno Internet Più Cabernet*. Itália: Rizzoli Etas, 2015.

MARQUES, Claudia Lima (Coord.). *Diálogo das Fontes*. Do conflito à coordenação de normas do direito brasileiro. São Paulo: Revista dos Tribunais, 2012.

MARTINS, Sergio Pinto. Teletrabalho. *Juris Síntese*, n. 83, jun. /2010.

MASI, Domenico de. *Ócio Criativo*. Tradução Carlos Irineu W. da Costa, Pedro Jorgensen Junior e Léa Manzi. São Paulo: Sextante, 2000.

MEIRELES, Edilton. *A Constituição do Trabalho*. São Paulo: LTr, 2012.

MELLO, Cristiane Maria Freitas de. *A liberdade de expressão nas redes sociais*: Direito de crítica do empregado *x* Imagem e honra do empregador. Tese de Mestrado em Direito do Trabalho. Pontifícia Universidade Católica de São Paulo. São Paulo, 2014.

MIKOS, Nádia Regina de Carvalho. *Desjudicialização do dano extrapatrimonial laboral*. Curitiba: Juruá, 2018, obra em prelo.

MITCHELL, William J. *E-topia*: a vida urbana, mas não como a conhecemos. Ana Carmem Martins Guimarães Tradutora. São Paulo: SENAC São Paulo, 2002.

MUÑOZ, Ramón. *As redes sociais e o ambiente de trabalho*. Tradução Luiz Roberto Mendes Gonçalves. Madrid: El País.

NEGRI, Fernanda; CAVALCANTE, Luiz Ricardo. *Produtividade no Brasil*: desempenho e determinantes. Disponível em: <http://www.brasil-economia-governo.org.br/2014/12/15/produtividade-no-brasil-desempenho-e-determinantes/>. Acesso em: 21 jul. 2017.

NEGROPONTE, Nicholas. *A vida digital*. Tradução: Sergio Tellaroli. Supervisão Técnica Ricardo Rangel. São Paulo: Companhia das Letras, 1995.

NEVES, Maria Laura. Colaboração de CASTRO, Bianca. *A polêmica do home Office*. Revista Cláudia: Debate, maio 2013.

NILLES, Jack M. *Fazendo do Teletrabalho uma realidade*. São Paulo: Futura, 1997.

OCCHIPINTI, Armando. *Il Telelavoro*: aspetti economici, guiridici, sociali e tecnologici, capítulo III. Disponível em: <http://www.galileo.it/crypto/abstract/vant_svant.html>. Acesso em: 30 jul. 2017.

OLIVEIRA, Flávia de Paiva Medeiro de. Uma Nova Maneira de Trabalhar — Teletrabalho: Conceito e Lei Aplicável. *Síntese Trabalhista*, n. 171, set. 2003.

OLIVEIRA, Martha Maria Veras. *A ergonomia e o teletrabalho no domicílio*. Disponível em: <https://repositorio.ufsc.br/bitstream/handle/123456789/76935/107209.pdf?sequence=1>. Acesso em: 17 jul. 2017.

OLIVEIRA NETO, Célio Pereira. *A Cláusula de não concorrência no contrato de emprego*: efeitos do princípio da proporcionalidade. São Paulo: LTr, 2015.

_____. *Direito de Desconexão frente às novas tecnologias no âmbito das relações de emprego*. Arquivos do Instituto Brasileiro de Direito Social Cesarino Júnior, v. 39, 2015.

_____. Terceirização e trabalho temporário. In: DALLEGRAVE NETO, José Affonso; KAVALKIEVICZ JÚNIOR, Ernani (Coord.). *Reforma Trabalhista*. Obra no prelo.

PIKETTY, Thomas. *A Economia da Desigualdade*. Tradução André Telles. 1. ed. Rio de Janeiro: Intrínseca, 2015.

PINEL, M. Fatima de L. *Teletrabalhador*. Disponível em: <http://www.teletrabalhador.com/origem.html>. Acesso em: 15 nov. 2017.

PORTUGAL. Disponível em: <http://cite.gov.pt/asstscite/downloads/legislacao/CT25092017.pdf#page=64>. Acesso em: 15 nov. 2017.

PORTUGAL. *Código do Trabalho*. Disponível em: <http://cite.gov.pt/asstscite/downloads/legislacao/CT25092017.pdf#page=64>. Acesso em: 15 nov. 2017.

PORTUGAL. *Governo*. Disponível em: <http://cite.gov.pt/asstscite/downloads/legislaca/CT25092017.pdf#page=64>. Acesso em: 15 nov. 2017.

PORTUGAL. *Parlamento*. Disponível em: <https://www.parlamento.pt/Legislacao/Paginas/ConstituicaoRepublicaPortuguesa.aspx>. Acesso em: 30 jul. 2017.

REDINHA, Maria Regina G. *O Teletrabalho*. Disponível em: <www.cije.up.pt/download-file/216>. Acesso em: 17 jul. 2017.

ROCHA, Andréa Presas. *Atividade sindical e abuso do direito sindical*. Disponível em: <https://jus.com.br/artigos/14905/atividade-sindical-e-abuso-do-direito-sindical>. Acesso em: 13 out. 2017.

RODRIGUES JR., Edson Beas (Org.). *Convenções da OIT e outros instrumentos de Direito Internacional Público e Privado relevantes ao Direito do Trabalho*. São Paulo: LTr, 2013.

ROMITA, Arion Sayão. *Direitos Fundamentais nas Relações de Trabalho*. 3. ed. São Paulo: LTr, 2009.

ROXO, Tatiana Bhering Serradas Bon de Sousa. *O Poder de Controle Empresarial*: suas potencialidades e limitações na ordem jurídica — o caso das correspondências eletrônicas. São Paulo: LTr, 2013.

SARLET, Ingo Wolfgang. (Org.). *Constituição, Direitos Fundamentais e Direito Privado*. 3. ed. Porto Alegre: Livraria do Advogado, 2010.

SANTOS, Rogério. *Internet, jornais eletrônicos e teletrabalho* — algumas apostas o mercado de trabalho. Disponível em: <http://bocc.ubi.pt/pag/santos-rogerio-teletrabalho.html>. Acesso em: 17 jul. 2017.

SCHAFF, Adam. *A sociedade informática*: as consequências da segunda revolução industrial. Tradução Carlos Eduardo Jordão Machado e Luiz Arturo Obojes. São Paulo: Brasiliense, 2007.

SCHNEIDER, Dado. *O Mundo Mudou ... Bem na minha vez*. Palestra proferida em Curitiba, no dia 10 de agosto de 2017. Também disponível em: <https://www.youtube.com/watch?v=UPDEFYOG60Q>. Acesso em: 30 maio 2017.

SCHWAB, Klaus. *A Quarta Revolução Industrial*. Tradução Daniel Moreira Andrade. São Paulo: Edipro, 2016.

SILVA, Vitor Gustavo da; VIEIRA, Almir Martins; PEREIRA, Raquel da Silva. *A gestão do teletrabalho*: nova realidade ou mera adaptação à tecnologia? Disponível em: <http://revista.grupointegrado.br/revista/index.php/perspectivascontemporaneas/article/viewFile/1864/761>. Acesso em: 14 jul. 2017.

SILVA NETO, Manoel Jorge e. *Direitos fundamentais e o contrato de trabalho*. São Paulo: LTr, 2005.

SILVA TOSE, Marilia de Gonzaga Lima e. *Teletrabalho*: a prática do trabalho e a organização subjetiva dos seus agentes. Tese de Doutorado em Ciências Sociais. Pontifícia Universidade Católica de São Paulo, 2005.

SIQUEIRA NETO, José Francisco. *Liberdade sindical e representação os trabalhadores nos locais de trabalho*. São Paulo: LTr, 1999.

SOARES, Flaviana Rampazzo. *Responsabilidade civil por dano existencial*. Porto Alegre: Livraria do Advogado, 2009.

THIBAULT ARANDA, Javier. *Aspectos Jurídicos del Teletrabajo*. Madrid: Revista Del Ministerio de Trabajo y Assuntos Sociales, Economía y Sociología, n. 11, 1998.

TOFFLER, Alvin. *A terceira onda*. 5. ed. Trad. de João Távora. Rio de Janeiro: Record, 1980.

TOSE SILVA, Marilia de Gonzaga Lima e. *Teletrabalho*: a prática do trabalho e a organização subjetiva dos seus agentes. Tese de Doutorado em Ciências Sociais. Pontifícia Universidade Católica de São Paulo, 2005.

UNIÃO EUROPÉIA. *Jornal Oficial das Comunidades Europeias*. Disponível em: <http://www.europarl.europa.eu/charter/pdf/text_pt.pdf>. Acesso em: 12 nov. 2017.

WEINSCHENKER, Marina Santoro Franco. *A vida laboral e extralaboral do empregado*: a privacidade no contexto das novas tecnologias e dos direitos fundamentais. São Paulo: LTr, 2013.

WEISSBBACH, Hans-Jürgen. *Telework regulation and social dialogue. Thematic report*, n. 1, Brussels: Euro-Telework, 2000.

ANEXOS

SENADO FEDERAL

PROJETO DE LEI DO SENADO N. 274, DE 2013

Modifica a Consolidação das Leis do Trabalho (CLT), aprovada pelo Decreto-Lei n. 5.452, de 1º de maio de 1943, para dispor sobre a relação de emprego em regime de teletrabalho.

O CONGRESSO NACIONAL decreta:

Art. 1º Dê-se ao parágrafo único do art. 6º da Consolidação das Leis do Trabalho, aprovada pelo Decreto-Lei n. 5.452, de 1º de maio de 1943, a seguinte redação:

"Art. 6º ....

Parágrafo único. Os meios telemáticos e informatizados de comando, controle e supervisão se equiparam, para fins de subordinação jurídica, aos meios pessoais e diretos de comando, controle e supervisão do trabalho alheio, observado o disposto na Seção XIII-A do Capítulo I do Título III desta Consolidação" (NR).

Art. 2º Acrescente-se ao Capítulo I do Título III desta Consolidação a seguinte Seção XIII-A:

Título III

DAS NORMAS ESPECIAIS DE TUTELA DO TRABALHO

Capítulo I

DAS DISPOSIÇÕES ESPECIAIS SOBRE DURAÇÃO E CONDIÇÕES DE TRABALHO

....

Seção XIII-A

DO SERVIÇO EM REGIME DE TELETRABALHO

Art. 350-A. Considera-se serviço em regime de teletrabalho a relação de emprego, na qual o empregado desempenha regularmente suas funções, no todo ou em parte, em local alheio a estabelecimento do empregador, utilizando-se, para tanto, de recursos de informática e de telecomunicações.

§ 1º O disposto no *caput* não compreende o trabalho que, em virtude de sua natureza, possui caráter eminentemente externo, e que, em razão disso, seja desempenhado fora de estabelecimento do empregador, mesmo que com a utilização de recursos de informática e de telecomunicações.

§ 2º Ao empregado em regime de teletrabalho são aplicáveis, no que for omissa esta Seção, as disposições legais aplicáveis ao contrato de trabalho em geral.

Art. 350-B. A contratação em regime de teletrabalho deve constar expressamente do contrato de trabalho, que deverá dispor sobre:

I — a natureza do serviço prestado;

II — a jornada de trabalho a ser cumprida pelo empregado;

III — proporção da jornada a ser cumprida em estabelecimento do empregador, se o caso;

IV — locais de prestação do trabalho, se definidos;

V — equipamentos utilizados e seu regime de utilização;

VI — estabelecimento do empregador ao qual o trabalhador esteja funcionalmente vinculado;

VII — meios e periodicidade de contato entre trabalhador e empregador.

§ 1º É permitida, a qualquer momento, a conversão de contrato de trabalho regular em contrato em regime de teletrabalho, e vice-versa, mediante anuência expressa do empregado, por meio de instrumento específico adstrito ao contrato de trabalho, nos termos do *caput*.

§ 2º A contratação em regime de teletrabalho e a conversão de contrato devem ser anotadas na Carteira de Trabalho e Previdência Social.

§ 3º A recusa do empregado em aceitar a adoção de regime de teletrabalho não constitui causa para a rescisão de contrato de trabalho.

Art. 350-C. O instrumento jurídico que estabelecer regime de teletrabalho deve indicar a jornada a ser cumprida pelo empregado, sendo lícita a adoção de jornada flexível de trabalho, observadas as disposições deste artigo, sob pena de nulidade.

§ 1º A jornada estipulada não poderá ser superior, em número de horas, àquela fixada nas disposições constitucionais, legais ou convencionais aplicáveis ao empregado. § 2º Em caso de adoção de jornada flexível é vedada a adoção de qualquer tipo de monitoramento de trabalho que caracterize controle direto ou indireto da jornada, de parte do empregador.

§ 3º São aplicáveis ao trabalhador em jornada flexível as disposições referentes a períodos de descanso contidas nos arts. 66 a 70 desta Consolidação.

§ 4º O empregador deve manter os registros de conexão do trabalhador ao seu sistema, pelo prazo de vinte anos, sem prejuízo do disposto no § 2º.

Art. 350-D. O instrumento jurídico que estabelecer regime de teletrabalho pode determinar que o empregado desempenhe suas funções, em parte, em estabelecimento do empregador ou, no todo ou em parte, em centros de teletrabalho especificamente designados.

§ 1º Para os efeitos desta Lei, considera-se centro de teletrabalho o estabelecimento público ou privado, qualquer que seja a sua denominação particular, dotado de estrutura de informática e telecomunicações destinada à utilização de trabalhadores em regime de teletrabalho não necessariamente vinculados a um único empregador.

§ 2º O empregador é subsidiariamente responsável pelo dano ocorrido ao seu empregado em virtude das más condições estruturais ou ambientais do telecentro.

§ 3º Aplicam-se em relação à parcela da jornada prestada em estabelecimento do empregador as disposições do Capítulo II do Título II da Consolidação das Leis do Trabalho, aprovada pelo Decreto-Lei n. 5.452, de 1º de maio de 1943.

§ 4º É vedada a adoção de qualquer procedimento de controle da parcela da jornada de trabalho prestada em telecentro.

Art. 350-E. O empregador é responsável pelo fornecimento e manutenção dos equipamentos a serem utilizados pelo empregado e pelas despesas de transmissão dos dados necessários à prestação do serviço.

§ 1º A utilização de equipamentos de propriedade do empregado para a prestação do serviço, deve ser expressamente prevista no instrumento a que se refere o art. 2º.

§ 2º É vedada qualquer disposição contratual que determine que o empregado deverá comprar o equipamento para o exercício de suas funções do empregador ou de terceiro por ele designado.

§ 3º É devido ao empregado o ressarcimento, mediante comprovação, das despesas decorrentes do exercício de suas funções.

§ 4º O empregado é responsável pela utilização e conservação adequadas dos equipamentos fornecidos pelo empregador para o exercício de suas funções.

Art. 350-F. É dever do empregador informar o empregado das diretrizes de segurança, higiene e saúde do trabalho aplicáveis — observadas as normas regulamentadoras estabelecidas pelo Ministério do Trabalho e Emprego — e fiscalizar seu cumprimento, sem prejuízo da atuação das autoridades competentes, podendo, para tanto:

I — fiscalizar, por iniciativa própria ou do empregado, as instalações e condições de trabalho dos centros de teletrabalho;

II — fiscalizar as condições de trabalho no domicílio do empregado, se for o caso, desde que com a anuência deste e mediante prévia notificação.

Art. 350-G. É vedada qualquer forma de discriminação do empregado em regime de teletrabalho, especialmente no tocante a treinamento profissional, a oportunidades de desenvolvimento na carreira e aos direitos de filiação e participação sindical.

Parágrafo único. São garantidos os direitos sindicais do empregado, sendo vedado obstar seu exercício por meio de vinculação a estabelecimento do empregador que, em razão da distância ou de qualquer outro motivo, torne impossível a filiação ou participação do empregado em sindicato.

Art. 350-H. Constitui justa causa para a rescisão do contrato de trabalho pelo empregador — sem prejuízo do disposto no art. 482 desta Consolidação — a utilização dos equipamentos ou de vias de transmissão de dados cedidos pelo empregador para o acesso ou veiculação de páginas, mensagens, arquivos ou qualquer outro tipo de recurso que veicule conteúdo ilícito".

Art. 3º Esta Lei entra em vigor na data de sua publicação.

JUSTIFICAÇÃO

A recente edição da Lei n. 12.551, de 15 de dezembro de 2011, que modificou o art. 6º da Consolidação das Leis do Trabalho (CLT) — aprovada pelo Decreto Lei n. 5.452, de 1º de maio de 1943 — representou a primeira atuação normativa do Brasil para a regulamentação do teletrabalho. Essa Lei, como sabemos, equiparou o trabalho realizado à distância com o trabalho presencial, para fins de caracterização da subordinação jurídica e, consequentemente, da relação de emprego.

Não obstante, ainda que suas intenções sejam as mais elevadas, consideramos insuficiente o atual estágio de regulação do tema.

Com efeito, por teletrabalho podemos entender a contratação de trabalhadores para que exerçam suas funções em local diverso da localização física do empregador, e que exercem suas funções por computador e por intermédio da internet.

Trata-se de uma forma de contratação na qual o empregado não se encontra, ao menos parcialmente, adstrito a desempenhar suas funções de forma presencial.

Em vez disso, pode trabalhar em locais diversos como os telecentros — instalações compartilhadas por diversos trabalhadores, alguns, inclusive, autônomos, e diversos empregadores, sem que entre eles exista relação de qualquer espécie que não o compartilhamento de espaço e de estrutura, os *telecottages*, telecentros localizados em área rural e que tem a função de facilitar a fixação da população dessas áreas e, mesmo, no próprio lar do trabalhador ou em trânsito.

Trata-se, em suma, de forma de organização do trabalho, decorrente da evolução da informática e das telecomunicações ocorrida nas últimas duas décadas. Efetivamente, parte-se da percepção de que diversos serviços administrativos, sobretudo no setor de serviços, não demandam a presença física do trabalhador na empresa, podendo, na prática, ser desempenhado em qualquer lugar.

Essa forma de organização permite uma redução de custos do empregador, que não precisa dispor de instalações suficientemente grandes para congregar todos os seus empregados e, em princípio, confere ao trabalhador a liberdade para organizar sua própria rotina de trabalho, adequando-a a suas necessidades e interesses.

Ora, uma das principais, senão a principal característica do trabalho legislativo, é a de captar os movimentos sociais emergentes e de fornecer à sociedade os instrumentos de normatização que permitam a sua correta aplicação.

O fenômeno do teletrabalho já se encontra globalmente disseminado, constituindo-se, hoje em dia, em um dos principais mecanismos de criação de empregos.

Suas características, contudo, não permitem uma assimilação plena às formas gerais e tradicionais da contratação trabalhista.

Efetivamente, o teletrabalho possui elementos muito específicos, razão pela qual, em diversos países o fenômeno é objeto de uma legislação específica, como a que ora propomos. A simples equiparação do contrato de teletrabalho ao contrato comum de trabalho, tal como foi feita, possui uma série de inconvenientes.

Primeiramente, falha em reconhecer as características específicas do teletrabalho. A natureza de sua prestação e as implicações da adoção desse tipo de trabalho no tocante à organização da jornada e dos locais de trabalho.

Ainda, não estabelece, de forma clara, uma orientação legislativa adequada para a atuação dos agentes públicos e dos operadores do direito.

Finalmente, falha em constatar que a própria legislação trabalhista contempla situações específicas de trabalho que escapam, de alguma forma, das condições comuns do trabalho. A própria CLT contém disposições específicas sobre o trabalho em ferrovias ou em navegação, que à época da sua redação demandavam uma regulamentação que abarcasse suas características peculiares.

Tal como se encontra, a legislação não regula adequadamente as relações de teletrabalho. Essa lacuna legislativa fatalmente se refletirá na proliferação de reclamações junto aos órgãos judiciários trabalhistas, que, certamente demandará anos ou mesmo décadas para que seja obtida a necessária uniformização dos entendimentos judiciais, gerando uma indesejável instabilidade social. Destarte, apresentamos esta Proposição, destinada a oferecer uma regulamentação mais adequada do fenômeno do teletrabalho.

Busca-se a adoção de uma legislação que ofereça um equilíbrio entre as necessidades de empregadores e empregados e, para tanto, balizamos nosso trabalho em dois eixos fundamentais:

1 — trata-se da regulação de modalidade especial do contrato de trabalho, em razão de que cuidamos de dispor sobre seus caracteres específicos, que o distinguem do contrato de trabalho normal,

ressaltando-se que as disposições referentes ao contrato de trabalho regular são também aplicáveis ao contrato de teletrabalho, no tocante ao que não seja peculiar ao teletrabalho.

2 – não se admite que o contrato de teletrabalho seja utilizado para, de qualquer maneira, baldar os direitos do trabalhador, quer pela utilização de empregados disfarçados de autônomos, quer pela implementação de controles disfarçados do trabalhador, instituindo um regime de teletrabalho de fachada, ou, ainda, pela descaracterização dos direitos coletivos do trabalhador.

O universo das relações de trabalho, como sabemos todos, é atualmente um universo em mutação. È necessário que o Brasil esteja preparado para essas modificações para que não sejamos por elas sobrepujados. Por esse motivo, peço apoio a meus pares para a aprovação do projeto que ora apresento.

Sala das Sessões,

Senador **RODRIGO ROLLEMBERG**

LEGISLAÇÃO CITADA

DECRETO-LEI N. 5.452, DE 1º DE MAIO DE 1943

Aprova a Consolidação das Leis do Trabalho.

....

CONSOLIDAÇÃO DAS LEIS DO TRABALHO

TÍTULO I

INTRODUÇÃO

....

Art. 6º Não se distingue entre o trabalho realizado no estabelecimento do empregador, o executado no domicílio do empregado e o realizado a distância, desde que estejam caracterizados os pressupostos da relação de emprego. *(Redação dada pela Lei n. 12.551, de 2011)*

Parágrafo único. Os meios telemáticos e informatizados de comando, controle e supervisão se equiparam, para fins de subordinação jurídica, aos meios pessoais e diretos de comando, controle e supervisão do trabalho alheio. *(Incluído pela Lei n. 12.551, de 2011)*

....

TÍTULO II

DAS NORMAS GERAIS DE TUTELA DO TRABALHO

....

CAPÍTULO II

DA DURAÇÃO DO TRABALHO

....

SEÇÃO III

DOS PERÍODOS DE DESCANSO

....

Art. 66. Entre 2 (duas) jornadas de trabalho haverá um período mínimo de 11 (onze) consecutivas para descanso.

Art. 67. Será assegurado a todo empregado um descanso semanal de 24 (vinte e quatro) horas consecutivas, o qual, salvo motivo de conveniência pública ou necessidade imperiosa do serviço, deverá coincidir com o domingo, no todo ou em parte.

Parágrafo único. Nos serviços que exijam trabalho aos domingos, com exceção quanto aos elencos teatrais, será estabelecida escala de revezamento, mensalmente organizada e constando de quadro sujeito à fiscalização.

Art. 68. O trabalho em domingo, seja total ou parcial, na forma do art. 67, será sempre subordinado à permissão prévia da autoridade competente em matéria de trabalho.

Parágrafo único. A permissão será concedida a título permanente nas atividades que, por sua natureza ou pela conveniência pública, devem ser exercidas aos domingos, cabendo ao Ministro do Trabalho, Industria e Comercio, expedir instruções em que sejam especificadas tais atividades. Nos demais casos, ela será dada sob forma transitória, com discriminação do período autorizado, o qual, de cada vez, não excederá de 60 (sessenta) dias.

Art. 69. Na regulamentação do funcionamento de atividades sujeitas ao regime deste Capítulo, os municípios atenderão aos preceitos nele estabelecidos, e as regras que venham a fixar não poderão contrariar tais preceitos nem as instruções que, para seu cumprimento, forem expedidas pelas autoridades competentes em matéria de trabalho.

Art. 70. Salvo o disposto nos arts. 68 e 69, é vedado o trabalho em dias feriados nacionais e feriados religiosos, nos têrmos da legislação própria. *(Redação dada pelo Decreto-lei n. 229, de 28.2.1967)*

....

TÍTULO III

DAS NORMAS ESPECIAIS DE TUTELA DO TRABALHO

CAPÍTULO I

DAS DISPOSIÇÕES ESPECIAIS SOBRE DURAÇÃO E CONDIÇÕES DE TRABALHO

....

SEÇÃO XIII

DOS QUÍMICOS

....

SEÇÃO XIV

DAS PENALIDADES

....

TÍTULO IV

DO CONTRATO INDIVIDUAL DO TRABALHO

....

CAPÍTULO V

DA RESCISÃO

....

Art. 482. Constituem justa causa para rescisão do contrato de trabalho pelo empregador:

a) ato de improbidade;

b) incontinência de conduta ou mau procedimento;

c) negociação habitual por conta própria ou alheia sem permissão do empregador, e quando constituir ato de concorrência à empresa para a qual trabalha o empregado, ou for prejudicial ao serviço;

d) condenação criminal do empregado, passada em julgado, caso não tenha havido suspensão da execução da pena;

e) desídia no desempenho das respectivas funções;

f) embriaguez habitual ou em serviço;

g) violação de segredo da empresa;

h) ato de indisciplina ou de insubordinação;

i) abandono de emprego;

j) ato lesivo da honra ou da boa fama praticado no serviço contra qualquer pessoa, ou ofensas físicas, nas mesmas condições, salvo em caso de legítima defesa, própria ou de outrem;

k) ato lesivo da honra ou da boa fama ou ofensas físicas praticadas contra o empregador e superiores hierárquicos, salvo em caso de legítima defesa, própria ou de outrem;

l) prática constante de jogos de azar.

Parágrafo único. Constitui igualmente justa causa para dispensa de empregado a prática, devidamente comprovada em inquérito administrativo, de atos atentatórios à segurança nacional. *(Incluído pelo Decreto-lei n. 3, de 27.1.1966)*

....

LEI N. 12.551, DE 15 DE DEZEMBRO DE 2011

Altera o art. 6º da Consolidação das Leis do Trabalho (CLT), aprovada pelo Decreto-Lei n. 5.452, de 1º de maio de 1943, para equiparar os efeitos jurídicos da subordinação exercida por meios telemáticos e informatizados à exercida por meios pessoais e diretos.

....

(À Comissão de Assuntos Sociais, em decisão terminativa).

Publicado do **DSF** em 05.07.2013

Secretaria Especial de Editoração e Publicações do Senado Federal — Brasília-DF

OS: 13588/2013

PROJETO DE LEI N. 4.505, DE 2008

(Do Sr. Luiz Paulo Vellozo Lucas)

Regulamenta o trabalho à distância, conceitua e disciplina as relações de teletrabalho e dá outras providências.

O Congresso Nacional decreta:

Art. 1º Para os fins desta Lei, entende-se como teletrabalho todas as formas de trabalho desenvolvidas sob controle de um empregador ou para um cliente, por um empregado ou trabalhador autônomo de forma regular e por uma cota superior a quarenta por cento do tempo de trabalho em um ou mais lugares diversos do local de trabalho regular, sendo utilizadas para realização das atividades laborativas tecnologias informáticas e de telecomunicações.

Parágrafo único. Entende-se por local de trabalho regular a sede da empresa ou qualquer outro local onde normalmente ocorre a produção e/ou são normalmente esperados os resultados do exercício laborativo.

Art. 2º O teletrabalho poderá ser realizado em centros de teletrabalho, assim conceituados como edificações idealizadas para o teletrabalho, dotadas de aparelhos de informática e de telecomunicação, e destinadas à utilização pelos empregados de uma ou várias empresas ou pelos trabalhadores autônomos classificados como teletrabalhadores, não sendo considerados locais de trabalho regulares.

Art. 3º O teletrabalho deve servir como instrumento para o aumento dos índices de emprego, além de patrocinador a inserção de trabalhadores com reduzida capacidade física no mercado de trabalho, estimulando ainda o crescimento econômico eco-compatível.

Art. 4º O Estado brasileiro adotará as medidas necessárias para:

a) estimular a criação de postos de teletrabalho;

b) potencializar a competitividade industrial incentivando a adoção do teletrabalho nas empresas privadas e na Administração Pública;

c) aumentar a capacitação profissional dos trabalhadores via mecanismos tradicionais e inovativos de formação;

d) promover novas formas de organização do trabalho baseadas no teletrabalho nos setores privado e público.

Art. 5º A relação de emprego no teletrabalho terá como fundamentos os mesmos previstos na Consolidação das Leis do Trabalho CLT, aprovada pelo Decreto-Lei n. 5.452, de 1º de maio de 1943, atendendo aos princípios e prerrogativas ali dispostos, em especial em seu art. 3º, ressalvadas as disposições e particularidades aplicáveis ao tema e previstas nesta Lei, bem como em convenção coletiva ou acordo coletivo.

Art. 6º São direitos do empregado teletrabalhador:

a) igualdade de tratamento no que diz respeito à filiação sindical, participação na negociação coletiva, proteção à saúde, segurança social e estabilidade no emprego, além da garantia à não discriminação e acesso à qualificação e informação profissionais;

b) proteção ao salário, férias e sua respectiva remuneração, gozo de feriados, licenças previstas na CLT e faltas por doença;

c) segurança, higiene e saúde no trabalho observadas as disposições do art. 7º;

d) ressarcimento dos gastos extraordinários decorrentes das funções inerentes ao teletrabalho e não previstos na remuneração, observadas as disposições do art. 7º.

Parágrafo único. Em razão do caráter de controle de jornada aberta e, via de regra, de forma virtual, aos empregados teletrabalhadores não será contemplado o direito às horas extras, devendo a remuneração ajustar-se às horas normais de trabalho.

Art. 7º São deveres do empregado teletrabalhador:

a) habitualidade e pessoalidade na execução de suas funções;

b) informação periódica de acordo com as diretrizes empregatícias previamente estabelecidas, seja de forma *on line* ou *offline*;

c) manutenção adequada dos equipamentos e materiais que lhe forem disponibilizados pelo empregador, bem como conservação e asseio do seu ambiente de trabalho, observadas as normas de segurança, higiene e saúde no trabalho;

d) prestação de contas quanto aos gastos ordinários e extraordinários decorrentes das funções inerentes à devida execução do trabalho.

Art. 8º O contrato de teletrabalho deverá ser escrito contemplando todos os direitos e deveres referenciados nesta Lei, bem como aqueles específicos à função que será exercida pelo empregado teletrabalhador, determinando, mesmo que em instrução de trabalho anexa, os bens a serem disponibilizados ao empregado e o local de trabalho, com indicação objetiva da carga horária, que não poderá ultrapassar a prevista na CLT.

Parágrafo único. A carga horária obedecerá ao disposto no art. 7º, inciso XIII, da Constituição Federal, sendo permitido o trabalho nos finais de semana, uma vez que se trata de jornada de trabalho aberta, sendo devidas, porém, as proporcionalidades referentes ao repouso semanal remunerado.

Art. 9º Nos casos de trabalho transnacional, deverá ser aplicada a lei do local da prestação do serviço, salvo disposição contratual em contrário.

Art. 10. Esta lei entra em vigor na data da sua publicação.

JUSTIFICAÇÃO

Abordagem constitucional.

A Constituição prevê em seu art. 7º, inciso XXVII, com relação aos trabalhadores, a "proteção em face da automação, na forma da lei". Trata-se de norma de eficácia contida, dependendo e incitando a criação de lei para sua regulamentação.

Uma vez admitido o caráter completamente inovador do teletrabalho, tem-se que existem apenas duas formas de lidar com a questão, sob um foco preventivo, visando à proteção às relações de trabalho ou se encara sua existência equiparando-o a formas de trabalho preexistentes, sempre submetendo a análise de questões controversas ao Judiciário ou se regulamenta de forma adequada e suficiente para dirimir os pontos controvertidos do tema de forma moderna e eficaz.

Interpretando-se o art. 7º da Constituição Federal supramencionado, observa-se claramente a preocupação e o interesse do Estado brasileiro em regulamentar as matérias de direito que possam representar risco ao trabalho. De antemão, observa-se que diante do avanço tecnológico inovador das relações de trabalho, a própria Constituição Federal já admite e reserva espaço para criação de lei específica sobre o tema.

Tem-se desde já o argumento inicial, motivador de projeto de lei que regulamente o teletrabalho: a Constituição de 1988 indica expressamente que deve existir lei específica sobre temas que digam respeito à proteção em face da automação.

Modernização dos meios de telecomunicação e informática.

Ressalta-se que o teletrabalho nada mais é do que uma inegável conseqüência da modernização tecnológica, gerando um avanço nos meios e sistemas de produção, que alteram a forma de realização do trabalho, senão o próprio trabalho. Sua conceituação é matéria de longos estudos sobre o tema, e como entendemos teletrabalho como atividade do trabalhador desenvolvida total ou parcialmente em locais distantes da sede principal da empresa, de forma telemática, é imprescindível considerar que para qualquer análise mais aprofundada sobre teletrabalho urge a existência de conhecimentos prévios do que vem a ser a referida 'forma telemática'.

A telemática é a comunicação à distância de um conjunto de serviços informáticos fornecidos através de uma rede de comunicações. É fruto da junção entre os recursos de telecomunicações (telefonia, satélite, cabo, fibras ópticas etc.) e da informática (computadores, periféricos, *softwares* e sistemas de rede). É através desse tipo de comunicação que se torna possível o processamento, a compressão, o armazenamento e a comunicação de grandes quantidades de dados (nos formatos de texto, imagem e som) em curto prazo de tempo, entre usuários de qualquer ponto do planeta.

A telemática pode ser definida como a área do conhecimento humano que reúne um conjunto e o produto da adequada combinação das tecnologias associadas à eletrônica, informática e telecomunicações aplicadas aos sistemas de comunicação e sistemas embarcados e que se caracteriza pelo estudo das técnicas para geração, tratamento e transmissão de informação na qual estão preservadas as características de ambas, porém apresentando novos produtos derivados destas.

É essencial a compreensão e a inserção no presente contexto dessa forma de comunicação, uma vez que ela será o principal vetor e mola propulsora da forma de trabalho aqui analisada.

Análise do Direito Comparado.

a) Estados Unidos.

Tendo em vista que o tema envolve as matizes do avanço tecnológico, bem como das telecomunicações, tem-se que os países mais desenvolvidos são exatamente os mesmos considerados pioneiros na abordagem do tema em voga.

Não poderia ser diferente com os Estados Unidos, grande pivô dos avanços tecnológicos de que somos testemunhas. É lá que o teletrabalho teve suas origens e vem se desenvolvendo de forma crescente até os dias atuais.

O que se observa nesse país é que mesmo antes de 1980, já havia aproximadamente 100 mil teletrabalhadores. Em 1995 houve a contabilização de 9,1 milhões de teletrabalhadores, e mais do que 13 milhões dois anos depois. Na realidade, o crescimento do teletrabalho mundial vem seguindo uma curva de epidemia: trata-se de curva amoldada que começa com crescimento anual bastante pequeno, e que, em seguida, cresce exponencialmente durante algum tempo. Depois, torna a reduzir a velocidade, e, por fim, se aproxima do valor máximo. O gráfico a seguir demonstra com clareza os dados assinalados anteriormente:

Importante ressaltar que os dados acima demonstram somente os teletrabalhadores, excluindo o trabalho em domicílio de forma geral. Considera apenas o trabalho em domicílio qualificado como teletrabalho.

b) Europa.

O mesmo ocorre com diversos países europeus, que já evoluíram bastante na discussão. O Código de Trabalho Português, por exemplo, já traz em seu bojo conceito de teletrabalho como sendo "a prestação laboral realizada com subordinação jurídica habitualmente fora da empresa do empregador e através do recurso da tecnologia de informação e de comunicação". A referida redação foi uma das definições na qual debruçamos nossos estudos para trazer no contexto da lei proposta, um conceito ajustado à realidade brasileira do que seja teletrabalho. Na realidade, em muito, inspirouse nos estudos europeus, uma vez que somos da opinião que na Europa o tema desenvolveu-se com mais propriedade, especialmente considerando o foco legislativo, alvo do nosso interesse no momento.

Em 2002, foi assinado um acordo sobre o teletrabalho em Bruxelas, elaborado pela Comissão Européia de Modernização das Relações de Emprego, atendendo ao disposto no art. 139 do Tratado da União Européia. Tal acordo definiu que os países-membros da União Européia deveriam encorajar o desenvolvimento do teletrabalho, em suas diversas formas, buscando sempre a melhoria na qualidade dos empregos, mediante a possibilidade da flexibilidade e segurança oferecidas por essa forma de labor. Ainda destaca que as relações de teletrabalho deveriam contemplar os mesmos direitos individuais e coletivos do empregador normalmente equiparado, observando-se identidade na carga horária e padrão de desempenho dos moldes tradicionais.

c) Evolução legislativa do teletrabalho no mundo.

Interessante, por fim, observar comparativamente como alguns países vêm tratando o tema em questão. Analisando o quadro abaixo, percebemos que já existe uma preocupação global na tratativa do tema, inclusive no que diz respeito à criação de leis específicas.

PAÍS	RATIFICAÇÃO DA CONVENÇÃO N. 177 DA OIT	LEI DO TELETRABALHO	LEI DE CONTRATO À DOMICÍLIO	LEI TRABALHISTA GERAL
Argentina	Não	Não	Sim	Sim
Bélgica	Não	Não	Sim	Sim
Brasil	**Não**	**Não**	**Sim (CLT)**	**Sim**
Chile	Não	Não	Sim	Sim
Espanha	Não	Não	Sim	Sim
Itália	Não	Projeto de lei	Sim	Sim
Estados Unidos	Não	Alguns estados	Não	Sim
França	Não	Não	Sim	Sim
Finlândia	Sim (17/06/98)	Não	Não	Sim
Hong Kong	Não	Não	Sim	Sim
Irlanda	Sim (22/04/99)	Sim*	Sim	Sim
Japão	Não	Não	Sim	Sim

*Código de prática do teletrabalho

Com isso, nota-se claramente que o tema aqui esmiuçado é pertinente e necessário, uma vez que a evolução legislativa no que diz respeito ao teletrabalho tem merecido análise nas mais diversas áreas do globo, e deve ser considerado de extrema relevância nos países em que o uso de sistemas de telecomunicações e informática já se encontra amplamente difundido, como é o caso do Brasil.

d) Adoção do teletrabalho no Brasil.

Trazendo o tema para o contexto nacional, observa-se que o teletrabalho é uma realidade nas mais diversas empresas, não sendo adotado em maior escala pela falta de regulamentação. Esse é o argumento principal dos empregadores, que apontam falta de regras claras e específicas como principal empecilho para adoção do teletrabalho. Entretanto, e mesmo assim, muitas são as empresas que já incluem o trabalho *on line* realizado em outros locais como forma regular de trabalho, estabelecida claramente a relação de emprego. A grande maioria reconhece a referida forma de trabalho como sendo uma espécie de *home office*, expressão em inglês que literalmente traduzida para o português seria 'escritório em casa'. Naquelas empresas em que tal forma de trabalho foi adotada, a experiência tem sido considerada de sucesso, uma vez balanceadas as vantagens e desvantagens que o envolvem.

Por se tratar de uma forma extremamente inovadora de trabalho, observa-se uma série de características, cuja análise e aprofundamento requerem rigor científico. E, da mesma forma, e talvez por essa mesma razão, para que haja regulamentação específica é necessário estudo criterioso e conclusivo sobre todos os pontos negativos e positivos para empregado, empregador e Estado, uma vez adotada tal modalidade de labor. Para isso, analisaremos, primeiramente, alguns aspectos relevantes inerentes ao teletrabalho.

e) Enquadramento do estudo do teletrabalho: relevância de estudos interdisciplinares e aspectos de Direito.

No teletrabalho, a comunicação do trabalhador com a empresa, ou com o tomador dos serviços, envolve, primordialmente, transferências de informações codificadas sob forma eletrônica, através do extenso uso das telecomunicações e da informática. Isso por si só já requereria maior atenção e certo entrosamento interdisciplinar, possibilitando assim melhor compreensão dos processos que envolvem esse tipo de trabalho. As telecomunicações e tecnologias de informação constituirão, cada vez mais, ferramentas indispensáveis ao desempenho do trabalho local ou remoto, quebrando barreiras geográficas e permitindo a partilha de informação num ambiente eletrônico mesmo que disperso.

Isso gera uma série de questionamentos sobre o tipo de informações que circularão em meios diversos daquele onde se espera encontrá-las, uma vez que não havendo controle total por parte da empresa, torna-se difícil restringir o acesso a determinados dados, especialmente por parte de quem mais acessar um dado computador ou terminal, quando ele se encontra no domicílio do empregado por exemplo.

Inclusive, esse é, sem dúvidas, o ponto crucial do dito 'trabalho à distância': o fato de que pode ser desempenhado em domicílio, em centros satélites ou sob forma de trabalho móvel, ressaltando muitos fatores de extrema importância e jamais vistos em nossa legislação, com enfoque à gama de considerações socioeconômicas a serem analisadas, em razão de ser uma forma de trabalho na qual se leva o trabalho aos trabalhadores, em vez de levá-los ao trabalho, com implicações nas concepções de espaço (desterritorialização) e de tempo (desprendido do aqui e agora). Daí a necessidade de aprofundamento, para delimitar as conseqüências dessa forma de trabalho no seio familiar e social, bem como, as peculiaridades econômicas que estarão envolvidas.

De antemão, observa-se que a crescente preocupação com a qualidade de vida justifica uma série de medidas de adaptação dos trabalhos tradicionais ao mundo moderno, provido de excelentes meios de comunicação, que possibilitam uma dinamização dos processos de um semnúmero de funções preexistentes, e outras advindas exatamente das oportunidades abertas com tais inovações. Entretanto essas ferramentas trouxeram facilidades, mas também criaram um senso de imediatismo não existente, além da inegável importância que ganhou a própria informação nos processos de trabalho. Thomas Thijssen, Diretor de Operações do Anton Dreesmann Institute for Infopreneurship, afirma que "está previsto que o centro das atenções não será mais os tradicionais fatores de produção (matérias primas, trabalho e capital), mas sim a informação. A diferença fundamental comparada com estes fatores de produção é que a informação não é um bem escasso, pelo contrário, existe em excesso".

É necessário encontrar um equilíbrio que favoreça a todos os envolvidos nos processos alcançados por essas novas tendências, considerando-se especialmente os efeitos dessa modalidade de trabalho sobre o trabalhador. Um breve adiantamento das conclusões doutrinárias já encontradas demonstra uma enorme prevalência de vantagens para o empregado que realize o trabalho dessa forma, ainda se existentes desvantagens a serem levadas em consideração. Porém alguns desses pontos positivos dizem respeito exatamente a uma melhoria considerável na qualidade de vida dos trabalhadores, bem como para todos em geral, influenciando positivamente desde o convívio familiar até o meio ambiente.

O fato é que o enfoque que se quer dar é que se deve ofertar uma legislação específica sobre o tema. E uma vez feitas as considerações acima, urge assinalar dois dos principais elementos precípuos e que, por si só, explicam a proposta legislativa em questão:

a) o crescente aumento de contratos de trabalho chamados *home office*, bem como a evolução tecnológica, tendo como vetores membros da iniciativa privada e pública, sendo já uma realidade a existência de telecentros públicos e privados.

b) a grande inovação trazida pelo tema, impossibilitando qualquer tipo de analogia legal, resultando assim na carência de regulamentação específica.

f) Vantagens e desvantagens da adoção do teletrabalho.

O estudo das vantagens e desvantagens do teletrabalho deverá ainda passar pelo crivo analítico do tempo. Afinal no Brasil ainda não foi observada experiência vasta suficiente para garantir a clareza das vantagens e desvantagens inerentes ao teletrabalho. Porém, numa perspectiva de projeção, e com base no que foi até o momento apurado, tem-se o seguinte quadro comparativo no que diz respeito aos aspectos positivos e negativos para o empregado:

Vantagens	Desvantagens
Aumento da autonomia	Dificuldade de separar a vida pessoal da profissional
Diminuição de riscos no trânsito bem como redução com gastos de transporte e combustível	Desafio em se adotar uma metodologia do trabalho sem a existência de elementos da empresa que garantam sua existência (superiores hierárquicos, colegas etc.)
Maior tempo livre para o lazer e dedicação à família	Dificuldade de adaptação para inserção no teletrabalho ou para desvencilhar-se deste
Aumento da empregabilidade de deficiente físicos e mulheres que já tenham ou pretendam ter filhos	Redução das possibilidades de socialização, privação no convívio social
Diminuição de gastos esparsos (vestuário, alimentação fora de casa etc.)	
Melhoria na qualidade de vida de maneira geral	Consequente dificuldade para associação e sindicalização

Nessa mesma seara, apresentamos o quadro comparativo de vantagens e desvantagens para o empregador:

Vantagens	Desvantagens
Aumento de produção	Dados sujeitos à invasão por pessoas estranhas
Redução dos custos imobiliários, de energia e demais despesas de estabelecimento	Dificuldades na fiscalização do ambiente de trabalho, impedindo assim a garantia de obediência a determinadas normas
Fim de problemas com relação a ausências ao trabalho por motivos externos (como greves de ônibus etc.)	Possibilidade de conflitos internos na empresa, entre os teletrabalhadores e os que não adotaram este sistema
Menor rotatividade no quadro de funcionários	

Vantagens	Desvantagens
Diminuição do número de afastamentos por problemas de saúde	
Empregados com formação cada vez mais especializada	Possibilidade de rompimento do vínculo de afeição entre empresa-empregado

Ainda é possível fazer uma comparação entre vantagens e desvantagens para o Estado:

Vantagens	Desvantagens
Diminuição do trânsito, evitando engarrafamentos e gastos com recuperação e construção de ruas e avenidas	Diminuição de contratação de mão de obra pouco especializada
Diminuição da poluição	Dificuldade de fiscalização
Criação de empregos em zonas isoladas	
Aumento de empregabilidade de deficientes físicos o que pode representar uma redução no número de pensionistas	

g) Análise da legislação brasileira preexistente e outras questões juridicamente relevantes.

Existe certa carência de tratamento legislativo que seja verdadeiramente apropriado a tratativa do tema, primeiro por ser uma modalidade de labor extremamente nova, e, segundo, por envolver uma série de características particulares, que devem ser propriamente analisadas de acordo com as possibilidades tecnológicas envolvidas no processo, bem como os fatores sócio-econômicos superficialmente apontados anteriormente.

No que tange aos aspectos jurídicos e legislativos, a questão principal sobre o tema é a jornada de trabalho e a responsabilidade pelo custeio da tecnologia e outros fatores de produção envolvidos, uma vez que o trabalho se dá fora do ambiente onde se espera que ocorra a produção. Tal fato, em um contrato de trabalho sem maiores particularidades, não ensejaria qualquer tipo de questionamento, pois definido em lei. Entretanto é exatamente o caráter particularíssimo desse tipo de labor que demanda uma regulamentação específica.

Contudo no Brasil não há ainda legislação direcionada exclusivamente ao tema, aplicando-se muitas vezes o art. 6º da CLT, que rege o trabalho em domicílio. É o que também fazem outros países sem regulamentação específica como Argentina, Bélgica, Chile, Espanha, Itália, Estados Unidos, Finlândia, França, Hong Kong, Japão e Irlanda. Entretanto, em todos esses países, já houve algum tipo de confrontação da necessidade de regramento, e estão desenvolvendo estudos voltados para o tema.

A legislação trabalhista pátria é até bastante moderna naquilo que diz respeito ao local da prestação de serviços, observada a regra do art. 6º da CLT:

"Art. 6º. Não se distingue entre o trabalho realizado no estabelecimento do empregador e o executado no domicílio do empregado, desde que esteja caracterizada a relação de emprego."

Ainda existe referência expressa no art. 83 da CLT, que dispõe:

"Art. 83. É devido o salário mínimo ao trabalhador em domicílio, considerado este como o executado na habitação do empregado ou em oficina de família, por conta de empregador que o remunere."

Porém, da análise dos artigos acima, observa-se que o art. 6º menciona apenas o desenvolvimento do trabalho em domicílio, não explicitando características que são imprescindíveis para a devida classificação como teletrabalho (utilização dos meios de telecomunicação e informática, desenvolvimento também a partir de telecentros ou de forma móvel etc.). No caso, mesmo se tratando de regra bastante moderna, deverá ser complementada para indicar que, para os fins de reconhecimento de vínculo empregatício no teletrabalho, aplicam-se às regras especiais, assim estabelecidas por lei específica.

Inicialmente pensamos em complementar a referida regra acrescendo ao artigo em voga redação indicativa da existência de lei específica em se tratando de teletrabalho. Ocorre, porém, que entendemos o teletrabalho com modalidade autônoma, muito embora espécie de trabalho que pode ter como gênero o trabalho em domicílio. O artigo não está incorreto ou carente de complementação específica. Basta levar-se em consideração que existem diversas formas de trabalho, cuja regulamentação encontra-se em leis específicas esparsas, muitas vezes anexadas à CLT.

Já que consideramos que o teletrabalho pode ser um tipo de trabalho em domicílio, entendemos pela manutenção da redação dos arts. 6º e 83 da CLT, pois acreditamos que a averiguação de existência de lei especial para tratar de dado tema é tarefa inerente ao intérprete da lei. E tal como ocorre com tantas modalidades laborativas, uma vez identificada lei especial, a regra genérica passa a ser preterida em razão de abordagem específica.

Ainda levamos em consideração questões relevantes às formas ditas normais de trabalho, e que são contempladas em qualquer contrato de trabalho, mas que, porém, poderiam vir a sofrer alterações quando confrontadas às realidades do teletrabalho.

Primeiramente, foi analisada a pertinência da aplicação do regime de horas extras no teletrabalho. Destarte a existência de modernos programas e *softwares* onde existe um controle de *log on*, tal controle não se mostra como suficiente e efetivo para que possa se garantir que a produção é proporcional a quantidade de horas utilizando-se a forma telemática, ou seja, não é possível auferir com segurança integral que o tempo despendido no equipamento será sinônimo de horas trabalhadas. Por isso optamos pela não adoção das horas extras, considerando-se o que denominamos de 'controle de jornada de trabalho aberta': nesse regime de controle, enquadra-se aqueles empregados que possuem subordinação branda, uma vez que devem possuir metas de produção ou tarefas bem especificadas, mas que não se encontram submetidos às horas habituais de serviço, uma vez que distantes do local esperado de produção.

Dessa forma, fica a critério do empregado a quantidade de horas a serem trabalhadas, podendo suprimir ou ultrapassar sua carga horária, em consonância com sua gestão pessoal de tempo. Não deixa de ser observado o art. 7º, inciso XIII, da Constituição Federal brasileira, no que diz respeito às limitações de carga horária diária e semanal, porém sob o enfoque de que o principal gestor das horas trabalhadas é o próprio empregado, e não a empresa. É nesse sentido a análise das decisões dos tribunais do trabalho sobre tema, como se observa da jurisprudência abaixo:

TRABALHO A DOMICÍLIO — INEXISTÊNCIA DE CONTROLE DE HORÁRIO — INDEVIDAS HORAS EXTRAS — O empregado que trabalha em seu próprio domicílio, sem qualquer controle de horário, não tem direito a horas extras. (Acórdão n. 120046238 — TRT 4ª R. — RO 00844.512/01-0 — 4ª T. — Rel. Juiz Ricardo Gehling — J. 19.12.2002).

HORAS EXTRAS — TRABALHO DOMICILIAR — Desempenhando as reclamantes suas funções em suas residências, no horário que fosse mais conveniente, resta impossível avaliar o período de tempo despendido, o que se alia à possibilidade de ser o trabalho realizado com auxílio de terceiros, assim incabível o pedido de horas extras (Acórdão n. 02970351077 — TRT 2ª R. — RO 02960071454 — 7ª T. — Rel. Juiz Gualdo Fórmica — J. 07.07.1997).

Observa-se que, no caso onde não há controle efetivo de jornada, não é pertinente o pagamento de horas extras.

Para que não haja abusos no que diz respeito aos critérios de produtividade a serem cobrados pelo empregador, estabeleceu-se a necessidade de descrição literal do trabalho a ser realizado em contrato de trabalho ou instrução de trabalho a ele anexada, numa tentativa de garantir assim a realização de trabalho condizente com uma carga horária normal, e cuja remuneração possa ser de alguma forma equiparada àquela praticada no local habitual de produção da empresa.

Obviamente o critério de não pagamento de horas extras não é absoluto, e uma vez que reste comprovado que o trabalho realizado ultrapassava com habitualidade a carga horária normal esperada, devem ser pagas. Entretanto o simples trabalho realizado fora do local de produção da empresa já afasta a possibilidade de prova por parte do empregador, o que nos leva à opinião que o ônus da prova deve ser de responsabilidade do reclamante nos casos em que for requerido o pagamento de horas extras, seguindo as linhas de raciocínio demonstradas no acórdão abaixo transcrito:

HORAS EXTRAS. EMPREGADO DA ELETROLUX. ATIVIDADE DE ATENDIMENTO AOS CONSUMIDORES. INAPLICABILIDADE NO CASO DO DISPOSTO NO ART. 62,1, DA CLT. Sujeição a horário de trabalho caracterizada. Ausência de incompatibilidade entre a natureza do trabalho desenvolvido e a fixação de horário de trabalho. Horas extras devidas, inclusive no período em que a empresa fechou o estabelecimento em Porto Alegre e o trabalho, sem alteração de conteúdo e extensão, passou a ser prestado "a domicílio". O trabalho no sistema chamado home office não afasta, em princípio, o direito do trabalho à limitação legal da duração da jornada. Horas extras fixadas em consonância com o que restou autorizado pela prova dos autos. Sentença reformada em parte. Recursos das partes providos parcialmente (Acórdão n. 01210-2002-020-04-00-8 TRT 4ª R. — 7ª T. — Rel. Juiz Flávio Portinho Sirangelo — J. 09.08.2006).

No que diz respeito aos demais direitos trabalhistas, tais como repouso semanal remunerado, intervalo intrajornada, benefícios em geral, associação a sindicatos, férias, dentre outros, tem-se que deverão ser contemplados, pois o fato do trabalhador não executar seus serviços na sede da empresa não exclui nenhum desses direitos. Devem-se entender tais direitos como prerrogativas de todos os trabalhadores, mesmo que sua carga horária tenha regime diferenciado. Assim sendo, deve haver pagamento proporcional que os contemple, ainda que não haja controle efetivo de sua realização ou não. Logo entender-se-á que tais direitos estão sendo gozados pelo empregado que gere seus próprios horários.

No que diz respeito aos benefícios em geral (*ticket* alimentação, vale transporte etc.), deverão os teletrabalhadores empregados observar que ao eleger essa forma de trabalho estão abrindo mão de determinadas vantagens em detrimento de outras. É claro que um empregado que se dirige a um telecentro deve receber os mesmos benefícios que um empregado que trabalha na sede da empresa recebe. Porém se o mesmo trabalha em casa, via de regra, não há necessidade de pagamento de vale transporte, por exemplo. Cada caso deverá ser analisado e firmado em contrato de forma explícita.

h) Relevância dos estudos da SOBRATT — Sociedade Brasileira de Teletrabalho e Teleatividade.

Existem no Brasil alguns estudos, inclusive jurídicos, já desenvolvidos ou em desenvolvimento sobre o teletrabalho, dando-se destaque aqueles realizados pela SOBRATT — Sociedade Brasileira de Teletrabalho e Teleatividade, fundada em 1999.

A SOBRATT é uma sociedade civil de direito privado, sem fins lucrativos, que tem por escopo o estudo, a promoção e o desenvolvimento do teletrabalho e das teleatividades, especialmente no que diz respeito ao comércio eletrônico e a educação à distância.

Sua proposta envolve a promoção de estudos, pesquisa, eventos, produtos e serviços para o desenvolvimento do teletrabalho e da teleatividade, no contexto da ética e do desenvolvimento socioeconômico, bem como a promoção e o incentivo ao contato entre os seus sócios, providenciado o apoio para as necessárias trocas de idéias e experiências entre eles, e deles com entidades que possam fornecer formação específica na área. Ainda visa proceder à divulgação periódica das diversas iniciativas locais, regionais ou nacionais efetuadas e a efetuar no âmbito da promoção e apoio ao teletrabalho e de teleatividades, bem como promover o relacionamento com organizações públicas e privadas, nacionais e estrangeiras que visem prosseguir as mesmas finalidades.

Acreditamos que a referida sociedade pode ser uma grande aliada, juntamente com as empresas que adotam o referido sistema de trabalho, para troca conjunta de experiências que amadureçam a regulamentação ora proposta, visando a melhoria integral do sistema legislativo pátrio.

Sala das Sessões, em   de   de 2008.

Deputado LUIZ PAULO VELLOZO LUCAS

2008_14853_Luiz Paulo Vellozo Lucas

PROJETO DE LEI N. 4.793, DE 2012

(Do Sr. Carlos Bezerra)

Acrescenta art. 457-B à Consolidação das Leis do Trabalho-CLT dispondo sobre a remuneração do trabalho exercido à distância ou no domicílio do empregado.

O Congresso Nacional decreta:

Art. 1º A Consolidação das Leis do Trabalho-CLT, aprovada pelo Decreto-lei n. 5452, de 1º de maio de 1943, passa a vigorar acrescida do seguinte art. 457-B:

"Art. 457-B. As regras para a remuneração do trabalho exercido à distância ou no domicílio do empregado serão definidas em contrato individual de trabalho, convenção ou acordo coletivo de trabalho".

Art. 2º Esta lei entra em vigor na data de sua publicação.

JUSTIFICAÇÃO

O trabalho à distância ou no domicílio do trabalhador vem crescendo exponencialmente nas últimas décadas. Em grande parte trata-se de trabalho autônomo, regulado pela legislação sobre prestação de serviços.

No entanto, parte significativa dos que trabalham à distância o fazem sob os mesmos pressupostos do contrato de trabalho regido pela CLT: pessoalidade, subordinação e não eventualidade.

São comuns os casos em que a atividade do empregado é realizada sempre em casa ou em plataformas de trabalho, ainda que vez por outra ele compareça na sede da empresa.

Há também os casos em que o empregado cumpre sua jornada na empresa e é acionado após o horário normal por diversos meios, inclusive telemáticos.

Buscando dar um mínimo de garantia a esses trabalhadores foi editada a Lei n. 12.551/2011, que deu ao art. 6º da CLT, a seguinte redação:

"Art. 6º. Não se distingue entre o trabalho realizado no estabelecimento do empregador, o executado no domicílio do empregado e o realizado à distância desde que estejam caracterizados os pressupostos da relação de emprego.

Parágrafo único. Os meios telemáticos e informatizados de comando, controle e supervisão se equiparam, para fins de subordinação jurídica, aos meios pessoais e diretos de comando, controle e supervisão do trabalho alheio".

No entanto, a Lei em tela não fixou regras para o cálculo da remuneração dessa nova forma de trabalho, nem poderia fazê-lo, em razão das peculiaridades dos setores de atividade, das profissões, dos horários etc.

Esse fato tem aumentado exponencialmente o número de reclamações trabalhistas solicitando horas extras, adicionais noturnos e de insalubridade, fins de semanas remunerados etc.

Como não há critério objetivo fixado em lei, as decisões têm se revelado as mais díspares possíveis, gerando indesejável insegurança jurídica em áreas sensíveis da economia brasileira.

São essas as razões por que contamos com a aprovação do presente projeto de lei.

Sala das Sessões, em   de   de 2012.

Deputado CARLOS BEZERRA

2012_8836